경매를 이기는
NPL 투자

NPL이론과 실무, 생생 사례

경매를 이기는 NPL 투자

어영화 · 어은수 지음

봄봄

코로나19가 장기화되면서 정부의 재정적자는 물론, 자영업자 및 소상공인, 특수고용노동직이나 비정규노동직에 종사하는 근로자 등 많은 국민들이 힘든 시기를 겪고 있다.

시대적으로 불행한 삶을 살아가는 젊은 MZ세대들은 결혼과 출산을 포기하는 통계가 늘어나고 고령자들은 감내할 수 없는 노후대책에 속수무책으로 힘든 하루하루를 살아가고 있다.

이런 각자도생 사회에 조금이라도 꿈과 희망을 찾을 수 있는 실 낫 같은 미래의 가치를 창조할 수 있는 한 권의 책을 발간하기로 했다. "경매를 이기는 NPL 투자"가 많은 사람들에게 용기와 희망을 줄 수 있기를 기대하면서 실전에 응용할 수 있도록 가장 최근의 사건과 최적의 사실 그대로의 내용을 수록하여 독자들이 한 권의 책으로라도 NPL을 이해하는데 도움이 될 수 있기를 희망한다.

이번에 출간되는 책은 1장은 부실채권의 기본 개념에 대하여 초보자라도 알기

쉽고 전반적으로 이해하고 접근할 수 있도록 작성하였으며 2장에서는 부실채권의 장·단점과 부실채권 매입유형 4가지를 실전에 사용할 수 있는 특성을 살펴보았다. 3장에서는 다른 NPL 관련 서적에서는 찾아볼 수 없는 'NPL로 몰수된 보증금 돌려받은 실전 성공 사례' 등에 대한 Know-How가 실제 사건으로 채권매수의향서부터 채권매입계약서와 법원에 권리신고를 하고 배당 및 부기문을 받는 과정까지 우리나라 부실채권 서적 중 유일하게 실제 서류가 스캔 되어 있다는 점이 부각될 것으로 생각된다. 4장은 NPL의 전반적인 지식을 습득할 수 있는 포괄적인 내용이 수록되었고 5장은 특수 물건과 NPL을 결합하여 높은 수익을 올린 특별한 사례가 수록되었다. 경매를 이기는 NPL 투자는 이때까지 관심만 있고 실전으로 응용할 수 없었던 독자 및 투자자들이 직접 협상을 하고 투자할 수 있는 방향으로 집필하였다.

전반적으로 자산유동화에 관한 법률이 제정되고 부실채권(NPL)이 시중에 유통되면서 과거와 현재의 달라진 법규나 계약 규정들을 필자가 직접 경험하고 실제 사용한 서류와 등기부등본이 첨부됨으로써 투자의 범위와 거래의 안전성을 확보하는 큰 공부가 될 것이며 경매와 NPL에 관심이 있는 독자들에게 많은 도움이 될 것으로 판단한다.

사상 유례없는 경매시장의 과열 현상이 상당한 기간 동안 지속될 것이다. 코로나의 장기화로 인한 경기침체(스태그네이션 stagnation)와 원자재값 및 에너지 등 물가인상(인플레이션 inflation)이 겹쳐서 스태그플레이션 stagflation 이라는 합성어가 만들어져 세계적으로 공황이 온다고 경제학자들은 미래를 내다보고 있다.

이런 시대에 유행처럼 번지는 경매시장에서 우위를 점령하고 자금을 신속하게 운영할 수 있는 방법으로 NPL 만한 것이 없다. 이 한 권의 책으로 부실채권의 이론과 실전에서 응용할 수 있는 지식을 섭렵하여 다가오는 경매 대란의 시대에 안전하고 정확한 투자로 연결되기를 기대하는 바다.

"경매를 이기는 NPL 투자"는 "분당엔피엘경매학원"에서 교재로 사용하기 위한 목적도 있지만, 부실채권에 관심이 있는 독자들이 이 책과 더불어 네이버 [분당

NPL경매학원]에 온라인 동영상 강의를 신청해서 학원에서 받는 수업과 동등한 내용을 수강할 수 있도록 만들어졌다는 점에서도 시간과 거리에 문제가 되는 분들에게 적절한 교재임을 자부한다.

　마지막으로 부족한 점이 많다는 것을 알지만 이 한 권의 책이 씨앗이 되어 풍요로운 수확으로 이어져 NPL에 관심이 있는 독자들에게 도움이 되길 진심으로 바라면서 이 책의 집필에 처음부터 마지막까지 공동 저자로 참여하여 수월하게 마무리할 수 있도록 도움을 준 어은수 부원장에게도 고마움을 전한다.

　다시 한번 독자들의 가정에 기쁨과 행복이 넘쳐흐르기를 진심으로 기원한다.

2022년 3월 15일

대표 저자　어 영 화

제3장 부실채권(NPL)으로 성공한 사례분석

제**4**장 **부실채권(NPL)에서 숙지해야 할 사항과 투자 범위 넓히기**

제5장 특수물건과 부실채권(NPL)

NPL이론과 실무, 생생 사례

경매를 이기는 **NPL 투자**

제 1 장

부실채권(NPL) 기본

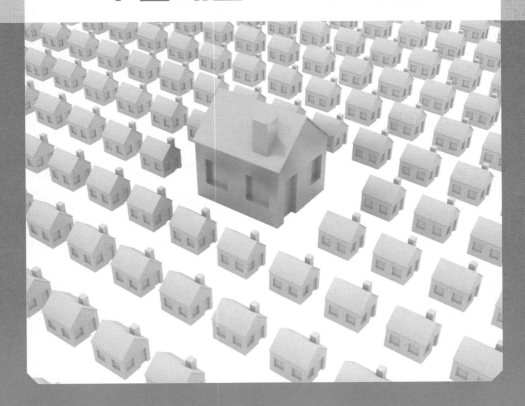

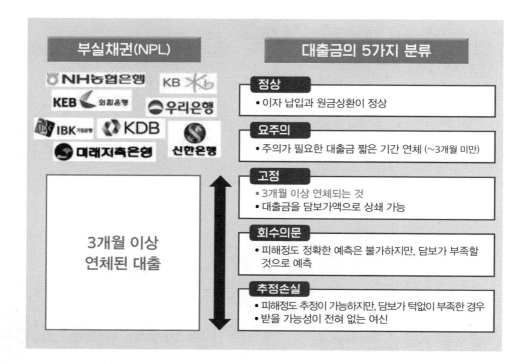

부실채권(NPL)이란?

부실채권(NPL) / **대출금의 5가지 분류**

정상
- 이자 납입과 원금상환이 정상

요주의
- 주의가 필요한 대출금 짧은 기간 연체 (~3개월 미만)

고정
- 3개월 이상 연체되는 것
- 대출금을 담보가액으로 상쇄 가능

회수의문
- 피해정도 정확한 예측은 불가하지만, 담보가 부족할 것으로 예측

추정손실
- 피해정도 추정이 가능하지만, 담보가 턱없이 부족한 경우
- 받을 가능성이 전혀 없는 여신

3개월 이상 연체된 대출

1. 부실채권이란 무엇인가?

① 부실채권은 영어로 Non Performing Loan을 뜻하며 줄여서 NPL이라고 말한다.

② 무수익 미회수 여신채권을 말하며, 금융기관의 대출 및 지급보증 중 원리금이나 이자를 제때 받지 못하는 돈을 말한다. 금융기관에서 대출을 해주고 근저당권을 설정하였는데 채무자가 3개월(2018.4.30.~한시적으로 12개월)이상 이자를 미납하면 부실채권으로 분류한다.

③ 금융회사는 3개월 이상 연체 채권을 대출원금보다 낮은 가격에 매각 또는 유동화하거나 회계상 손실 처리한다.

금융기관에서는 대출금을 "정상·요주의·고정·회수의문·추정손실" 등 5단계로 분류한다.
- 정상은 이자 납입과 원금 상환이 정상적으로 이루어지고 있는 경우
- 요주의는 주의가 필요한 대출금으로 짧은 기간(1개월 이상 3개월 미만) 연체되는 경우
- 고정은 3개월 이상 연체되는 것으로 손해를 입을 가능성은 있지만 대출금을 담보가액으로 상쇄할 수 있는 경우
- 회수의문은 피해 정도를 정확히 알 수 없지만 담보가 부족할 것으로 예상되는 경우
- 추정손실은 피해 정도의 추정이 가능하지만 이에 비해 담보가 턱없이 부족한 경우로 받을 가능성이 전혀 없는 여신

2. 부실채권 발생과 분류기준

① 대출자산의 건전성을 은행감독 규정 및 상호저축은행감독 규정에 의하여 5가지로 분류한다. 은행감독원장이 정하는 세부기준에 따라 아래와 같이 대손충당금 기준상으로 분류를 한다.
　가. "정상 분류" 자산의 100분의 0.5 이상
　나. "요주의 분류" 자산의 100분의 2 이상
　다. "고정 분류" 자산의 100분의 20 이상
　라. "회수의문 분류" 자산의 100분의 75 이상
　마. "추정손실 분류" 자산의 100분의 100
② 상호저축은행은 결산일 현재 확정지급보증에 대하여 건전성 분류 결과에 따라 다음 각목에서 정하는 금액에 대하여는 지급보증충당금을 적립해야 한다.
　가. "고정 분류" 자산의 100분의 20 이상
　나. "회수의문 분류" 자산의 100분의 75 이상
　〈출처 : 상호저축은행감독규정 2002.4.2.〉

3. 부실채권의 국내 도입 경위와 탄생 배경

① 자산유동화에 관한 법률의 연혁을 살펴보면 1998.9.16. [법률 제5555호 제정] 제1장 총칙, 제2장 자산유동화계획의 등록 및 유동화 자산의 양도 등, 제3장 유동화전문회사, 제4장 유동화증권의 발행, 제5장 부칙, 제6장 벌칙으로 42개의 조항과 부칙으로 제정된 법률이 2021.7.21.까지 30차례나 개정이 되었다.

② 마지막 주요 개정이유로는 2011년 국제회계기준 도입으로 기업회계기준에서 대차대조표를 재무상태표(statement of financial position)로 변경하는데, 아직 일제 강점기부터 사용하던 대차대조표 용어가 법률에 남아있어 이를 재무상태표시로 변경하려는 것임을 알 수 있다.〈법제처 제공〉

③ 자산유동화법의 요지는 은행의 담보부채권 및 무담보부채권을 제3자에게 매각할 수 있는 법률로 SPC에서 보유하고 있는 부실채권을 유동화회사를 통하여 매각·매수하는 것을 말한다.

④ 자산유동화법이 제정된 후 일반 개인이 자유롭게 채권을 매입하였고 연간 수십조의 채권이 시중에 유통되어 부실채권이 공식적인 투자처로 자리를 잡았다.

⑤ 부실채권에 대한 이해 부족에도 불구하고 무질서한 투자는 개인투자자들의 묻지마 투자로 이어지고 대형 금융사고가 빈번하게 발생 되었다. 2016년 7월 25일에는 특별법으로 "대부업 등의 등록 및 금융이용자 보호에 관한 법률"이 개정되어 부실채권 중 (Loan Sale=채권양수도계약) 일부는 금융위원회에 등록된 대부법인만 취득이 가능하고, 개인은 법인이 취득한 근저당권에 근저당권부질권을 설정함으로써 권리확보를 할 수 있다.

⑥ 개정된 "대부업 등의 등록 및 금융이용자 보호에 관한 법률"은 21조와 부칙으로 구성되었는데 제1조(목적)이 법은 대부업·대부중개업의 등록 및 감독에 필요한 사항을 정하고 대부업자와 여신금융기관의 불법적 채권추심행위 및 이자율 등을 규제함으로써 대부업의 건전한 발전을 도모하는 한편, 금융이용자를 보호하고 국민의 경제생활 안정에 이바지함을 목적으로 한다. 라고 규정되어있다.

⑦ 부실채권(NPL)과 관련하여 제3조 대부채권매입추심을 업으로 하려는 자. 금융위원회에 등록하여야 한다. 신청인이 법인일 것. 그 상호 중에 "대부"라는 문자를 사용하여야 한다. 금융위원회에 등록한 대부업자는 총자산이 자기자본의 10배의 범위에서 대통령령으로 정하는 배수(이하 "총자산한도"라 한다)에 해당하는 금액을 초과해서는 아니 된다. 등 독자 입장에서 알아야 할 기본적인 내용을 살펴보았다.

4. 부실채권의 종류

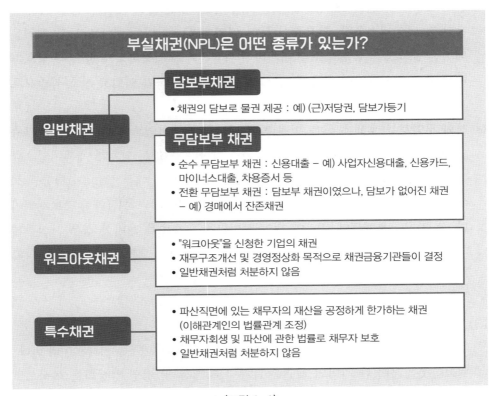

부실채권(NPL)은 어떤 종류가 있는가?

일반채권

담보부채권
- 채권의 담보로 물권 제공 : 예) (근)저당권, 담보가등기

무담보부 채권
- 순수 무담보부 채권 : 신용대출 – 예) 사업자신용대출, 신용카드, 마이너스대출, 차용증서 등
- 전환 무담보부 채권 : 담보부 채권이였으나, 담보가 없어진 채권 – 예) 경매에서 잔존채권

워크아웃채권
- "워크아웃"을 신청한 기업의 채권
- 재무구조개선 및 경영정상화 목적으로 채권금융기관들이 결정
- 일반채권처럼 처분하지 않음

특수채권
- 파산직면에 있는 채무자의 재산을 공정하게 한가하는 채권 (이해관계인의 법률관계 조정)
- 채무자회생 및 파산에 관한 법률로 채무자 보호
- 일반채권처럼 처분하지 않음

〈그림 1-1〉

(1) 담보부 채권

① 물권을 채권의 담보로 제공하는 것을 목적으로 하는 권리로 (근)저당권 및 담보 가등기가 있다.

② 대출금이 회수되지 않을 때 담보물로 대출금액을 충당할 수 있도록 담보물에 (근)저당권을 설정하는 것이 일반적인 예이다.

③ 채권자가 채무자로부터 채무의 변제를 하지 못할 때 그 목적물로부터 (근)저당 권을 실현하여(임의경매) 우선변제권을 행사할 수 있는 권리가 있다.

(2) 무담보부 채권

① 무담보부 채권에는 '순수무담보부채권'과 '전환무담보부채권'이 있다.

② 순수무담보부채권은 돈을 빌려줄 때 (근)저당권이나 다른 담보의 제공 없이 신용과 보증인 등만 믿고 대출을 해준 경우이다. 예를 들면 사업자 신용대출, 신용카드, 마이너스통장, 차용증서 등이 여기에 해당한다. 순수무담보부 채권은 대여금 반환청구 소송의 소를 제기하여 사실관계를 입증하고자 할 경우 상호거래를 통하여 입출금이 잦을 수 있기 때문에 입증을 하기 어렵고 상호 공방으로 시간이 오래 걸리는 단점이 있다.

③ 전환 무담보 채권은 돈을 빌려줄 때 담보를 제공하였으나 그 담보를 처분하였음에도 불구하고 회수하지 못한 채권을 말한다. 원래는 담보부 채권이었으나 경매로 근저당권이 말소되어 담보가 없어진 채권이다. 예를 들면 (근)저당권 회수 목적으로 경매를 신청하여 배당을 받고 남은 잔존채권이 전환 무담보채권이다. 전환 무담보채권에 대하여 대여금 반환청구 소송을 제기할 경우 사실관계가 명확하고 원고와 피고의 사이에 금전거래 관계가 없으므로 사실관계가 명확하다. 보통 피고의 불참으로 판결까지 시간이 단축된다.

(3) 워크아웃 채권
① 채권 금융기관의 주도로 수행하는 구조조정 작업을 "워크아웃(Workout)"이라 한다.
② 워크아웃을 신청한 기업의 채권은 채무구조 개선 및 경영 정상화를 목적으로 채권 금융기관들이 결정하게 되며 일반 채권 처럼 처분하지 않는다.

(4) 특수 채권
① 파산 직면에 있는 채무자에 대하여 이해관계인의 법률관계를 조정하여 회생이 어려운 채무자의 재산을 공정하게 환가하는 채권이다.
② 이때 채무자는 채무자 회생 및 파산에 관한 법률로 보호받으며 이 채권은 일반 채권처럼 처분되지 않는다.

부실채권 왜 매각하는가?

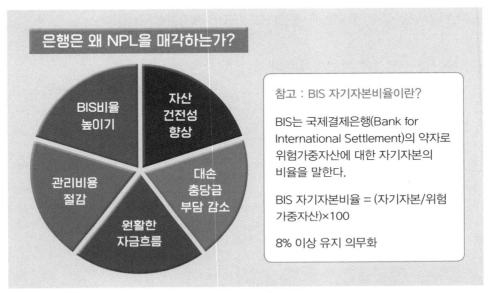

은행은 왜 NPL을 매각하는가?

- BIS비율 높이기
- 자산 건전성 향상
- 대손 충당금 부담 감소
- 원활한 자금흐름
- 관리비용 절감

참고 : BIS 자기자본비율이란?

BIS는 국제결제은행(Bank for International Settlement)의 약자로 위험가중자산에 대한 자기자본의 비율을 말한다.

BIS 자기자본비율 = (자기자본/위험 가중자산)×100

8% 이상 유지 의무화

〈그림 1-2〉

1. 부실채권을 매각하는 이유

(1) 국제결제은행의 자기자본 비율을 맞추기 위해서

① 국제결제은행의 자기자본 비율이라는 뜻은 BIS기준[1]을 말하고 BIS란 Bank for International Settlements(국제결제은행)을 말한다.

② 국제결제은행의 자기자본비율은 은행의 안전성과 신뢰를 유지하기 위해서 만들어진 기준이다.

③ 1998년 바젤 합의를 통해서 자기자본규제비율을 국제기준 8%로 정했다.

④ 국제결제은행에서 일반 은행에게 BIS비율 제안은 은행의 필요자기자본이 위험

---

1) BIS자기자본비율 = (위험가중자산 분의 자기자본) × 100

자산에 대하여 일정 비율에 자기자본을 유지함으로서 재무구조에 대한 리스크를 측정하는 기준이 된다.

⑤ 자기자본비율은 은행에서 대출을 해주고 후일 부실채권이 발생할 경우에 은행의 부도를 막기 위해서 적절한 자기자본비율을 유지하는 자본을 말한다.

⑥ 은행의 안전성을 체크할 때 계산하는 비율이 자기자본비율이다.

(2) 자산의 건전성을 확보하기 위해서

① 은행의 제원을 두 가지로 본다면 하나는 은행을 설립할 때 출자한 금액과 또 하나는 고객의 예금이다.

② 은행에서 설립 당시 출자한 돈을 자기자본이라 한다.

③ 대출을 해주었는데 부실채권이 되어 회수되지 못하는 돈은 자기자본 잠식이 된다.

④ 대출의 원금 및 이자가 부실채권이 되어서 잠식당할 우려가 많을수록 은행은 자산의 건전성이 나빠진다.

⑤ 금융기관은 부실채권을 매각함으로써 자산 건전성을 높일 수 있다.

(3) 자금의 흐름을 원활하게 하기 위하여

① 자금은 공급과 수요가 적절하게 이루어져야 흐름이 원활하다.

② 부실채권은 원금 및 이자가 묶여있는 자금임으로 활용을 할 수 없다.

③ 부실채권을 매각함으로써 자금의 흐름을 원활하게 할 수 있다.

(4) 대손충당금 적립을 유보하기 위해서

① 대손충당금(allowance for bad debts)은 회수 불능의 자본을 공제하기 위한 계정이다.

② 은행에서 대출금을 회수하지 못할 경우를 대비해서 일정 금액을 대손충당금으로 적립한다.

③ 은행감독원규정 제27조에서 자산 건전성 단계를 결정하는 기준으로 채무상환 능력, 연체 기간 등을 감안하여 추정손실 5단계로 분류한다.

④ 대출의 건전성의 정상, 요주의, 고정, 회수의문, 추정손실의 5단계로 분류하여 단계별 적절한 수준의 대손충당금을 적립하여야 한다.

⑤ 부실채권을 매각함으로써 대손충당금 적립을 안 해도 된다.

(5) 부실채권 관리비용을 절감하기 위해서

① 부실채권을 회수하는 방법으로 일반 추심과 경매를 통하여 회수하는 방법이 있다.

② (근)저당권이 부실화 되었을 때 저당권 실현 목적으로 경매를 통하여 배당으로 회수를 하는데 절차가 복잡하고 시간이 많이 걸린다.

③ 경매 절차 시 보정명령에 대한 보정서 제출, 현황조사, 예상회수율, 방어입찰, 재매각, 채권계산서 제출, 배당 등을 관리하는 비용과 시간, 인건비가 소요된다.

⑤ 부실채권을 매각함으로써 추심과 경매 절차를 통하여 관리하는 비용을 절감할 수 있다.

2. 은행들이 NPL을 매각하는 방식과 흐름

(1) 부실채권의 유통 구조

금융기관은 부실채권을 POOL로 유동화전문회사(SPC)에 매각하고 투자자는 자산관리회사(AMC)를 통해서 건별로 부실채권을 매입할 수 있다.

제2금융기관은 SPC나 법인에 각각 매각하는 방식을 사용한다.

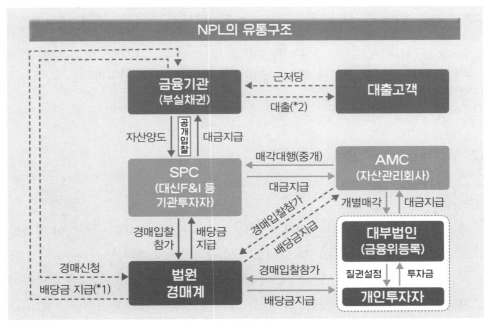

〈그림 1-3〉

(*1) 금융기관에서 직접경매를 통해서 배당으로 채권을 회수하는 경우
(*2) 연체기간이 3개월을 초과하는 대출을 NPL로 분류하여 진행함

유동화전문유한회사 (SPC, Special Purpose Company)

- 금융기관의 부실채권·토지 등의 자산을 양도받아 이를 기초로 증권을 발행·판매할 목적으로 설립된 일시적 특수 목적회사.
- 금융기관에서 발생한 부실채권을 매각하기 위해 설립된 회사로, 자산유동화 업무를 행하기 위해서는 미리 금융감독위원회에 등록해야 하고, 자산유동화계획에 따라 금융기관 등으로부터 자산을 양도받았을 경우에도 지체 없이 그 사실을 금융감독위원회에 등록해야 한다.
- 유동화자산의 양수·양도·관리·운용·처분, 유동화증권의 발행·상환, 자산유동화계획의 수행에 필요한 계약의 체결, 여유자금 투자 등의 업무를 수행한다. 그러나 상법상 유한회사이기 때문에 영업소를 설치할 수 없고, 또 직원을 고용할 수 없는 서류상의 회사이기 때문에 유동화자산의 관리·운용·처분에 관한 업무는 자산 관리자에게 그 밖의 업무는 자산 보유자 또는 제3자(AMC, 자산관리회사)에게 위탁해야 한다.
- 그래서 SPC는 부실채권을 매입하고 AMC는 부실채권의 관리 및 운영의 역할을 분담하는 것으로 되어 있다.
- 이들은 금융기관 등의 부실채권을 매각하기 위해 자산담보부채권(ABS)을 발행하는 등 다양한 방법을 동원해 기관 및 일반투자자들에게 판매하고, 투자자들은 만기 때까지 채권에 표시된 금리만큼의 이자를 받고 만기가 되면 원금을 돌려받는다. 유동화전문회사는 이 과정에서 자산 관리나 매각 등을 통해 투자 원리금을 상환하기 위한 자금을 마련하고, 이 작업이 끝나면 자동 해산된다.

AMC (Asset Management Company)

유동화전문회사(SPC)로부터 유동화 자산관리를 위탁받아 일반 투자자에게 매각하는 회사이다. 대표적인 AMC로는 유암코, 대신에이엠씨, 농협자산관리회사 등이 있고, 그 외 수백개의 AMC들이 있다.

(2) 부실채권의 매각방식

① 채권의 매각
- 부실채권의 전체 규모가 큰 경우는 수십 개의 채권을 POOL로 구성하여 매각하고 규모가 작은 경우에는 개별 단위로 개별 매각하기도 한다.
- 제1금융권은 유동화전문회사(SPC)에 매각하고 자산관리회사(AMC)에 위탁하여 채권을 대부법인에 매각한다.
- 제2금융권은 유동화전문회사(SPC)에 매각하기도 하지만 양이 많지 않기에 개별적으로 부실채권을 대부법인에 매각한다.

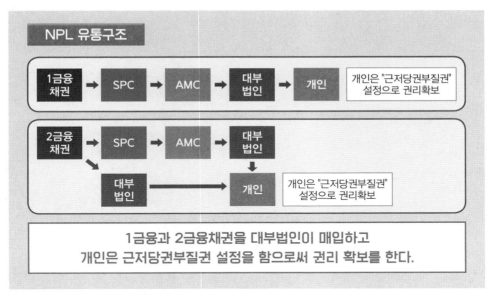

〈그림 1-4〉

② 법원경매

– (근)저당권 실현 목적으로 법원을 통하여 경매로 회수를 한다. 담보부 물권이 경매로 처리될 경우 보통 6개월에서 1년 이상 소요되는 경우가 많다.

– 부실채권 매각이 안 되는 물건을 주로 법원경매를 통하여 배당받거나 유입을 함으로써 정리를 한다.

– 금융기관에서 직접 경매를 진행할 수도 있고 유동화전문회사(SPC)로 이전된 채권은 자산관리회사(AMC)에서 관리하여 배당이나 유입으로 진행된다.

③ 기업개선작업(워크아웃)

– 기업을 회생시키는 것이 워크아웃의 목적이다.

– 기업의 구조조정을 스스로 하기 힘들 때 금융기관이 주도로 하게 된다.

– 은행에서 대출금의 상환 유예, 이자 감면, 부채 삭감 등의 금융지원이 이루어진다.

– CRC(Corporate Restructuring Company)-기업구조조정전문회사는 워크아웃(기업개선작업), 기업구조조정 대상 기업의 경영권 인수, 기업 가치를 높이거나 이들 기업의 부동산이나 부실채권에 투자하는 회사를 뜻한다.(출처:박문각 사전)

NPL이론과 실무, 생생 사례

경매를 이기는 **NPL 투자**

제2장

부실채권(NPL)
매입 유형과 투자전략

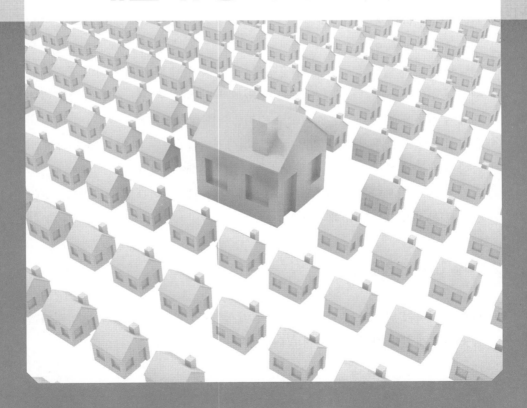

NPL 투자의 장점(NPL과 경매의 비교)

1. 부실채권 매입의 장점

① 부실채권은 금융기관의 근저당권을 원금 내지는 연체이자를 할인하여 매입할 수 있다는 것이 장점이다.

② 채권을 담보로 근저당권부질권 대출을 받을 수 있으며 실제로 투자한 금액에 비하여 대출을 높게 받을 수 있다.

③ 부실채권을 매입하면 여러 가지 투자 방법으로 진행할 수 있는 장점이 있다. 채권을 매입한 후 재매각하거나 경매 진행으로 배당을 받을 수 있고 필요시에는 유입을 통해서 낙찰을 받을 수 있다.

④ 재매각이나 배당으로 투자하는 경우는 경매에 비해서 투자금 회수기간이 짧고 회수 시점도 예측이 가능하다.

⑤ 배당을 받는 방식으로 투자를 할 경우에는 제3자가 낙찰을 받게 되고 투자자는 채권행사권리금액만큼 배당을 받을 수 있고 배당에서 부족한 금액은 해당 경매계에 부기문을 받아서 잔존채권으로 권리행사를 할 수 있다.

⑥ 유입의 방식으로 투자를 할 경우는 채권행사권리금액으로 유입(낙찰)을 하여 취득하기 때문에 부동산 매각 시 양도소득세를 절감할 수 있다.

⑦ 일반 경매 입찰보다는 채권매입 후 입찰에 참여하는 것이므로 최고가매수신고인으로 선정될 가능성이 매우 높다.

2. 부실채권 매입의 단점

① 채권에 비하여 담보가 부실할 경우 손실이 날 수 있다. 즉, 담보의 가치 평가를 잘못하고 채권을 매입하면 손실로 이어진다.

② 근저당권을 담보로 근저당권부질권 대출을 받을 수 있지만 종결될 때까지 근저당권부 대출 이자를 납부해야 한다.

③ 유입이 목적이라면 채권매입으로 인하여 초기 자금이 많이 들어갈 수도 있다.

④ 채권매입 후 채무자가 회생 신청을 하면 경매가 정지될 수 있다.(이때 근저당권부 질권 대출을 받았을 경우 이자 납입 기간이 길어진다.)

3. 사례를 통한 NPL과 경매의 비교 [2015타경25524]

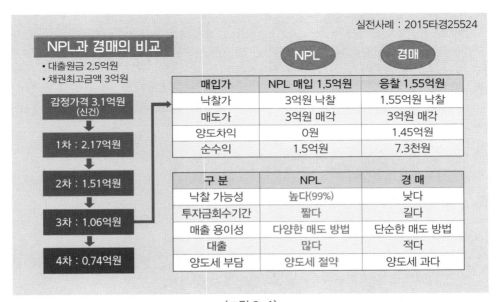

실전사례 : 2015타경25524

NPL과 경매의 비교
- 대출원금 2.5억원
- 채권최고금액 3억원

감정가격 3.1억원 (신건)
↓
1차 : 2.17억원
↓
2차 : 1.51억원
↓
3차 : 1.06억원
↓
4차 : 0.74억원

매입가	NPL 매입 1.5억원	응찰 1.55억원
낙찰가	3억원 낙찰	1.55억원 낙찰
매도가	3억원 매각	3억원 매각
양도차익	0원	1.45억원
순수익	1.5억원	7.3천원

구 분	NPL	경 매
낙찰 가능성	높다(99%)	낮다
투자금회수기간	짧다	길다
매출 용이성	다양한 매도 방법	단순한 매도 방법
대출	많다	적다
양도세 부담	양도세 절약	양도세 과다

〈그림 2-1〉

- 위 그림은 경매로 나온 상가를 NPL을 매입하여 입찰에 참여한 사례이다. 그림과 같이 감정가격 대비 34%까지 최저금액이 떨어진 상가를 97%에 낙찰 받았다는 점에서 부실채권(NPL)의 위력을 실감할 수 있을 것이다.
- 8명이 입찰에 참여하여 최고가매수신고인의 입찰금액은 300,000,000원인데 비하여 2등은 155,200,000원이었다. 2등과 나머지 6명은 부실채권이 무엇인지 몰랐기 때문이다. 이때 경매법정은 와~ 하는 소란과 함께 누군가 NPL이라는 말이 나왔다.

① 소유자 겸 채무자 홍*옥은 2005년 4월 29일 약 470,000,000원에 분양을 받고 전유부분만 소유권이전등기를 하고 대지권은 미등기 상태로 같은 해 11월 17

일 대출을 받았다.

② 2015타경25524의 채권 내용을 분석하면 미*농협협동조합에서 2005년 11월 17일 원금 250,000,000원을 대출해 주고 채권최고금액 300,000,000원을 근저당권을 설정했다.

③ 소유권이전 당시 미입주 물량이 많아서 상가가 공실 상태였고 이자 및 관리비가 연체되기 시작했다.

④ 경매가 진행되고 시행사인 **개발로부터 체납관리비 명목으로 35,000,000원의 유치권 권리가 신고 되었다.

⑤ 대지권 미등기와 유치권 행사가 진행되어 감정가격 310,000,000원의 상가가 최저가격 106,330,000원까지(감정가격 대비 34%)내려갔다.

⑥ 미*농협의 채권양수인인 농협자산관리회사에서는 채권원금 및 연체료에 비하여 경매 최저금액이 현저히 낮아진 점을 감안하여 채권을 매각할 수밖에 없는 입장이다.

⑦ 원금 2.5억 원과 연체이자를 포함하여 채권행사권리금액이 4.6억 원이 넘었다. 이 채권을 할인해서 152,000,000원에 매입하였다.

⑧ 채권 재매각이나 배당 유도를 통해서 배당을 받을 수도 있었지만 최초에 유입을 목적으로 채권을 매입하였다.

⑨ 2016년 6월 10일 입찰에 참여한 8명이 경쟁을 하였는데 최저가 34%에 97%의 높은 금액으로 최고가매수신고인으로 선정되었다.

⑩ 2등 입찰가를 보면 당연히 배당이 가능했다. 입찰에 참여한 사람들 모두가 어리둥절했을 것이다. 필자는 채권매수인에게 위임장을 받아서 대리인으로 입찰에 참여했었다.

⑪ 2016년 8월 3일 대금을 납부하고 소유권이전을 한 다음 대지권 미등기를 복구했고 유치권 권리자와 소송을 통해서 약 10개월 만에 점유권을 돌려받고 상호 청구금액은 없는 것으로 합의하여 마무리했다.

⑫ 현재는 임대(보증금 2천만 원에 월세 130만 원 정도)가 나갔고 상권도 안정되었으며 매매로는 3억 원 이상이 가능하고 대출을 받아도 매입가격의 80%(약 2억4천만 원)정도가 가능하다. 무엇보다도 매매 시 매입금액 3억 원과 취·등록세를 포함한 금액까지는 양도소득세가 없다.

⑬ 2015타경25524 물건 소개

2015 타경 25524 (임의)		매각기일 : 2016-06-10 10:30~ (금)		경매12계 031-210-1272	
소재지	(18405) 경기도 화성시 병점동 844-5외 1필지 리더스프라자 제1층 제113호 [도로명] 경기도 화성시 효행로 1008, 1층113호 (병점동,리더스프라자)				
용도	상가(점포)	채권자	농 ○○○○○○○○○○○○○○○○○○○○○○○○	감정가	310,000,000원
대지권	대지권미등기	채무자	홍○	최저가	(34%) 106,330,000원
전용면적	42.75㎡ (12.93평)	소유자	홍○	보증금	(10%)10,633,000원
사건접수	2015-07-03	매각대상	토지/건물일괄매각	청구금액	300,000,000원
입찰방법	기일입찰	배당종기일	2015-09-18	개시결정	2015-07-06

기일현황   ▼간략보기

회차	매각기일	최저매각금액	결과
신건	2015-11-10	310,000,000원	변경
신건	2016-01-20	310,000,000원	유찰
2차	2016-02-26	217,000,000원	유찰
3차	2016-04-01	151,900,000원	유찰
	2016-05-10	106,330,000원	변경
3차	2016-06-10	106,330,000원	매각
허○○/입찰8명/낙찰300,000,000원(97%) 2등 입찰가 : 155,200,000원			
	2016-06-17	매각결정기일	허가
	2016-08-03	대금지급및 배당기일	
배당종결된 사건입니다.			

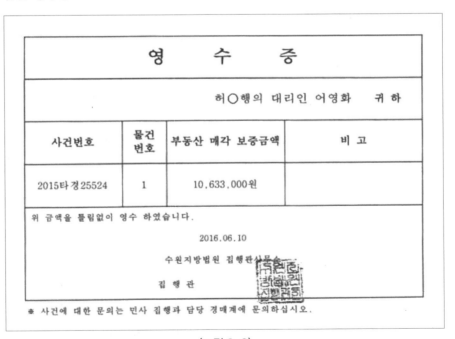

〈그림 2-2〉

⑭ 입찰 영수증

영 수 증

허○행의 대리인 어영화   귀하

사건번호	물건 번호	부동산 매각 보증금액	비 고
2015타경25524	1	10,633,000원	

위 금액을 틀림없이 영수 하였습니다.

2016.06.10

수원지방법원 집행관사무소

집 행 관

＊ 사건에 대한 문의는 민사 집행과 담당 경매계에 문의하십시오.

〈그림 2-3〉

02

부실채권의 매입 유형

부실채권시장에서 유동화전문유화회사나 제2금융기관에서 부실채권을 매각하고 투자자들이 매입하는 유형은 대표적으로 채권양수도계약(Loan Sale), 입찰참가이행 조건부 채권양수도계약(사후정산방식), 채무인수계약과 입찰대리계약(혼합방식) 등이 있으며, 그중에 가장 많은 비중을 차지하는 순서로는 론세일(Loan Sale), 사후정산, 채무인수계약, 혼합방식(입찰대리계약) 순이다.

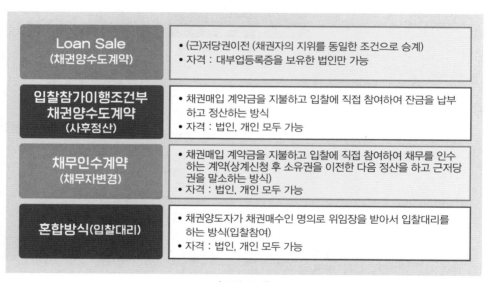

Loan Sale (채권양수도계약)	• (근)저당권이전 (채권자의 지위를 동일한 조건으로 승계) • 자격 : 대부업등록증을 보유한 법인만 가능
입찰참가이행조건부 채권양수도계약 (사후정산)	• 채권매입 계약금을 지불하고 입찰에 직접 참여하여 잔금을 납부하고 정산하는 방식 • 자격 : 법인, 개인 모두 가능
채무인수계약 (채무자변경)	• 채권매입 계약금을 지불하고 입찰에 직접 참여하여 채무를 인수하는 계약(상계신청 후 소유권을 이전한 다음 정산을 하고 근저당권을 말소하는 방식) • 자격 : 법인, 개인 모두 가능
혼합방식(입찰대리)	• 채권양도자가 채권매수인 명의로 위임장을 받아서 입찰대리를 하는 방식(입찰참여) • 자격 : 법인, 개인 모두 가능

〈그림 2-4〉

1. 채권양수도계약 (Loan Sale)

(1) 채권양수도계약(Loan Sale)이란 ?

① Loan(대출) Sale(판매) 말 그대로 대출, 즉 채권을 판매(양도) 한다는 뜻이다.

② 금융권의 부실채권을 할인하여 매입하고 (근)저당권을 이전하는 방식을 말한다.

③ (근)저당권을 이전하는데 채무자의 여신거래약정서상의 채권자의 지위를 동일한 조건으로 승계받는 것을 말한다.

④ 금융감독원에 등록된 법인만 취득이 가능하고 개인은 근저당권에 근저당권부질권을 설정함으로써 권리 확보를 할 수 있다.

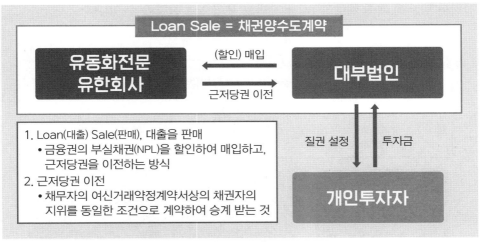

〈그림 2-5〉

⑤ 매입한 (근)저당권은 담보로 제공하고 근저당권부질권 대출을 받을 수 있다. 매입한 채권액의 80~90%를 근질권을 설정하고 대출을 받음으로써 채권매입 초기 자금이 적게 들어간다.

⑥ 개인투자자는 법인에서 매입한 근저당권에 1순위로 저축은행이 근질권을 설정하고 2순위 근질권을 설정함으로써 권리를 확보할 수 있다.

⑦ 채권을 재매각하여 남은 금액이나 법원으로부터 배당을 받은 이익금에 대하여 대출의 원금까지는 세금이 없다.(소득세법 제16조 1항)

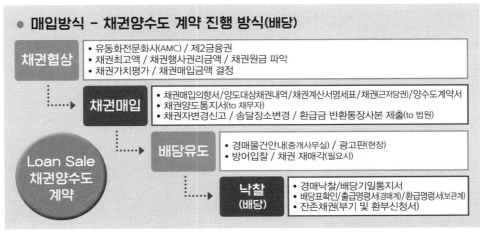

〈그림 2-6〉

(2) 채권양수도계약(Loan Sale) 방식으로 수익을 실현하는 3가지 방법

Loan Sale은 다른 매각방식과는 달리 다양한 방법으로 투자금을 회수할 수 있는 장점이 있는데 채권 재매각, 배당 그리고 유입으로 진행할 수 있다.

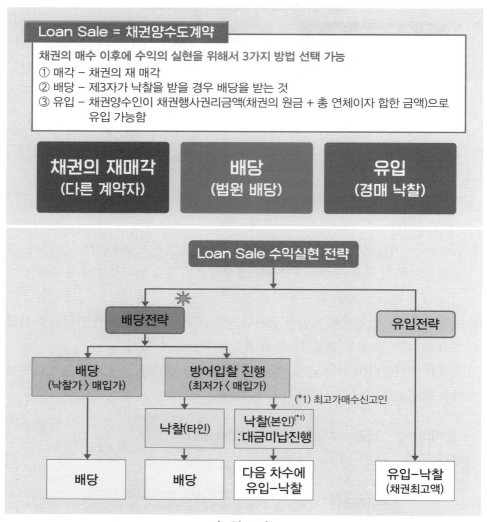

〈그림 2-7〉

① 매입한 채권을 재매각

투자자가 부실채권의 매입한 후에 적절한 이윤을 남기고 채권을 재매각하여 짧은 기간에 투자금을 회수할 수 있는 장점이 있다.

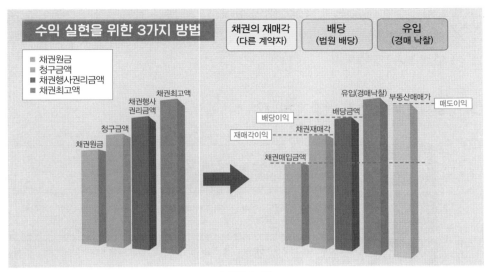

〈그림 2-8〉

② 배당

투자자가 경매절차에 참가하여 제3자가 낙찰을 받으면 매각대금에서 배당을 받는 방법이다. 배당 시에는 우선변제권을 행사할 수 있으며 배당과정에서 배당을 받지 못한 잔존채권에 대해서는 부기 및 환부신청서(부기문)를 받아서 추심을 할 수도 있다.(단 채권양수도계약서에 잔존채권 추심 제한이 있을 경우에는 권리행사를 할 수 없다.)

● 제3자가 채권금액보다 높은 금액으로 낙찰을 받을 경우에는 법원으로부터 배당을 받는 것으로 손실이 없으나, 만약 입찰최저금액이 채권매입금액보다 낮아질 때까지 유찰이 계속되면 방어입찰[2]을 진행해야 한다.

③ 유입

투자자가 채권을 매입하고 그 채권을 이용하여 경매 과정 중에 그 물건을 낙찰받아 소유권을 취득하는 것을 말한다. 이 과정에서 투자자, 즉 채권양수인이 채권행사권리금액(채권의 원금에 총 연체이자를 합한 금액)으로 입찰에 참여하기 때문에 낙찰에 매우 유리하다. 그리고 낙찰 과정에서 근저당권으로 상계처리(민사집

---

2) 방어 입찰이란 매입한 채권을 보호한다는 뜻인데, 경매 최저금액이 채권 매입금액보다 낮을 때 하는 것으로 용어정리 편에 상세하게 나와있다.

행법 제143조)할 수 있으며 낙찰가액이 상대적으로 높은 금액이기에 부동산을 최종 매각할 때 양도 차액이 적게 발생하게 되고 이로 인해서 양도세의 절감 효과가 있게 되는 것이다.

(3) 부실채권 매입한 후 어떻게 하나?

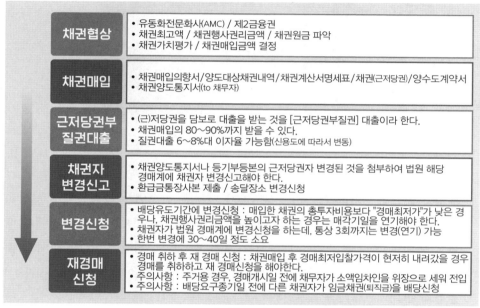

채권협상	• 유동화전문회사(AMC) / 제2금융권 • 채권최고액 / 채권행사권리금액 / 채권원금 파악 • 채권가치평가 / 채권매입금액 결정
채권매입	• 채권매입의향서/양도대상채권내역/채권계산서명세표/채권(근저당권)/양수도계약서 • 채권양도통지서(to 채무자)
근저당권부 질권대출	• (근)저당권을 담보로 대출을 받는 것을 [근저당권부질권] 대출이라 한다. • 채권매입의 80~90%까지 받을 수 있다. • 질권대출 6~8%대 이자율 가능함(신용도에 따라서 변동)
채권자 변경신고	• 채권양도통지서나 등기부등본의 근저당권자 변경된 것을 첨부하여 법원 해당 경매계에 채권자 변경신고해야 한다. • 환급금통장사본 제출 / 송달장소 변경신청
변경신청	• 배당유도기간에 변경신청 : 매입한 채권의 총투자비용보다 "경매최저가"가 낮은 경우나, 채권행사권리금액을 높이고자 하는 경우는 매각기일을 연기해야 한다. • 채권자가 법원 경매계에 변경신청을 하는데, 통상 3회까지는 변경(연기) 가능 • 한번 변경에 30~40일 정도 소요
재경매 신청	• 경매 취하 후 재 경매 신청 : 채권매입 후 경매최저입찰가격이 현저히 내려갔을 경우 경매를 취하하고 재 경매신청을 해야한다. • 주의사항 : 주거용 경우, 경매개시일 전에 채무자가 소액임차인을 위장으로 세워 전입 • 주의사항 : 배당요구종기일 전에 다른 채권자가 임금채권(퇴직금)을 배당신청

〈그림 2-9〉

1금융권과 2금융권의 대표적인 매각방식인 "채권양수도계약(Loan Sale)"으로 채권을 매입한 후 아래와 같이 처리한다.

① 채권의 매입
- Loan Sale(채권양수도계약)로 부실채권을 매입하면 (근)저당권을 매수인(금감원에 등록된 대부법인) 명의로 이전한다.
② 근저당권부질권 대출
- (근)저당권을 담보로 대출을 받는 것을 '근저당권부질권' 대출이라고 한다. 부실채권이나 대위변제로 취득하는 (근)저당권은 제2금융권을 통하여 근질권 대출을 받을 수 있다.

- 근저당권부질권 대출은 채무자의 소득과 신용에 따라서 차이가 있으나 채권 매입금액의 80%에서 90%까지도 받을 수 있다. 부실채권이 시장에 본격적으로 거래되기 시작하던 2010년도에는 연 12%로 높았으나 2022년 현재 연 6~8%대의 이자로 받을 수 있으며 금리의 변동에 따라서 달라질 수 있다.

③ 채권자 변경신고
- ㈜저당권을 매입한 후 ㈜저당권이 이전되면 채권양도통지서나 등기부등본에 ㈜저당권자가 변경된 것을 첨부하여 법원의 해당 경매계에 채권자 변경 신고 및 송달장소 변경 신고를 하여야 한다. 환급금에 대한 통장사본도 첨부한다.

④ 변경신청[3]
- 매입한 채권이 채권최고금액에 도달되지 않았거나 예상 입찰가격이 현재의 채권행사권리금액보다 높게 예상될 경우에는 변경 신청을 통하여 원금에서 이자 부분을 늘려야 한다. 채권자가 법원 경매계에 변경 신청을 하면 되는데 통상 3번까지는 변경(연기)이 가능하다.

- 예를 들어, 채권최고액 1.2억 원에 채권원금 1억 원과 연체이자 3백만 원을 합한 채권을 9천만 원에 매입을 하고 배당을 기대한다면, 변경 신청을 하여 연체이자를 늘려야 한다. (현재기준으로 연체이자율은 대출이자 +3%(가산이자율)로 높지 않은 편이기에 연체이자 늘리는 작업을 할 것인지는 투자자의 자금 조달계획과 연계하여 검토하여야 한다.)
- 한 번 변경을 하면 30~40일 정도가 소요되므로 가령 연체이자율이 18%인데 3번 변경신청을 하여 매각이 4개월 연장이 되었다면 채권행사권리금액이
- 103,000,000원에서 109,000,000원으로 늘어나는 것이다. 즉 1억에 대한 연체이자가 연 18%일 경우 월 이자가 150만 원 이며 4개월 치는 6백만 원으로 기존의 원금 1억과 연체이자와 합하여 총 1억9백만 원이 된다.

---

⑤ 경매 취하 후 재경매 신청
- 채권매입 후 경매최저입찰가격이 현저하게 내려갔을 경우 경매를 취하하고 재경매 신청을 해야 한다.
- 가령 1억 원의 감정가격에 채권매입금액이 7천만 원이라고 가정을 할 때 최저입찰가격이 40%대로 내려갔다면 경매를 취하하고 재경매를 신청할 경우

---

3) 여기서 '변경신청'이란 매각기일연기를 뜻한다.

에 감정가격이 다시 100%부터 시작하므로 부동산이 인플레이션 될 때는 높게 낙찰될 가능성이 크다. 따라서 배당을 기대할 수도 있다.

2. 입찰참가이행조건부채권양수도계약(사후정산)

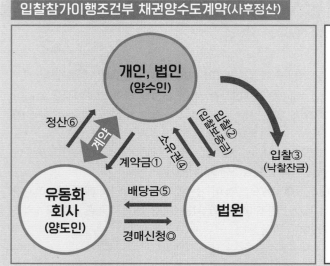

• 예를 들어 1억 원에 채권을 매입하기로 약정하고 계약금으로 1천만 원을 지불하고, 낙찰 후 채권자가 배당받은 금액 중 9천만 원을 채권양도인이 가지고 나머지는 채권양수인에게 돌려주는 방식이다. 투자자는 초기에 계약금과 최고가매수신고금액이 모두 필요하다.

〈그림 2-10〉

말 그대로 입찰에 참가하여 이행을 하는 조건부로 채권을 양수하는 계약이다. 사후정산방식이라고도 한다.

① 채권자와 채권매입계약을 체결하면서 채권매입약정금액의 5~10%를 계약금으로 지불하고 직접 입찰에 참여하여 낙찰을 받는 방식이다.

② 채권양수인은 채권매입계약서에 첨부된 채권계산서명세표의 채권행사권리금액의 범위 내에서 매각기일에 입찰한다. 입찰 결과에 따라서 최고가매수신고인으로 선정될 수도 있고 다른 사람이 최고가매수신고인으로 선정되면 입찰보증금은 돌려받고 입찰참가이행조건부채권양수도 계약 시 지급한 계약금은 반환받으면서 계약의 효력은 소급하여 무효가 된다. 이 방식으로 채권을 매입하여 입찰에 참가하는 경우에는 99%로 최고가매수신고인으로 선정될 수 있다. 최고가매수신고인으로 선정되면 통상은 경락잔금 대출을 받고 대금을 납부한다.
이 경우 실제투자금액이 채권매입계약금과 입찰보증금이 있어야 함으로 경매 입찰보다는 초기자금이 많다는 단점이 있다.

③ 최고가매수신고인이 대금을 납부하면 법원에서는 배당을 하는데 채권양도인이 법원으로부터 배당을 받게 되면 채권양도인과 채권양수인 간에 체결한 채권양도계약서의 내용대로 정산하는 방식이다.

④ 채권매입금액과 입찰보증금, 대금납부 후 채권자가 배당을 받고 채권양수인과 정산을 하는 데까지 2개월 이상 시간이 소요됨으로 채권양수인 겸 최고가매수신고인은 투자한 자금을 회수하는 시기까지의 자금계획이 필요하다.

⑤ 채권을 할인해서 매입하고 매입한 채권의 채권행사권리금액만큼 입찰에 참가함으로써 실 투자금액보다 입찰가격이 높고 입찰가격에 대비하여 LTV가 높음으로 대출이 많이 나올 수 있다.

⑥ 입찰참가이행조건부채권양수도계약은 채권양도인과 채권양수인간의 계약이기 때문에 등기부등본에 등재가 되지 않으므로 공시가 되지 않고 제3자가 짐작으로만 판단할 뿐 NPL 매입으로 입찰에 참여한 것인지를 알 수 없다.

⑦ 입찰참가이행조건부채권양수도계약은 해석 그대로 입찰에 참가하여 이행을 하는 조건부로 채권을 양수하는 계약이므로 입찰에 직접 참가하여야 한다.

⑧ (근)저당권 이전이 아니므로 채권 재매각이나 배당을 받을 수 없다.

⑨ 입찰에서 패찰 되면 채권매입계약을 무효로 하고 채권매입 시 지불한 계약금을 돌려받고 소급하여 계약자체를 무효로 한다.(계약금에 대한 이자는 없다.)

⑩ 채권을 매각하는데 매각하는 금액보다 차 순위가 높게 입찰에 참가하게 되면

채권양도인 입장에서는 손실을 줄일 수 있는 기회를 놓쳤다고 볼 수 있다. 채권을 양도하되 차 순위가 채권양도금액보다 높게 입찰할 경우에는 일정한 범위 내에서 일정한 금액을 추가로 더 지급하기로 하는 단서가 붙을 수도 있는데 이 내용이 차액약정보전금이다. 차액약정보전금을 별도로 지급하는 특약이 있을 수도 있고 없는 경우도 있다. 때에 따라서는 차액약정보전금을 차 순위의 금액으로 요구하는 경우도 있다.(100% 계약)

⑪ 실제로 투자한 금액보다 입찰금액이 높음으로 양도소득세가 절감된다.

3. 채무인수계약(채무자변경 계약)

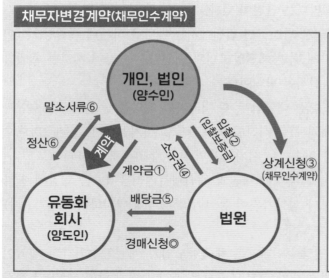

- 채무인수계약은 말 그대로 채무를 인수하는 계약이다. 다른 말로는 채무자변경 계약이라고도 한다.
- 채권 매입 계약을 체결하고 채권양수인이 입찰에 참가하여 최고가매수신고인으로 확정되면 채권매입 시 채권양도인에게 받은 "낙찰대금상계신청서"와 "채무인수계약에 관한 승낙서"를 해당 경매계에 제출하고, 채무를 승계하는 방식으로 대금지급기일과 배당일이 같은 날 정해진다.
- 대금지급기일에 채권자는 입찰보증금과 남은 경매신청비용을 배당받고 채권양수인은 촉탁등기로 소유권이전을 하게 된다.
- 채권양수인에게 이전된 소유권에는 채권자가 가지고 있는 근저당권이 말소되지 않고 그대로 남아있다.

〈그림 2-11〉

> - 채권양수인은 채무인수계약서의 약정 내용대로 30일(협의 사항)이내에 나머지 잔금을 지불하고 근저당권 말소서류를 받아서 해지한다.
> - 채권양수인이 채무인수계약의 내용대로 이행을 하지 않을 경우 채권양도인은 채무불이행에 의한 저당권실현으로 다시 경매 신청을 하여 채권을 회수한다.
> - 예를 들어 1억 원에 채권을 매입하기로 약정하고 계약금으로 1천만 원을 지불하고, 입찰보증금으로 6백만 원이 들어갔고 입찰금액이 1.2억원이라면 양수인은 양도인에게 나머지 잔금 8천4백만 원을 지급하는 것으로 정산을 하는 방식이다. 투자자는 초기에 계약금과 입찰보증금만 있으면 입찰에서 낙찰을 받을 수 있는 장점이 있다.

① 대출금을 갚지 못하는 채무자를 능력 있는 채무자로 교체시켜서 새로운 채무자에게 채권을 회수하는 방식이다.

② 채권양도인과 부실채권을 채무인수계약으로 체결하면서 채권매입금액의 5~10% 정도의 계약금으로 지불하고 직접 입찰에 참여하여 낙찰을 받는 방식이다.

③ 계약체결 시 "낙찰대금상계신청"와 "채무인수에 관한 승낙서"[4]를 받는다.

④ 최고가매수신고인으로 확정되면 "낙찰대금상계신청서"와 "채무인수에 관한 승낙서"를 해당 경매계에 제출한다.

⑤ 대금지급기일과 배당일이 같은 날 정해지는데 채권양도인(채권자)은 배당을 받고(입찰보증금, 잔여 가지급금) 채권양수인(최고가매수신고인)은 촉탁등기로 명의를 이전한다.

⑥ 채권양수인(최고가매수신고인)명의로 소유권이전등기가 완료되었음에도 근저당권은 소멸되지 않는다.

⑦ 채무인수계약서의 내용대로 양수인은 양도인에게 나머지 금액을 지불하고 정산을 한다. 대금을 정산 지불하면 근저당권 말소서류를 발급하여 주고 양수인은 근저당권을 말소한다. 이로써 모든 계약은 종료된다.

⑧ 입찰에서 최고가매수신고인으로 선정되지 못하면 채무인수계약을 무효로 하고 채권매입 시 지불 한 계약금은 돌려받는다.(이자는 없음)

⑨ 채무인수계약도 차액약정보전금을 요구하는 특약을 정할 수 있다.

⑩ 실제로 투자한 금액보다 입찰금액이 높음으로 양도소득세가 절감된다.

---

4) 채무인수에 관한 승낙서와 낙찰대금상계신청서는 실제 사례 편에 서식 있음

4. 혼합방식(입찰대리계약)

- "혼합방식"이라는 채권양수도계약은 자산유동화에 관한 법률이 제정되고 채권양수도 계약이 이루어지면서 처음으로 등장하는 용어이다. 채권양수도계약서의 유형은 채권양수도 계약서의 약관에 따라서 계약서의 이름이 지어지는 것이다. "혼합방식"은 대한민국 최초로 필자가 유동화회사의 채권을 매입하면서 여러 가지 계약의 조건을 제시한 결과 각 채권매입 유형의 본질과 양도인과 양수인간의 조건을 결합시켜 체결한 계약서로서 채권이 매각된 후 처음으로 작성된 계약 조건임을 알고 혹~ 이런 계약방식은 없다고 주장하는 비전문가가 있다면 아래 사건번호와 계약서를 참고하여 이해할 수 있도록 알려 주어도 좋다.

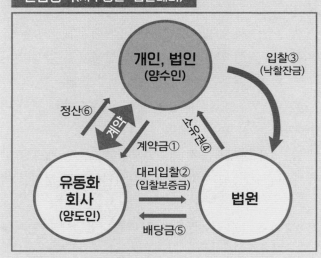

- 다음 사건은 혼합방식으로 채권을 매입한 사례이다.
  2020타경8706 경기도 안성에 있는 병원으로 감정가격 4,484,368,200원에 입찰최저금액 3,139,058,00원으로 한번 유찰된 사건인데, 채권자 입장에서는 몇 차례 유찰될 것을 대비하여 채권을 매각할 수밖에 없고 채권양수인을 찾기 어렵기 때문에 혼합방식(입찰대리계약)을 선호할 수밖에 없다.
- 채권매입방식의 패러다임이 변했다. 입찰참가이행조건부채권양수도계약(사후정산)과 채무인수계약(채무자 변경 방식) 시 두 가지 방식을 혼합한 가운데, 채권양도인이 입찰 대리를 하는 방식도 있다.
- 채권자(양도인) 입장에서는 다양한 매각방식을 제의함으로써 더 많은 양수인(매수인)을 확보할 수 있기 때문이다. 채권양도계약서도 부동산매매계약서처럼 양도인과 양수인 간에 채권양도계약을 체결하되, 양도인과 양수인 중 위약자에게 위약금을 물리게 하는 취지로 약정되는 계약은 공평하다고 보기 때문이다.

〈그림 2-12〉

- 혼합방식은 경매사건의 입찰최저금액을 채권양도계약금으로 정하고 채권양도인과 채권양수인 간에 채권양수도계약을 체결하고 경매입찰보증금액을 채권양도계약금으로 지급하고 채권양수인은 채권양도인에게 입찰에 대한 인감증명서와 위임장을 위임해줌으로써 채권양도인이 입찰기일에 채권양수인 명의로 입찰에 참여하는 방식이다.
- 입찰가액은 채권행사권리금액 내에서 채권양도인과 채권양수인 간의 협의한 금액으로 입찰에 참여한다.
- 채권양도인 입장에서 본다면 채권을 매각하고 대리인으로 입찰에 참여하게 되고 입찰의 결과에 상관없이 채권은 매각한 결과이니 다양한 양수인을 찾을 수 있다는 장점이 있다.
- 채권양수인 입장에서는 경매입찰보증금만으로 채권을 매입하고 입찰에 참여할 수 있음으로 초기 자금의 부담을 줄일 수 있다는 장점이 있다.
- 만약 입찰에서 채권양수인이 최고가매수신고인으로 선정되지 않을 경우는 채권양도계약 자체를 무효로 하고 입찰보증금을 채권양수인에게 반환함으로써 쌍방 손실은 없다.
- 채권양수인이 최고가매수신고인으로 선정되었음에도 불구하고 대금을 완납하지 않았을 경우에는 입찰보증금은 몰수당하게 되고 몰수당한 입찰보증금은 재매각 시 선정된 최고가매수신고인의 대금과 합산하여 채권자에게 배당을 해주므로 채권양도인 입장에서는 손해날 이유가 없기 때문이다.
- 채권자가 가장 선호하는 채권양수도계약은 Loan Sale(론 세일)계약이다. 차선책으로 "입찰참가이행조건부채권양수도계약"과 "채무인수계약"이 있지만 채권이 높은 금액은 아무래도 양수인이 부족할 수밖에 없다. 요즘 유동화 회사의 현명한 채권담당자(Asset Manager)들은 적은 금액의 채권도 혼합방식으로 채권을 양도하고 있다.
- 혼합방식은 계약 체결 당시 입찰대리계약과 입찰참가이행조건부채권양수도계약이나 채무인수계약의 내용을 취합하여 정할 수 있다.
- 채권을 매입하여 부동산을 유입하기 위한 목적이라면 채권 매입의 유형 중 "혼합방식(입찰대리계약)"이 가장 양수인에게 좋은 방법이라도 할 수 있다.

① 채권자와 채권매입금액이 협상되면 혼합방식(입찰대리계약)으로 경매최저입찰보증금으로 채권매입계약금을 정하고 채권매입계약서를 작성한다.

② 채권양수인은 채권계약을 체결하고 채권양수인명의로 입찰에 참여할 수 있도록 인감증명서를 첨부한 위임장을 채권양도인에게 위임한다.

③ 입찰기일에 채권양도인은 채권양수인 명의로 입찰에 참가한다.

④ 입찰가액은 채권계약 당시 정한 금액으로 입찰한다.

⑤ 입찰에서 패찰 되면 채권양수도계약은 무효로 하고 채권매입계약금(입찰보증금)

은 돌려받는다.

⑥ 채권양수인이 최고가매수신고인으로 선정되었음에도 대금을 미납하면 입찰보 증금은 몰수당하고 채권매입계약서상 위약자가 됨으로 매수인은 채권매입계약 금(입찰보증금)을 돌려받을 수 없다.

⑦ 채권매입 양수인 입장에서는 채권을 매입하여 유입할 수 있는 방법 중 초기 자 금이 가장 적게 들어간다는 장점이 있다.

⑧ 채권을 매입하여 입찰에 참가할 경우 최고가매수신고인으로 선정될 가능성이 매우 높다.

⑨ 투자한 금액보다 대출금액이 더 많을 수 있다.

⑩ 부동산을 양도할 경우 양도소득세를 절감할 수 있다.

⑪ 채권양도인과 채권양수인에게 상호 이득이 될 수 있다는 장점이 있다.

⑫ 혼합방식계약은 입찰참가이행조건부채권양수도계약이나 채무인수계약의 방 식으로 잔금을 처리할 수 있다.

5. 부실채권 매입유형별 장단점

(1) Loan Sale = 채권양수도계약

- 장점
  - (근)저당권 자체를 이전 한다.
  - 근저당권부질권 설정을 하고 채권매입금액의 90%까지 대출을 받을 수 있다.
  - 매입한 채권을 재매각 할 수 있다.
  - 채권 재매각을 하여 남은 차액이나 배당을 받은 이익금에 대하여 세금이 없다. (소득 세법 제16조1항)
  - 제3자가 낙찰을 받게 되면 배당을 받을 수 있다.
  - 배당으로 진행될 경우에는 잔존채권에 대하여 부기 및 환부신청서[5]를 받아 추심을 할 수 있다.
  - 채권행사 권리금액만큼 유입을 할 수 있다.
  - 낙찰(유입) 받을 경우 상계신청을 할 수 있다.
  - 낙찰(유입) 받을 경우 양도소득세를 절감할 수 있다.

---

5) 채권행사권리금액에서 배당금액을 제한 차액을 배당표와 같이 해당 경매계에 부기 및 환부신청서(민사신청 과 양식)에 확인을 받으면 전환무담보부채권이 된다.

- 단점
  - 금융감독원에 등록된 대부법인을 통하여 매입하고 매수인은 근저당권에 근저당권부 질권 설정을 하여 권리확보를 한다.
  - 입찰최저금액보다 채권매입가격이 높을 경우 방어 입찰을 해야 한다.
  - 부실채권 매입이 등기부등본에 등재가 되므로 그 내용이 노출되어 다른 계약 방식에 비해서 경락잔금 대출이 불리하다.
  - 유입을 할 경우 취·등록세가 많다.

(2) (입찰참가이행조건부) 채권양수도계약 = 사후정산

- 장점
  - 계약 시 매입금액의 5~10%의 계약금만 지급하고 부실채권을 매입할 수 있다.
  - 초기에 필요한 자금은 채권매입계약금과 경매입찰보증금인 최저매각금액의 10%이다.
  - 제3자 및 등기부등본에 NPL 매입 물건인지 노출이 되지 않는다.
  - 계약 내용이 노출되지 않으므로 유입 후 대출을 받기가 용이하다.
  - 채권양수인의 자격으로 입찰에 참가하면 99% 낙찰이 가능하다.
  - 양도소득세가 절감된다.

- 단점
  - 입찰에 직접 참가하여야 한다.
  - (근)저당권 이전이 아니므로 경매에서 채권양수인, 즉 채권매입자는 배당을 받을 수 없다.
  - 차액약정보전금을 지급하는 약정이 있을 수도 있다.
  - 낙찰받은 물건에 대하여 대출을 받고 나머지 금액은 자기자본으로 충당하여야 한다.(채무인수방식과 특히 다른 점이 이 부분임)
  - 채권양수인이 경매로 취득한 물건에 대하여 대금 납부한다. 그 금액을 채권양도인이 배당을 받은 후 채권매각계약서 상의 계약금액대로 채권양수인에게 돌려주기까지 시간이 많이 걸린다. 즉, 사후정산이다.
  - 취·등록세가 많다.

(3) 채무인수계약 = 채무자변경계약

- 장점
  - 계약 시 채권매입금액의 5~10%의 계약금만 지급하고 채권매입계약이 성립된다.
  - 채권매입계약금과 입찰보증금만으로 유입을 함으로 초기자금이 적게 들어간다.
  - 채권양수인은 최고가매수신고인으로 결정된 후 상계신청을 할 수 있으므로 초기 자금이 적게 들어간다.(소유권이전 후 채권양도자와 채권양수인 간에 체결한 계약서의 내용대로 잔금을 정산하고 (근)저당권 말소서류를 받아서 해지함)
  - 계약 내용이 노출되지 않으므로 유입 후 대출이 용이하다.
  - 채권양수인의 자격으로 입찰에 참가하면 99% 낙찰이 가능하다.
  - 양도소득세가 절감된다.

- 단점
  - 입찰에 직접 참가하여야 한다.
  - (근)저당권 이전이 아니므로 경매에서 채권양수인, 즉 채권매입자는 배당을 받을 수 없다.
  - 차액 약정보전금을 지급하는 약정이 있을 수도 있다.
  - 소유권을 이전하고 약 30일 이내로 인수한 (근)저당권에 대한 대금을 지불하여야 한다. 이 기간 내에 대금을 지불하지 못하면 연 12% 상당의 연체이자를 지불하고 한 달 정도를 유예할 수 있다. 하지만 그 기간이 지나면 위약자가 되어 채권양도인(유동화회사)은 채무인수계약을 해지하고 다른 사람에게 채권을 매각하거나 직접 채권을 회수한다. 따라서 채권매입계약금과 입찰보증금은 돌려 받을 수 없다.
  - 취·등록세가 많다.

(4) 혼합 방식 = 입찰 대리 계약

- 장점
  - 채권자와 채권매입금액이 협상되면 혼합방식으로 경매최저입찰보증금으로 채권매입 계약금을 정하고 채권매입계약서를 작성한다.
  - 채권매입 양수인 입장에서는 채권을 매입하여 유입할 수 있는 방법 중 초기 자금이 가장 적게 들어간다는 장점이 있다.
  - 채권을 매입하여 입찰에 참가할 경우 최고가매수신고인으로 선정될 가능성이 매우 높다.(99%)
  - 투자한 금액보다 대출금액이 더 많이 나올 수 있다.
  - 부동산을 양도할 경우 양도소득세를 절감할 수 있다.
  - 채권양도인과 채권양수인에게 상호 이득이 될 수 있다.
  - 혼합방식계약은 입찰참가이행조건부채권양수도계약이나 채무인수계약의 방식 중 양도인과 양수인이 협상되는 조건으로 잔금을 처리할 수 있다.
- 단점
  - 채권양수인은 채권계약을 체결하고 채권양수인명의로 입찰에 참여할 수 있도록 인감증명서를 첨부한 위임장을 채권양도인에게 위임한다.
  - 취·등록세가 많다.

※ 사후정산, 채무인수계약, 혼합방식 등의 경우도 입찰에서 떨어질 수도 있다.
   (이럴 경우 채권매입계약은 무효가 되고 채권매입 시 지급한 계약금은 돌려받는다.)

부실채권 투자에 필요한 필수 용어

1. 채권행사권리금액이란?

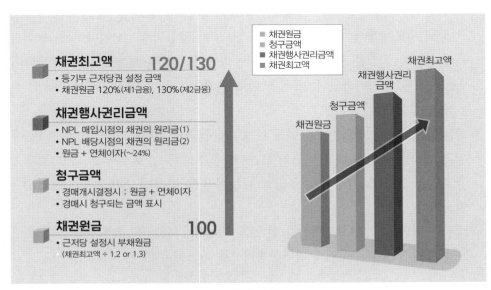

〈그림 2-13〉

- 채권자가 채권을 매입하는 시점에 원금과 이자를 합한 금액을 말한다.
- 배당을 받는 경우에는 배당일까지의 원금 및 총 연체이자를 합한 금액이 된다.

  (대위변제에서는 변제기까지 원금과 총 연체이자를 더한 금액을 말한다)

> 채권행사권리금액 = 채권의 원금 + 총 연체이자
>
> : 총 연체이자 = 채권의 원금 × (연체이자율 ÷ 365) × 연체일수

가령 원금이 1억 원이고 연체이자가 연 18%이며, 연체일수가 210일이라면 100,000,000원 × 18% ÷ 365일 × 210일 = 10,365,164원이 연체이자가 되는 것이다. 여기에 원금 1억 원을 더하면 총 110,365,164원이 채권행사권리금액이다. 이 경우는 채무자가 상환을 하거나 대위변제 시 또는 법원에 배당을 받을 때 산출하는 방법이다.

① 채권매입 전에는 연체일수를 정확히 알 수 없으므로 연체 개월 수로 대략 예상하고 다음과 같이 계산해 볼 수 있다.

> 채권의 원금 x (연체이자 ÷ 12개월) x 연체 개월 수 = 총 연체이자

② 부실채권을 매입하기 전에 채권자에게 채권의 원금 및 연체 금리를 알아보아야 한다. 일반적으로 경매청구금액의 천만 원 단위를 청구금액으로 보면 되는데 경우에 따라서 틀릴 수도 있기 때문에 담당 AM이나 채권 관리팀에 원금과 이자를 문의하여 정확하게 파악하는 것이 좋다. 가령 청구금액이 276,765,432원이라면 천만 원 단위로 떨어지는 270,000,000원이 원금일 수 있다.

③ 다른 방법으로는 채권 최고금액을 보고 대출원금을 산정할 수 있다. 통상 1금융권은 (근)저당권의 범위를 원금의 120%를 설정하니 1.2로 나누면 되고, 보통 2금융권은 130%를 설정하니 1.3으로 나누어 소수점 없이 딱 떨어지는 자연수가 원금이다.

④ 채권을 매입하기 위하여 협상을 할 경우 사전에 정확한 원금과 연체이자 및 이자율 그리고 선순위 채권과 경매신청비용을 파악해야 한다.

● 청구금액
경매청구금액이란 (근)저당권자(또는 경매신청자가)가 경매개시결정등기 접수일까지 원금의 잔액과 연체이자를 합하여 채무자에게 받아야 하는 금액을 의미한다.

---

2. 방어입찰이란?

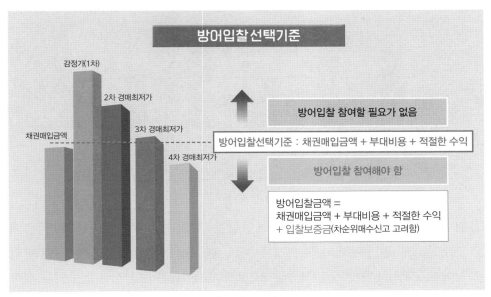

〈그림 2-14〉

● 배당을 예상하고 있다면 채권매입금액보다 경매입찰최저가격이 낮은 경우 반드시 방어입찰을 해야 한다. 경매입찰최저가격이 채권매입금액 보다 낮은데 방어입찰을 하지 않았을 경우에는 배당에서 손실이 발생할 수 있다.

① 방어입찰의 목적은 매입한 채권금액에 대한 손실을 방지하고 배당을 받기 위해서 참여하는 것이다.

가령 감정가격이 440,000,000원이고 채권최고금액이 480,000,000원이며 채권원금이 400,000,000원의 부실채권을 280,000,000원에 매입하였다고 가정한다.
법원에 따라서 저감률이 차이가 있지만 30%씩 떨어진다면 1차 매각 시 유찰이 되고 2차 매각 시 308,000,000원이 된다. 이 경우 2차 입찰최저가격에 낙찰되더라도 280,000,000원에 채권을 매입했으니 부대비용을 합해도 최하로 308,000,000원을 배당받으니 손해가 없다. 하지만 한 번 더 유찰된다면 3차 최저가격은 215,600,000원이 된다. 이럴 때 채권매수인이 방어입찰에 참여하지 않았는데 최고가매수신고인이 응찰한 금액이 230,000,000원이라면 최고가매수인이 납부한 대금으로 배당을 하게 된다. 법원에서 배당을 해주는데 (근)저당권자(채권매수인)는 최고가매수신고인이 낙찰대금으로 납부한 230,000,000원을 배당받게 된다. 결과적으로 50,000,000원의 손실에 부대비용까지 손실을 보게 된다.

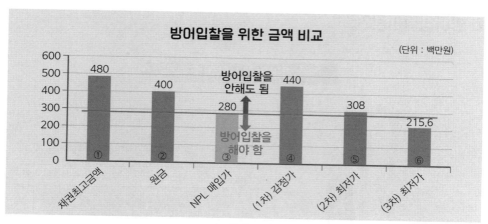

〈그림 2-15〉

② 위에서처럼 채권매수인[6]은 방어입찰을 해야 하는데 매입한 채권금액 280,000,000원과 부대비용(근저당이전비용, 질권 대출 이자 등)을 포함한 금액과 입찰최저금액의 10%인 입찰보증금 21,560,000원과 본인이 적절한 수익을 합하여 방어입찰금액을 정하고 입찰에 참여하여야 한다.

가령 방어입찰금액을 330,000,000원으로 정하고 방어입찰에 참여하게 된다면 세 가지의 결과가 나올 수 있다.

첫째는 방어입찰로 참여한 채권자가 330,000,000원으로 최고가 매수신고인이 될 수 있다.

둘째는 방어입찰금액보다 높은 330,000,000원 이상으로 최고가 매수신고인이 결정될 수 있다.

셋째는 방어입찰로 참여한 채권자가 330,000,000원으로 최고가 매수신고인으로 결정되었는데 차순위자가 차순위매수신고를 할 수 있다.

위에서 첫째의 경우에는 최고가 매수신고인으로서 대금을 미납하고 입찰보증금을 포기할 수 있다. 왜냐하면 몰수당한 입찰보증금을 다음 낙찰금액과 합하여 채권자에게 배당을 해주므로 다시 돌려받을 수 있기 때문이다.

둘째는 330,000,000원 이상으로 응찰한 최고가 매수인이 대금을 납부하게 되면 (근)저당권자로서 5천만 원 이상 배당을 받을 수 있기 때문이다.

---

6) (근)저당권자

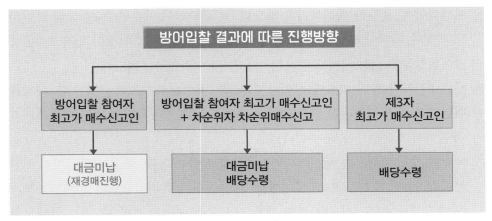

〈그림 2-16〉

셋째는 방어 입찰을 목적으로 참여하였는데 최고가 매수신고인으로 결정되었다. 본인이 유입을 목적으로 응찰한 것이 아니기 때문에 낙찰대금을 미납하고 입찰보증금을 포기하려고 하였는데 차순위매수신고인의 신청이 있으면 방어입찰금액이 차순위를 고려하여 이윤을 보장하는 금액으로 입찰에 참여하였으므로 입찰보증금을 포기하고 배당을 받으면 된다.

③ 방어 입찰 참여 시에 가장 중요한 것이 입찰금액을 결정하는 것이다. 입찰금액을 결정할 때는 실제 투자한 금액[7]과 최저입찰금액의 10%인 입찰보증금에다가 채권매수인의 적절한 이익을 합해서 입찰최고금액을 정해야 한다.

> 방어입찰금액 = 채권매입금 + 부대비용 + 적절한 수익[8] + 입찰보증금[9]

만약 방어입찰로 참여하였는데 최고가매수신고인으로 결정되었다. 그런데 차순위자가 차순위매수신고를 하였다면 어떻게 되는가?

최고가매수신고인이 대금을 납부하면 종결되지만 낙찰대금을 미납하게 되면 차순위매수신고인이 최고가 매수신고인으로 승계를 받게 된다. 결국 채권을 매입한 (근)저당권자는 차순위매수신고인이 응찰한 금액으로 배당을 받게 된다. 그러므로 방어입찰금액을 결정할 때는 낙찰 후 입찰보증금을 포기하고 대금을

---

7) 채권매입금액과 부대비용을 합한 금액
8) 채권매입자가 배당을 받았을 경우 순이익
9) 차순위신고를 고려한 부분

미납해야 할 경우를 대비하거나 차순위매수신고인이 차순위매수신고를 하더라도 적절한 이익이 보장될 수 있는 금액으로 정해야 한다. 이것이 입찰보증금을 방어입찰금액 산정 시에 포함하는 이유가 되는 것이다.

④ 채권매입자가 방어 입찰에 참여하여 최고가매수신고인으로 선정된 후 대금을 미납하게 되면 재경매가 진행된다. 이때 배당이 불가능하다고 판단되면 재매각에 참여하여 유입[10]을 해야 한다.

⑤ 유입을 하기 위해서는 채권행사권리금액을 계산해 본다. 예상 배당일까지 채권행사권리금액이 나오면 그 금액에서 전 경매의 입찰최저금액의 10%, 즉 포기한 입찰보증금 21,560,000원을 제한 나머지를 배당을 받을 수 있는 금액으로 보고 입찰금액을 고려한다.

⑥ 총 채권행사권리금액에서 몰수당한 입찰보증금 21,560,000원을 **빼고** 남은 금액을 최고가입찰금액으로 정하여 입찰한다.

⑦ 채권매수인이 재경매에서 채권행사권리금액에서 전회차에 몰수당한 입찰보증금을 제외한 금액으로 응찰하여 최고가 매수인고인으로 선정되면 배당 시 방어입찰 때 입찰보증금 21,560,000원을 최고가매수신고인의 금액에 합하여 배당을 받을 수 있으므로 방어입찰 시 몰수당한 입찰보증금은 돌려받게 되는 것이다.

⑧ 만약 재경매에서 채권매수인이 입찰표에 입찰금액으로 기재한 금액보다 높게 응찰한 사람이 있다면 그 사람이 최고가매수인이 되고 채권매입자는 배당일에 방어입찰 때 몰수당한 입찰보증금을 합하여 채권계산서의 금액만큼 배당을 받고 잉여금은 후순위 채권자에게 배당된다. 그리고도 잉여금이 남게 되면 소유자에게 배당된다.

방어입찰 시 주의사항
※ 민사집행법[11] 규정에 따라서 대금납부를 하지 않은 사람은 재매각에 참여할 수 없으므로 방어입찰 시는 가족이나 지인의 명의로 응찰해야 한다. ※ 재매각 시 입찰보증금이 법원에 따라서 최저가의 20%내지는 30%가 될 수 있으니 자금계획에 차질이 없어야 한다.

---

10) 낙찰을 받는 것
11) 민사집행법 제138조(재매각) ④재매각절차에서는 전의 매수인은 매수신청을 할 수 없으며 매수신청의 보증을 돌려 줄 것을 요구하지 못한다.

3. 잔존채권이란?

채권행사권리금액 중 배당에서 받지 못한 금액을 말한다.

① 앞서 방어 입찰에서 나온 금액처럼 4억 원의 채권을 2.8억 원에 매입하였지만 배당 시까지 채권행사권리금액과 가지급금(경매신청비용)을 계산해 보니 434,954,215원이 나왔다. 여기서 낙찰금액이 335,812,000원이었고 그 금액을 배당받았다면 99,142,215원을 덜 받은 셈이다. 바로 이 금액이 남은 잔존채권이다.

② 배당표와 채권계산서(채권행사권리금액) 및 법원 민사신청과에 비치된 부기 및 환부신청서에 기재를 하여 해당 경매계에 제출하여 확인 도장을 받는다. 후일 판결을 받아서 채무자가 능력이 갖추어질 때 추심을 하면 된다.

부기 및 환부신청서

사건번호 : 20*20* 타경 *11414* 호

채 권 자 : *한상벤처앤 대위(주)*

채 무 자 : *심　　인*

소유자(제3채무자) : *심　　인*

위 당사자간의 위 사건에 관하여 귀원에서 배당을 실시하고 채권 중 아직 나머지 잔액이 있으므로 후일을 위하여 채권원인 증서에 배당액을 부기하여 채권원인 증서를 환부하여 주시기 바랍니다.

20*21. 9. 11.*

위 채권자 *한상벤처앤대위(주)* (印)

인천지방법원 귀중

| 위의 서류　통을 20　년　월　일　：　시에 |
| 틀림없이 영수하였습니다. |
| 20　년　월　일 |
| 영 수 인　　　　(인) |

〈그림 2-17〉

[여신거래약정서]

〈그림 2-18〉

4. 차액약정보전금이란?

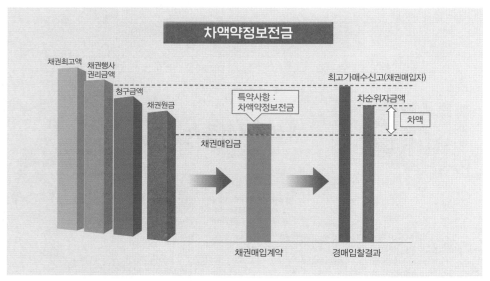

〈그림 2-19〉

① 차액약정보전금이란 채권양도인과 채권양수인 간에 채권금액을 협상하면서 제 3자가 채권 매각 금액보다 높게 입찰에 참가할 경우를 대비해서 장래 불확정적인 미확정 추가 지급금액을 정하는 것을 말한다.

② 차액약정보전금은 Loan Sale 계약서에는 채권매각금액이 정해지고 계약금을 지불한 후 잔금을 납부함과 동시에 (근)저당권이 이전되므로 매각금액은 확정된 금액이기 때문에 별도의 불확실성이 없고 이와 관련한 보전금액을 약정할 수 없다. 차액약전보전금은 입찰참가이행조건부채권양수도계약(사후정산)이나 채무인수계약, 입찰대리계약에 한해서 특약으로 기재하는 단서이다.

③ 차액약정보전금을 특약사항에 추가로 약정하는 경우에는 장래 채권 예상 회수율이 높아질 것을 기대하는 물건에 대하여 채권양도인이 일방적으로 요구하는 장래 불확실성을 보완하기 위한 추가 지급금액이다.

④ 채권매입 후 채권양수인이 경매에 응찰을 하였는데 채권매수인이 최고가 매수신고인이 되었고 차순위자의 응찰금액이 채권매입금액보다 많을 경우 그 차액을 보전하기 위하여 차액약정보전금으로 정한 범위 내에서 채권양도인에게 추가로 지급을 하여야 한다는 특약을 말한다.

⑤ 차액약정보전금은 보통 채권매입금액의 5%~10%를 정한다. 경우에 따라서는 차액약전보전금을 차액금액의 100%[12]로 정하는 경우도 있고, 0[13]으로 하는 경우도 있다.

⑥ 차액약정보전금의 금액 유무는 채권매입금액에도 영향을 미치므로 AM과 협상 시 사전 협의가 필요하다.

⑦ 차액약정보전금을 과다하게 약정한 계약이 있을 수 있다. 입찰기일이 도래하면 채권매입금액보다 차 순위매수인의 입찰금액이 높게 되어 과다한 차액약정보전금액을 지불해야 하지 않을까? 하는 고민에 빠질 수도 있다.

> 필자도 사건번호 2013타경21559의 채권을 370,000,000원에 사후정산방식으로 매입하면서 차액약정보전금을 100%로 정하는 단서를 특약으로 체결한 경험이 있다. 다행히 차순위매수인이 371,000,000원이라서 차액약정보전금을 1,000,000원만 더 지불하였다. 이 경우 차액약정보전금을 100%로 정하는 특약을 체결했으니 입찰금액 460,000,000원을 고려할 때 최대 89,999,999원까지 추가로 지급할 수 있었다.

⑧ 차액약정보전금을 특약에 넣지 않는 방법은 채권양도인이 채권매입금액을 더 많이 요구할 수 있기 때문에 차액약정보전금으로 적당한 금액을 협상하여 정하는 것이 좋을 수도 있다. 왜냐하면 차액약정보전금에 해당이 안 되는 경우가 다반사이고 만약 차액약정보전금액을 지불할 경우에는 그만한 값어치가 있기 때문이다.

⑨ 차액약정보전금의 제도에 대한 문제점을 제기하는 수강생들이 간혹 있다. 채권양도인이 제3자를 시켜서 가장으로 입찰에 참여하여 채권매각금액 이상으로 응찰한다면 차액약전보전금액을 지불할 수밖에 없다. 이러한 질문에 대하여 필자는 사람인 이상 당연한 질문이라고 답변한다. 독자 여러분의 판단에 맡길 수밖에 없다.

---

12) 사건번호 2013타경21559의 채권매입 계약서 특약사항 참조
13) 사건번호 2013타경6980의 채권매입 계약 시는 차액약정보전에 대한 특약이 없었음.

04

부실채권(NPL) 어디서 찾나?

1. 유동화회사 홈페이지를 통해서 찾는 방법

(1) UAMCO(연합자산관리) http://www.uamco.co.kr

① 유암코 홈페이지에서 밝히고 있는 설립배경에 따르면 다음과 같다.

- 유암코는 2007년도 미국 발 서브프라임 모기지(Subprime mortgage) 사태 때, 글로벌 금융위기로 인해 금융기관의 부실채권을 매수자 부족으로 인해 매수자 독과점 시장형성이 될 위험성을 막고, 효과적으로 처리하기 위하여 국내 6개 시중 금융기관이 주축이 되어 설립한 민간중심 부실채권관리 전문회사이다.
- 유암코는 2007년 미국 발 글로벌 금융사태와 2008년 9월 리만브러더스 파산, 2009년 환율급등 및 국제적 신용경색, 2009년도 국내 부실채권 급등으로 설립 되었다.

■ 회사소개

회 사 명	연합자산관리주식회사(UAMCO., Ltd)
설 립 일	2009년 10월 01일
대 표 이 사	김 * 민
소 재 지	서울특별시 중구 서소문로 116(서소문동, 유원빌딩 4F ~ 6F) (우)04513
자 본 금	Capital Call 방식 1조 (Loan Call 2조 별도)
법 적 형 태	상법상 주식회사
주 주 구 성	농협은행, 신한은행, 우리은행, KEB하나은행, 기업은행, 국민은행, 한국산업은행, 한국수출입은행
대 표 전 화	02-2179-2400 (Fax 2401, 2402)

② 홈페이지에서 찾는 방법

〈그림 2-20〉

■ 홈페이지에서 '보유자산정보'를 클릭한 후 담보물건, 유입물건, PF채권을 빠른 검색이나 상세검색으로 부실채권 매각 리스트를 검색할 수 있다.

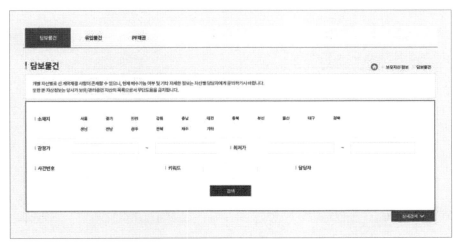

〈그림 2-21〉

[출처] UAMCO 홈페이지

(2) 대신에이엠씨(구:우리에이엠씨) http://daishinamc.com

① 대신에이엠씨 홈페이지에서 밝히고 있는 회사설립배경과 소개 글은 다음과 같다.

- 2001년 11월 우리금융그룹의 부실채권관리를 전담할 목적으로 설립된 우리금융자산 관리주식회사로부터 2002년 9월 물적 분할된 국내 최고의 부실채권 자산관리 전담 회사로서 2013년 12월말까지 102개 SPC 약 16조 여 원에 달하는 국내금융기관의 부실채권을 해외유수투자자와 합작투자 및 합작 자산관리방식으로 처리한 경험을 보유하고 있다.
- 우리금융지주사의 민영화를 위한 계열사 분리 매각의 일환으로 2014년 5월 대신금융그룹 계열사로 편입되어 대신에이엠씨주식회사로 사명을 변경하였다.

■ 회사소개

회 사 명	대신에이엠씨
설 립 일	2002년 09월 16일
대 표 이 사	진*은
소 재 지	서울특별시 중구 삼일대로 343, 18층 (저동1가, 대신파이낸스센터)
자 본 금	40억 원
법 적 형 태	68명(2018. 12. 31. 현재)
주 주 구 성	대신에프앤아이 주식회사(100%)
대 표 전 화	02-6712-1100

② 홈페이지에서 찾는 방법

〈그림 2-22〉

■ 홈페이지에서 "추천/유입물건", "일반자산소개"를 클릭한 후 상세하게 물건을 검색
할 수 있다. 일반자산에서 조건검색(소재지, 감정가, 물건유형, 담당자)을 할 수 있으며,
사건번호로도 검색이 가능하다.

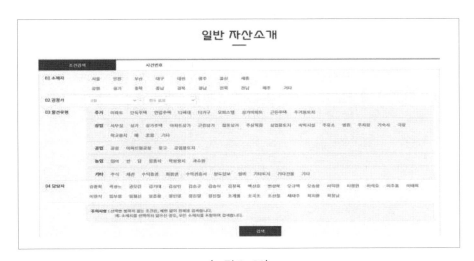

〈그림 2-23〉

[출처] 대신에이엠씨 홈페이지

(3) 농협자산관리회사 http://www.acamco.co.kr 02-6256-8600

① 농협자산관리회사 홈페이지에서 밝히고 있는 회사의 설립배경은 다음과 같다.

- 우리나라는 1990년대 들어 WTO출범과 OECD가입 등으로 대·내외적 금융 자율화와 개방화에 대한 압력을 받기 시작하면서 정부 주도의 금융개역이 추진된 바 있으나 그 실효를 거두지 못하였다.

  1997년 IMF이후 잇따른 대기업 부도사태와 IMF체재하에서 금융기관들의 부실채권이 급증하면서 부실금융기관의 대출, 부실채권의 정리, 금융기관의 건전성 강화대책 등을 중심으로 한 금융산업구조 조정이 강도 높게 추진된 바 있다.

- 당시 금융기관들은 부실채권을 정리하기 위하여 정부가 양대 축으로 설립한 기관이 '예금보험공사'와 '한국자산관리공사'였다. 예금보험공사는 금융기관의 뱅크럽트(bankrupt=파산) 사태에 직면 했을 때 예금 지급과 증자지원을 통하여 예금자보호와 경영정상화를 지원해주고 한국자산관리공사는 부실금융기관의 부실자산을 매입하여 신속히 정리해주는 정리금융기관의 역할을 담당하였다.

- 2001년 9월 제정된 '농업구조개선에 관한 법률'에서는 이를 모델로 하여 상호금융예금자보호기금과 농협자산관리회사를 설치하는 규정을 두었다. 예금보험공사와 같이 조합을 대상으로 예금보험료를 납입 받아 구조 조정과정에 있는 부실조합경영을 정상화하고 예금자를 보호해주는 역할을 하는 것이 상호금융예금과 보호기관이라면 한국자산관리공사와 같이 부실조합의 구조개선과 조합 및 중앙회의 부실자산 정리를 지원하기 위하여 설립된 것이 농협자산관리회사이다.

- 설립목적으로 조합 및 중앙회, 계열사의 부실예방 및 경영개선, 부실 자산(부실채권, 비업무용부동산)의 정리를 효율적으로 지원함으로써 농업협동조합의 구조개선에 기여하고자 설립되었다.

② 주 소 : 서울시 영등포구 국제금융로8길 2 농협재단빌딩 3~4층

③ 홈페이지에서 찾는 방법

〈그림 2-24〉

④ 홈페이지에서 보유자산정보를 클릭한 후 매각리스트를 검색할 수 있다.

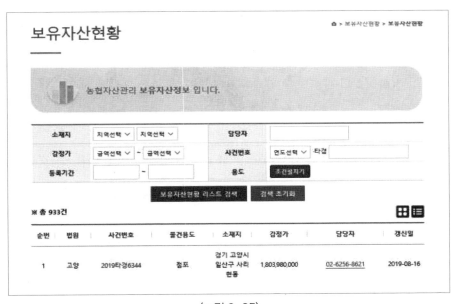

〈그림 2-25〉

[출처] 농협자산관리회사 홈페이지

2. 금융감독원 전자공시시스템 http://dart.fss.or.kr 02-3145-5114

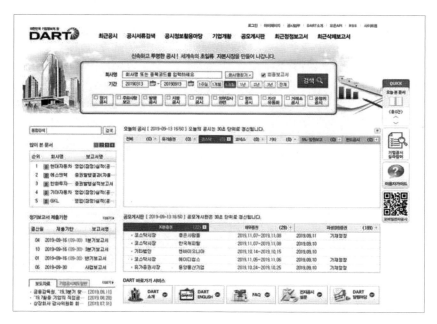

〈그림 2-26〉

■ dart

① 금융감독원 전자공시시스템에서 유동화회사 상호를 넣고 검색을 하면 유동화
   회사의 전화번호와 담당자를 검색할 수 있다.

② 가령 "파빌리온" 또는 "엠지신용정보" 라고 검색하면 회사의 대표자와 주소 전
   화번호를 파악할 수 있다.

③ 일반적인 경매정보지를 검색하다가 유동화회사의 전화번호를 못 찾을 경우
   dart에서 검색하여 찾을 수 있다.

3. 기타중소유동화회사(회사가 소멸되거나 전화번호가 바뀔 수 있음)

① 금융기관의 채권임에도 채권자가 생소하여 채권의 매각유무를 알 수 없을 경우에는 원 채권자인 대출은행의 여신관리부의 직원이나 제2금융권의 채권관리 담장자에게 전화를 하여 사건번호와 채무자의 이름을 알리고 채권 양수인의 담당자와 전화번호를 문의하면 알 수 있다.

② 개인신용정보 보호법상 원 채권자(채권양도인)가 채권양수인의 연락처를 알려줄 수 없다고 할 경우에는 채권양수인에게 채권 재양도와 관련된 내용이니 전화번호를 알려주어도 되는지를 확인해 달라고 하면 채권을 양수해간 업체에서는 십중팔구 양도가 가능한지 불가능하지에 대하여 답변이 올 가능성이 높다.

부실채권 협상 및 가격 산출 방법과 순서

1. 부실채권 협상 및 가격 산출 방법과 순서

① 채권 협상 시에는 반드시 알아야 할 3가지 내용을 메모하거나 암기하고 채권담당자와 협상을 시작한다.

첫째는 사건번호를 알려주고 채권에 대한 매각 여부를 물어본다. 유동화 회사가 보유하고 있는 채권이라고 모두 매각하는 것은 아니기 때문에 매각하지 않는 채권을 협상할 필요는 없기 때문이다.

둘째는 선순위 채권 여부를 파악해야 한다. 채권 매입금액을 결정하기 전에 선순위 채권의 유무, 즉 선순위 채권이 있으면 그 금액만큼 할인을 해야 만이 본인이 제시하는 채권 매입금액이 실현될 수 있기 때문이다. 만약에 매입하는 채권이 신건이라서 배당요구종기일이 도래되지 않았다면 채권 잔금은 배당요구종기일이 지난 다음 지불을 하는 조건과 채권매입 당시 없었던 채권이 배당요구종기일 전에 최우선변제권으로 배당 요구한 채권에 대하여는 잔금에서 그 금액만큼 공제한다는 단서가 들어가야 채권 협상 금액으로 채권을 최종 매입하는 결과가 되는 것이다.

셋째는 연체료가 얼마나 되며 연체이자율이 몇 퍼센트인지를 알아야 한다. 밀린 연체료와 앞으로 배당일까지 연체료를 계산해서 배당표를 작성해 보고 배당가능 금액과 잔존채권 그리고 유입 시 채권행사권리금액등을 파악할 수 있기 때문이다.

② 채권이 협상되면 채권매수의향서[14]를 제출해야 한다. 채권매수의향서에는 "채권자와 채권양수인" "채무자와 소유자의 인적사항" "채권의 원금과 채권최고금

---

14) 채권매수의향서는 채권양수도계약 실전사례 소개에 양식이 있음

액" "채권매입 희망 금액" "채권매입의 방식" "채권매수 법인명" "채권매입계약 일자, 장소" 등을 기재하여 채권담당자에게 메일이나 팩스로 발송한다.

③ 채권을 계약하기 전에 근저당권부질권 대출을 받아서 잔금을 납부해야 할 경우라면 채권매입의향서를 제출하기 전에 미리 근저당권부질권 대출에 대하여 대출액을 얼마까지 가능하며 금리는 얼마인지를 저축은행이나 새마을금고 등 근질권 대출을 해주는 기관에 알아보고 근질권 대출이 차질 없이 진행되어야 매입한 채권의 잔금을 지불 할 수 있다. 만약 10억 원에 매입하는 채권에 대하여 8억 원을 대출하여 줄 것으로 기대하고 채권 매입 계약을 체결하였는데 채권매입계약금으로 1억 원을 지불하고 잔금 시 근질권대출금액이 7억 원으로 줄어들 경우에 채권양수인이 자금이 부족하다면 잔금처리를 할 수 없는 상태가 되고 결과적으로는 채권매입 계약금 1억 원은 돌려받을 수 없게 되기 때문에 자금계획에 차질이 없도록 준비된 상태에서 계약을 체결하여야 한다. 이를 예방할 수 있는 방법으로는 먼저 채권계약을 하지 말고 근질권 대출 실행이 가능한 시점에 본인이 지불할 계약금 및 잔금과 근질권 대출기관에서 나오는 근질권대출금을 합하여 일시불로 채권금액을 지불하고 근저당권 이전과 동시에 근질권에 대하여는 1번으로 질권 설정을 함으로써 잔금 미납으로 계약금 손실을 보는 위험성을 막을 수 있다. 비교적 큰 금액은 이러한 방식으로 채권을 매입하는 것이 안전하다고 할 수 있다.

④ 채권매입이 완료되었다면 채무자에게 채권양도통지서를 내용증명으로 발송하여야 한다. 채권양도통지서는 민법상 규정이지만 나중에 채무자의 대항력 유무가 있을 수 있기 때문에 우편으로 발송을 하거나 일간신문에 2회 이상 공고문으로 대체할 수 있다.

⑤ 매입한 채권에 대하여 근저당권 이전이 완료되면 법원 해당 경매계에 등기부등본에 변경된 근저당권의 표시와 채권양도통지서 사본을 첨부하여 채권자 변경신고를 하여야 한다. 이때 송달장소변경신청과 가지급금에 대한 반환금 통장사본도 같이 제출한다.

⑥ 이로써 채권매입이 완료되고 경매신청 채권자 신분으로 채권의 재매각이나 배당 유도를 통하여 수익을 실현하여야 한다. 필자는 나름대로 채권 재매각의 노하우를 알고 있으나 지면을 통하여 설명할 수는 없는 입장이다. 배당 유도 또한 특별한 공식이나 이때까지의 전문서적에서는 찾아볼 수 없다. 간단히 설명하자면 경매가 진행되고 있는 물건에 대하여 널리 알려서 가능하면 실 소유자를 찾는 것이 낙찰가가 높을 수 있다는 점이다.

⑦ 채권이 재매각이나 제3자가 매입한 채권금액보다 낮게 입찰가를 결정하게 된다면 매입한 채권이 손실을 가져올 수 있다. 이런 경우에는 유입을 하거나 방어입찰을 해야 한다. 방어 입찰은 매입한 채권의 총합계금액(채권원금, 근질권 이자, 근저당권 이전비용 등)보다 경매최저금액이 낮으면 반드시 해야 한다. 방어 입찰의 목적은 내가 매입한 채권을 보호하기 위해서이다.

⑧ 방어 입찰 시 가장 결정하기 어려운 것이 얼마의 금액으로 입찰가를 정해야 적절한지를 판단하는 것이다. 이점은 상황과 본인의 성향에 따라서 다르겠지만 필자가 경험을 바탕으로 만들어 놓은 공식이 있다. 간단하면서도 여기에는 대금납부를 포기해야 하는 경우와 차순위매수신고인이 있을 경우와 종합적으로 적절한 이윤이 나와야 되는 경우를 정리해 보면 다음과 같다.

채권매입총합계	입찰보증금	본인의 적절한 이윤	방어입찰금액
(채권매입 부대비용)	(최저금액의 10%)	(채권매입금의 비례)	(모두 합한 금액)

무엇보다도 방어 입찰 후 대금을 미납하고 재매각에는 민사집행법 제138조(재매각)의4 규정에 의하여 재매각에는 참여할 수 없음으로 방어 입찰 시에는 가족이나 지인 명의로 참여하여야 한다. 재매각절차에서는 전의 매수인은 매수신청을 할 수 없으며 매수신청의 보증금을 돌려줄 것을 요구하지 못한다.

⑨ 방어 입찰에서 최고가매수신고인으로 선정되고 차순위매수신고인이 없으면 대금납부를 신중하게 판단하여야 하나 방어 입찰의 목적은 본인이 매입한 채권을 보호하고 차 순위가 최고가매수신고인으로 선정되면 배당을 받을 수 있기에 입

찰한 것이다. 방어 입찰에 성공하였다면 대금납부를 포기하여야 한다. 그 이유는 방어 입찰한 금액보다 채권행사 권리금액이 높기 때문이다. 재매각에 입찰할 때 채권행사 권리금액에서 방어 입찰 때의 입찰보증금만큼 제하고 나머지 금액으로 유입을 하면 된다. 결과적으로 몰수당한 보증금과 재매각 입찰금액을 합하여 배당을 하여주기 때문이다.

⑩ 최고가매수신고인으로써 상계신청을 할 수도 있고 대금을 납부하면 법원에서는 배당기일을 정하고 배당통지서를 발송한다. 이때 채권자는 채권계산서를 제출해야 하는데 채권계산서는 채권의 원금 및 부대비용을 포함하여 제출해야 한다. 채권자는 채권매입 시 유동화회사(원래 금융기관)의 채권자의 지위를 동일한 조건으로 승계받은 것임으로 여신거래약정서나 대출약정서를 참고하고 채권매입 계약서에 첨부된 채권계산서 명세표를 기준으로 채권계산을 하여 해당 경매계에 제출한다. 채권계산서는 해당 경매계에서 배당일 3일 전에 열람할 수 있으며 배당에 문제가 있으면 이의를 제기할 수 있다.

⑪ 배당기일에 본인이 참석할 경우에는 신분증만 지참하고 대리인에게 위임할 경우에는 반드시 2개의 위임장과 인감증명서가 첨부되어야 한다. 하나는 경매계에 제출하고 또 하나는 보관계에 제출하여야 하기 때문이다.

⑫ 법정에서 사법보좌관으로부터 배당에 이의가 없음으로 종결한다는 선고를 받으면 해당경매계장에게 출급명령서를 받고 출급명령서를 보관계에 제출하고 환급명령서를 받아서 법원에 있는 은행 창구에서 통장으로 입금이나 수표 및 현금으로 배당금을 받을 수 있다.

⑬ 채권최고금액의 범위 내에서 채권의 원금 및 연체이자까지 배당을 받지 못했을 경우에는 민사신청과에 비치된 부기 및 환부신청서에 사건번호와 채권자 채무자를 기재한 다음 해당 경매계장에게 부기문을 발급받아야 한다. 앞서 채권의 종류에서 언급한 바와 같이 부기문은 전환무담보부채권으로 대여금반환청구소송을 통해서 판결을 받은 다음 채무자에게 추심을 할 수 있다. 단 유동화 회사

와 채권양수도계약서를 작성하면서 잔존채권에 대하여는 권리행사를 하지 않고 포기한다는 계약서상 기재가 된 경우에는 잔존채권을 추심할 수 없다.

2. 협상가격 산출 방법 및 순서

부실채권을 채권양수도계약으로 매입할 경우에 채권의 매입을 위하여 사전 조사를 실시하고 최종적인 매입 협상 금액을 산출하는 과정을 아래에 기술하였으며 사후정산 및 채무인수계약 방식도 이와 유사하니 응용하여 적용할 수 있을 것이다.

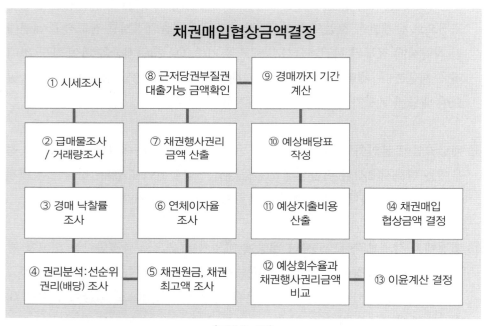

〈그림 2-27〉

(1) 해당 물건의 시세를 조사한다.

① 매입하고자 하는 채권의 시세를 포괄적으로 조사한다. 포괄적이란 의미는 해당 물건의 현재 시세보다는 전체적인 추이를 반영한다.

② 매입하고자 하는 대상이 아파트라면 '국토부실거래가'에서 대상 물건을 열람하여 연도 별, 분기 별 거래금액을 조사한다.

③ 부동산 114, 스피드뱅크, 네이버부동산, KB부동산 등 인터넷을 통하여 시세를 조사한다.

④ 해당 물건의 인근 공인중개사 사무실을 방문하여 조사한다.

(2) 해당물건의 급매물의 시세 및 건수를 조사한다.

① 반드시 임장을 통하여 매물의 시세를 조사한다.

② 매물의 수량 및 거래 가능 여부를 조사해야 한다.

③ 매물이 많다는 것은 거래가 되지 않는다는 의미가 될 수 있으니 거래량도 반드시 조사해야 한다.

④ 거래가 되지 않으면 경매에서 낙찰률이 떨어진다.

⑤ 낙찰률이 떨어지면 채권 회수금액이 낮아진다.

(3) 해당 물건의 낙찰률을 조사한다.

① 해당 물건 낙찰 관계를 살펴보아야 한다. 경매 진행 중인 사건은 전에도 경매로 대상 물건이 되었는지를 확인해 본다.

② 해당 물건 낙찰 사례가 없으면 인근의 낙찰률을 조사해야 한다. 최근 순서로 살펴보면 같은 유형의 물건이나 비슷한 물건들의 등락률을 파악한다.

(4) 권리분석을 통해, 선순위 배당채권을 조사한다.

① 경매신청비용, 최우선변제권, 임금채권, 퇴직금, 당해세 등 선순위 채권을 파악해야 한다.

② 선순위 채권금액을 파악할 수 없을 경우에는 해당 은행의 채권담당자나 자산관리회사(AMC)의 AM을 통하여 파악하면 된다.

(5) 채권의 원금과 채권최고액을 확인한다.

① 통상 채권최고금액은 1금융권의 경우는 원금의 120%, 2금융권은 원금의 130%를 설정하므로 채권최고금액을 1.2나 1.3으로 나누어 소수점이 없이 자연수로 떨어지면 원금으로 추정할 수 있다.

② 그렇게 금액을 산출하였다고 하더라도 원장금액을 반드시 확인하여야 한다. 만

기 시나 채무자의 여유자금이 있었다면 원금 중 일부를 갚았을 수도 있다.

③ 원금을 갚고 갚은 금액만큼 감액등기를 하지 않았다면, 부실채권 중 실제 원금은 다르기 때문에 은행의 채권담당자나 자산관리회사의 AM에게 확인하는 것이 좋다.

(6) 연체이자율을 조사한다.

① 연체이자율은 금융기관별로 차이가 있으나 2019년 4월 30일부터 금융권과 대부업법인 모두 정상이자 + 가산금리 3%를 적용받기 때문에 반드시 확인하여야 한다. 그리고 법정최고이자율 20%를 넘지 못한다.

② 연체이자율은 1금융과 2금융을 구별해서 파악해야 한다. 부실채권을 전문적으로 취급하지 않을 경우에는 유동화회사나 제2금융권의 채권담장자에게 채권의 원금과 연체이자율을 문의하는 게 바람직하다.

③ 배당일까지의 채권행사권리금액을 계산하면 차액이 많으므로 사전에 정확히 알아야 한다. 채권담당자나 AM에게 반드시 확인하는 것이 좋다.

(7) 채권행사권리금액을 산출한다.

① 선순위 채권, 채권의 원금, 연체이자율을 알았다면 채권매입 시점에 채권행사권리금액(원금+연체이자)이 얼마인지를 계산하고 확인을 해야 한다.

② 채권매입 이후부터 예상 배당 시점까지의 추가금액을 파악하여 채권행사권리금액을 계산해서 예상배당표를 작성해 보아야 한다.

(8) 매입채권의 근저당부질권 대출을 얼마나 받을 것인가 확인한다.

① 레버리지 효과를 극대화하기 위하여 대출을 잘 이용하여야 한다.

② 자금에 구애를 받지 않는다면 부실채권으로 매입하는 채권에 대하여 (근)저당권부질권 대출을 받지 않는 것도 좋다.

③ 근질권 대출을 받아야 할 경우 대출금액에 차질이 생기면 자금 압박을 받을 수 있으므로 사전에 가능한 대출금액과 이자를 미리 알아보는 것이 좋다.

④ 대출 가능 금액과 연이율을 알게 되면 채권매입 시점과 종점까지의 이자지출을 계산한다.

(9) 매입하는 채권의 경매실현이 몇 개월 후인지를 계산해 본다.

① 매입하고자 하는 채권의 사건번호를 분석하여 채권매입 시부터 배당을 받을 때까지의 개월(일) 수를 계산해 본다.

② 경매가 개시되면 정상적으로는 대략 6개월에서 7개월 사이에 매각기일이 정해지므로 이점을 감안하여 계산한다.

③ 폐문부재나 송달불능이 되면 공시송달을 해야 하므로 2~3개월, 많게는 5~6개월 이상 지연되는 경우도 많다.

④ 변경이나 취하 후 재경매를 할 경우도 계산해 본다.

⑤ 물건별 낙찰률을 예측하여 낙찰 시점을 계산하고 대금 납입일과 배당일까지의 날짜를 더한다.

⑥ 낙찰일로부터 배당일까지는 대략 80일 전후로 계산한다.

⑦ 마지막으로 경매 개시 일자와 채권을 매입하는 시점과 배당 시점까지 개월(일) 수를 계산한다.

(10) 예상배당표를 작성해 본다.

① 예상배당표를 작성해 본다.

② 경매신청비용과 선순위 채권이 얼마인가를 계산한다.

③ 예상 회수율에서 선순위 채권을 제외한 배당금이 얼마인가를 계산한다.

④ 예상 회수 채권이 얼마인지 계산해 본다.

(11) 지출되는 총비용을 산출한다.

① 지출되는 총비용과 매입 후 발생되는 이자 비용을 계산한다.

② 채권매입금액, 근저당권 이전 비용, 수수료 또는 경비, 근질권 비용 및 이자 등의 총합계를 산출한다.

(12) 예상 회수율과 채권행사권리금액을 비교해본다.

① 예상 회수율과 채권행사권리금액을 비교한다.

② 채권행사권리금액보다 예상 회수율이 높으면 양질의 채권이다.

③ 예상 회수율이 채권매입금액의 기준이 된다.

④ 예상 회수율보다 채권매입금액이 높으면 그만큼 손실이 온다.

⑤ 예상 회수율보다 채권매입금액이 낮아야 수익이 발생한다.

(13) 본인의 적당한 이윤을 계산한다.

① 예상 배당금에서 본인의 적절한 이윤을 **빼고** 채권매입 희망가를 결정한다.

② 총수입은 예상배당액이다. 배당으로 수입이 발생하는 것이다.

③ 총지출은 채권매입금액을 포함하여 지출한 모든 금액의 합이 된다.

④ 총수입금액은 총지출금액에 적당한 이윤을 더한 금액보다 많아야 한다. 즉, 채권매입금은 총수입(배당금액)에 지출금액과 이윤을 **뺀** 금액보다는 낮아야 한다.

⑤ 예정 채권매입금액으로 채권을 매입하여 배당금액에서 지출의 합계와 적당한 이윤이 발생되어야 한다.(채권매입금액 〈 배당금액−지출금액−이윤)

(14) 채권매입 협상금액을 결정한다.

① 산출한 예상 채권매입금액으로 협상을 한다.

② AM이나 채권담당자와 예상 채권매입금액으로 적절한 협의가 이루어지면 채권매입의향서를 제출한다.

③ 채권매입의향서를 제출하면 통상 3일 내지 5일 정도의 결재 시간을 요한다.

④ 채권매입이 확정되면 '채권양수도계약서'를 미리 메일로 받아보고 쌍방이 적절한지 특약사항은 별도로 없는지 등을 체크하여야 한다.

대부법인 등록과 관련 법규

1. 대부업이란?

① 『대부업 등의 등록 및 금융이용자 보호에 관한 법률』에서는 '대부업'이란 금전의 대부를 업으로 하거나 등록대부업자 또는 여신금융기관으로부터 대부채권을 양도받아 이를 추심하는 것을 업으로 하는 것을 말한다.

② 여기서 금전의 대부란 대부, 대출, 어음할인, 전당포, 할부금융 등 명칭에도 불구하고 실질적으로 금전의 대부에 해당하는 행위를 말한다.

③ 금전 대부의 중개란 중개, 알선, 주선, 컨설팅 등 명칭에도 불구하고 실질적으로 금전의 대부를 중개하는 행위를 말한다.

2. 대부업 등록에 대해서 알아야 하는 이유

① 부실채권을 매입하는 유형으로는 대략 4가지의 유형이 있다.(Loan Sale계약, 입찰참가이행조건부채권양수도계약, 채무인수계약, 입찰대리계약)

② 그중에서 근저당권을 확정채권양도로 이전해오는 채권양수도계약(Loan Sale)은 금융위원회에 등록이 된 법인만 채권매입이 가능하다.

③ 대부법인으로 채권을 매입하여 근저당권을 이전하고 개인은 근저당권에 근저당권부질권을 설정함으로써 권리 확보를 할 수 있다.

3. 대부업 등록 자격 요건 (금융위원회 및 지자체 등록 신청 자격 요건 비교)

구 분	금융위(원) 등록	지자체 등록
신청인	■ 대부법인만 가능	■ 대부법인·개인 모두 가능
자기자본	■ 3억원 이상(2018년 9월 이전 기준) ■ 대부채권매입추심업 포함시 5억원 이상 (2018년 9월 이후 기준)	■ 법인: 5천만원 이상 ■ 개인: 1천만원 이상
교육이수	■ 대표이사 및 업무총괄사용인(지배인) 포함 임직원 총원의 10% 이상	■ 대표이사 및 업무총괄사용인(지배인)
임원결격	■ 지자체 등록업자 임원 결격요건과 상동 ■ 금융 법령을 위반하여 벌금 이상의 형을 선 고받고 그 집행이 끝나거나 집행이 면제된 날부터 5년이 지나지 아니한 자 등	■ 미성년자·피성년후견인·피한정후견인 ■ 파산선고를 받고 복권되지 아니한 자 ■ 금고 이상의 형의 선고유예를 받고 그 유예기간 중에 있는 자 등
겸업금지	■ 전기통신사업, 사행산업, 단란주점영업 및 유흥주점영업, 다단계판매업 등 겸업 금지 ■ 대부업(금전대부 등)과 P2P연계대부업 간 겸업 금지	(없음)
신청인, 대주주의 사회적 신용요건	■ 「독점규제 및 공정거래에 관한 법률」 또는 「조세범 처벌법」을 위반하여 벌금형 이상에 상당하는 형사처벌을 받은 사실이 없어야 함 ■ 최근 5년간 채무불이행 등으로 건전한 신용 질서를 해친 사실이 없어야 함	(없음)

※ P2P연계 대부업이란? 모바일을 거점으로 개인 투자자들을 모아 투자금을 조성하고 다시 개인에게 대출 등
을 벌이는 대부업 형식으로 역시 금융감독원에 등록을 한 업체만 영업이 가능함.

4. 대부업 등록처

① 금융감독원과 지방자치단체(시, 도, 구)에 할 수 있다.
② 부실채권(NPL) 매입을 위해서는 금융위원회에 등록을 하여야 한다.
③ 금융감독원에 등록하기 전에 "한국대부금융협회"에 대부업 교육신청을 하여
교육이수증을 받아서 첨부해야 한다.(대부업법 제3조의 4)
④ 법인설립 및 사무실 확보 등 아래의 (5)항을 참고하기 바란다.

5. 금융감독원에 대부업 등록 구비서류

① 대부업 교육이수증 사본 1부
② 영업소 소재지 증명서류 및 영업소의 건축물대장 각 1부
③ 법인등기사항 전부증명서 1부(자본금 5억 원 이상)
④ 가족관계등록부 기본증명서 1부
⑤ 법인인감증명서 1부
⑥ 법 제3조의 5 제2항 제2호에 따른 자기자본은 갖추었음을 증명하는 서류 1부
  (은행에서 잔고증명서를 발급받아 세무사사무실에서 재무제표 발급)
⑦ 법 제11조의4 제2항에 따라 보증금을 예탁하거나 보증보험 또는 공제 가입을
  증명하는 서류 1부(서울보증보험 보험증권으로 이용)
⑧ 정관, 재무제표와 그 부속서류, 주주명부, 임원의 이력서, 경력증명서 각 1부
⑨ 법 제18조의5 제1항에 따라 협회에 회원으로 가입하였음을 증명하는 서류 1부
  (대부금융협회 회원가입증명서)
⑩ 대리인으로 등록할 시 대리인 신청 위임장 1부

6. 신규 등록 절차

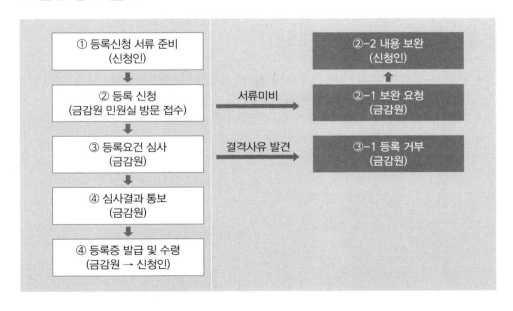

① 등록신청 서류 준비(신청인)

- 금융위(원)에 대부업 등록을 신청하고자 하는 경우 「대부업법령」상 등록요건을 확인한 후 등록신청에 필요한 등록신청서 및 구비서류 등을 준비

② 등록 신청(신청인)

- 신청인은 금감원 금융민원센터(1층) 내 「대부업 등록 접수창구」에 대부업 등록신청서 및 구비서류를 제출
- (서류 미비일 경우) ②-1 보완 요청(금감원) → ②-2 내용 보완(신청인)

③ 등록요건 심사(금감원)

- 금감원은 제출서류 심사 및 관계기관 사실조회 등을 통해 등록요건 충족여부를 확인
  (필요시 신청인에게 등록신청 내용의 보완 요청)

④ 심사결과 통보(금감원)

- 금감원은 대부업 등록 심사가 완료되면 신청인에게 심사결과를 통보하고, 금감원 인터넷 홈페이지('등록 대부업자 통합관리') 등에 등록내용을 공개

⑤ 등록증 발급 및 수령(금감원→신청인)

- 신청인은 등록증 발급에 필요한 서류*를 지참하고 금감원 금융민원센터(1층) 내 「대부업 등록 접수창구」에서 등록증을 수령
- 대표자 본인 신분증, 소재지 등록면허세 납부영수증 지참 필수
- 위임장을 받은 대리인이 수령 가능(위임장, 인감증명서 첨부)

별첨 1) 대부업·대부중개업 등록신청서

【별지 제1-2호 서식】〈제정 2009.4.15, 개정 2010.4.21, 개정 2016.7.14, 개정 2017.8.29〉

대부업·대부중개업 등록신청서

신청영업소	① 명칭(상호)		② 본점 여부	□ 본점	□ 지점
	③ 법인등록번호				
	④ 대표자 성명		⑤ 대표자 주민등록번호		
	⑥ 소재지				
	⑦ 홈페이지 주소				
	⑧ 전화번호(영업소)		⑨ 전화번호(휴대전화)		
	⑩ 광고용 전화번호				
	⑪ 대표자 주소				
	⑫ 업무총괄 사용인 성명				
	⑬ 업무총괄 사용인 주소				
	⑭ 등록신청사업	□ 대부업 □ 대부채권매입추심업 □ 대부중개업 □ 온라인대출정보연계대부업			
본점	⑮ 명칭(상호)		⑯ 대부업·대부중개업 등록번호		
	⑰ 사업자등록번호		⑱ 법인등록번호		
	⑲ 대표자 성명		⑳ 대표자 주민등록번호		
	㉑ 소재지				
	㉒ 홈페이지 주소				
	㉓ 전화번호(영업소)		㉔ 전화번호(휴대전화)		
	㉕ 광고용 전화번호				
	㉖ 대표자 주소				
	㉗ 사업내용	□ 대부업 □ 대부채권매입추심업 □ 대부중개업 □ 온라인대출정보연계대부업			

「대부업 등의 등록 및 금융이용자 보호에 관한 법률」 제3조제2항에 따라 위와 같이 신청합니다.

년   월   일

신청인   ㉑

귀하

주) 법인인감도장으로 날인하여 주십시오.

구비서류	신청인 제출서류	확인사항	수수료
	1. 대부업·대부중개업 교육이수증 사본 1부 2. 영업소의 소재지 증명 서류(신청인 소유인 경우 부동산등기사항전부증명서, 임대차 등의 경우 임대차 등의 계약서 사본에 한정한다) 및 영업소의 건축물대장 각 1부 3. 법인등기사항전부증명서 1부 3. 가족관계등록부 기본증명서 1부(각 임원 및 업무총괄사용인 및 주주(사원) 4. 법인 인감증명서 1부 5. 대리인 신청 위임장 1부(대리등록신청의 경우) 6. 법 제3조의5 제2항 제2호에 따른 자기자본을 갖추었음을 증명하는 서류 1부 (대부중개업만을 영위하고자 하는 자는 제외) 7. 법 제11조의4 제2항에 따라 보증금을 예탁하거나 보험 또는 공제 가입을 증명하는 서류 1부 8. 정관, 재무제표와 그 부속서류, 주주(사원)명부, 임원의 이력서 및 경력증명서 각 1부 9. 법 제18조의5 제1항에 따라 협회에 가입하였음을 증명하는 서류 1부	법인등기사항전부증명서의 내용을 금융감독원 직원이 확인	10만원

본인은 이 건 업무처리와 관련하여 「전자정부법」 제39조제1항에 따른 행정정보의 공동이용을 통하여 금융감독원 직원이 위의 확인사항을 확인하는 것에 동의합니다.

신청인   ㉑

※ 대표자 및 임원이 「대부업 등의 등록 및 금융이용자 보호에 관한 법률」 제3조의5제2항 각 호의 어느 하나에 해당하는 경우에는 등록이 제한되며 수수료는 반환되지 아니하므로 주의하시기 바랍니다.

210mm×297mm(일반용지 60g/㎡)

㉘ 영업소 현황
가. 같은 특별시·광역시·도 내의 영업소

영업소명 (본점 및 신청영업소 포함)					
연번	명칭(상호)	대부업·대부중개업 등록번호	소재지	전화번호	임직원 수
1					
2					
3					
4					
5					

나. 같은 특별시·광역시·도 외의 영업소

영업소명 (본점 및 신청영업소 포함)					
연번	명칭(상호)	대부업·대부중개업 등록번호	소재지	전화번호	임직원 수
1					
2					
3					
4					
5					

※ 칸이 부족하면 별지를 사용하여 기재

㉙ 주요 주주·출자자 및 임원 현황
가. 주요 주주·출자자(1% 초과) 현황

연번	명칭·상호	주소	지분율(%)	최대주주와의 관계
1				
2				
3				
4				
5				

나. 주요 경영사항에 대하여 사실상의 영향력을 행사하는 주주·출자자 현황

연번	명칭·상호	주소	지분율(%)	사실상 영향력 행사 사유
1				
2				
3				
4				
5				

다. 임원(감사 포함) 현황

연번	직책	성명	주민등록번호	주소
1				
2				
3				
4				
5				

※ 칸이 부족하면 별지를 사용하여 기재

㉚ 겸영 현황

연번	상호	업종	대표이사	본사 주소
1				
2				
3				
4				
5				

※ 칸이 부족하면 별지를 사용하여 기재

유의사항

(신청서 작성 대상)

1. 대부업 및 대부중개업 또는 온라인대출정보연계대부업을 영위하려는 자

(신청서 작성 관련)

1. (①란 작성) 상호에는 대부업자(대부중개업을 겸영하는 대부업자를 포함한다)는 그 상호 중에 "대부"라는 문자를 사용하여야 하며 대부중개업만을 하는 대부중개업자는 그 상호 중에 "대부중개"라는 문자를 사용하여야 한다. 다만, 대부업 또는 대부중개업(이하 "대부업등"이라 한다) 이외의 다른 영업을 겸영하는 대부업자등은 직전 사업연도말 손익계산서를 기준으로 대부업과 대부중개업에서 발생한 영업수익이 50% 미만인 경우에는 그 상호 중에 "대부" 또는 "대부중개의 문자를 사용하지 아니할 수 있다.

2. (⑧, ⑨, ⑩, ㉓, ㉔, ㉕란 작성) 전화번호 등록시 법인의 경우에는 법인 또는 대표자 명의, 개인의 경우에는 대표자 명의로 등록하는 것을 원칙으로 한다. 휴대전화 등록시에는 이동통신사명을 추가로 기재한다(대부업등을 신규등록·등록갱신하거나 휴대전화 번호를 새로 등록하는 경우).

3. (⑩, ㉕란 작성) 광고용 전화번호는 영업소 전화번호, 휴대전화 등 광고에 이용하려는 전화번호를 기재하며 3개 이내에서 등록한다. 다만 시·도지사등이 부득이한 사유를 인정하는 경우는 전화번호를 추가할 수 있다.

4. (㉙란 작성) 주요 경영사항에 대하여 사실상의 영향력을 행사하는 주주·출자자란 아래의 어느 하나에 해당하는 자를 말한다.
   가. 혼자서 또는 다른 주주·출자자와의 합의·계약 등에 따라 대표이사 또는 이사의 과반수를 선임한 주주 또는 출자자
   나. 경영전략, 조직 변경 등 주요 의사결정이나 업무집행에 지배적인 영향력을 행사한다고 인정되는 자로서 금융위원회가 정하는 주주 또는 출자자

5. (㉚란 작성) 대부업(대부채권매입추심업, 온라인대출정보연계대부업 포함)·대부중개업 이외의 다른 업종을 영위하는 경우 그 업종에 관한 현황을 작성

(구비서류)

1. 대부업·대부중개업 교육이수증 사본 1부 : 등록신청일 전 6개월 이내의 교육 이수증이어야 한다. 교육 이수처는 '대부업 및 대부중개업협회'(한국대부금융협회) 이다.

2. 영업소의 소재지 증명서류(신청인 소유인 경우 부동산등기사항전부증명서, 임대차 등의 경우 임대차 등 계약서 사본에 한정한다) 및 영업소 소재지 건축물대장 각 1부 : 영업소는 고정사업장 요건을 갖추어야 하며, 이는 건축물대장에 기재된 건물(건축법 제2조제2항제1호에 따른 단독주택, 같은항 제2호에 따른 공동주택 및 같은 항 제15호에 따른 숙박시설은 제외한다.) 에 대하여 소유, 임차 또는 사용대차 등의 방법으로 6개월 이상의 사용권을 확보한 장소를 말한다. 이 경우 영업소 소재지 증명서류는 법인 명의로 하여 작성된 것이어야 한다.

3. 법 제3조의5 제2항 제2호에 따른 자기자본을 갖추었음을 증명하는 서류 1부
   1) 대부업 등을 영위하기 위한 법인을 신규 설립한 경우 : 재무제표 및 부속서류, 자본금납입증명서 각 1부
   2) 다른 영업을 영위하던 법인이 대부업 등을 겸영하는 경우 : 재무제표 및 부속서류, 감사보고서 각 1부
      가) 외부감사 대상 법인인 경우 : 재무제표 및 부속서류, 감사보고서
      나) 외부감사 대상 법인이 아닌 경우 : 세무서에서 발급한 "표준재무제표증명" 서류, 다만, "표준재무제표증명" 제출이 불가능한 경우 재무상태 확인이 가능한 회사 결산보고서 등 기타 서류(대표이사의 확인서 또는 대표이사 원본대조필 첨부)

별첨 2) 서울보증보험에서 발행하는 이행(계약)보증보험증권

〈그림 2-28〉

별첨 3) 대부금융협회 회원가입 신청서 양식

【별지 제1-2호 서식】〈제정 2009.4.15, 개정 2010.4.21, 개정 2016.7.14, 개정 2017.8.29〉

대부업·대부중개업 등록신청서

신청영업소	① 명칭(상호)		② 본점 여부	□ 본점	□ 지점
	③ 법인등록번호				
	④ 대표자 성명		⑤ 대표자 주민등록번호		
	⑥ 소재지				
	⑦ 홈페이지 주소				
	⑧ 전화번호(영업소)		⑨ 전화번호(휴대전화)		
	⑩ 광고용 전화번호				
	⑪ 대표자 주소				
	⑫ 업무총괄 사용인 성명				
	⑬ 업무총괄 사용인 주소				
	⑭ 등록신청사업	□ 대부업 □ 대부채권매입추심업 □ 대부중개업 □ 온라인대출정보연계대부업			
본점	⑮ 명칭(상호)		⑯ 대부업·대부중개업 등록번호		
	⑰ 사업자등록번호		⑱ 법인등록번호		
	⑲ 대표자 성명		⑳ 대표자 주민등록번호		
	㉑ 소재지				
	㉒ 홈페이지 주소				
	㉓ 전화번호(영업소)		㉔ 전화번호(휴대전화)		
	㉕ 광고용 전화번호				
	㉖ 대표자 주소				
	㉗ 사업내용	□ 대부업 □ 대부채권매입추심업 □ 대부중개업 □ 온라인대출정보연계대부업			

「대부업 등의 등록 및 금융이용자 보호에 관한 법률」 제3조제2항에 따라 위와 같이 신청합니다.

년   월   일

신청인   ㉑

귀하   주) 법인인감도장으로 날인하여 주십시오.

구비서류	신청인 제출서류	확인사항	수수료
	1. 대부업·대부중개업 교육이수증 사본 1부 2. 영업소의 소재지 증명 서류(신청인 소유인 경우 부동산등기사항전부증명서, 임대차 등의 경우 임대차 등의 계약서 사본에 한정한다) 및 영업소의 건축물대장 각 1부 3. 법인등기사항전부증명서 1부 4. 가족관계등록부 기본증명서 1부(각 임원 및 업무총괄사용인 및 주주(사원) 5. 법인 인감증명서 1부 6. 대리인 신청 위임장 1부(대리등록신청의 경우) 7. 법 제3조의5 제2항 제2호에 따른 자기자본을 갖추었음을 증명하는 서류 1부 （대부중개업만을 영위하고자 하는 자는 제외) 8. 법 제11조의4 제2항에 따라 보증금을 예탁하거나 보험 또는 공제 가입을 증명하는 서류 1부 8. 정관, 재무제표와 그 부속서류, 주주(사원)명부, 임원의 이력서 및 경력증명서 각 1부 9. 법 제18조의5 제1항에 따라 협회에 가입하였음을 증명하는 서류 1부	법인등기사항전부증명서의 내용을 금융감독원 직원이 확인	10만원

본인은 이 건 업무처리와 관련하여 「전자정부법」 제39조제1항에 따른 행정정보의 공동이용을 통하여 금융감독원 직원이 위의 확인사항을 확인하는 것에 동의합니다.

신청인   ㉑

※ 대표자 및 임원이 「대부업 등의 등록 및 금융이용자 보호에 관한 법률」 제3조의5제2항 각 호의 어느 하나에 해당하는 경우에는 등록이 제한되며 수수료는 반환되지 아니하므로 주의하시기 바랍니다.

210mm×297mm(일반용지 60g/㎡)

〈그림 2-29〉

㉘ 영업소 현황

가. 같은 특별시·광역시·도 내의 영업소

영업소명 (본점 및 신청영업소 포함)					
연번	명칭(상호)	대부업·대부중개업 등록번호	소재지	전화번호	임직원 수
1					
2					
3					
4					
5					

나. 같은 특별시·광역시·도 외의 영업소

영업소명 (본점 및 신청영업소 포함)					
연번	명칭(상호)	대부업·대부중개업 등록번호	소재지	전화번호	임직원 수
1					
2					
3					
4					
5					

※ 칸이 부족하면 별지를 사용하여 기재

㉙ 주요 주주·출자자 및 임원 현황

가. 주요 주주·출자자(1% 초과) 현황

연번	명칭·상호	주소	지분율(%)	최대주주와의 관계
1				
2				
3				
4				
5				

나. 주요 경영사항에 대하여 사실상의 영향력을 행사하는 주주·출자자 현황

연번	명칭·상호	주소	지분율(%)	사실상 영향력 행사 사유
1				
2				
3				
4				
5				

〈그림 2-30〉

다. 임원(감사 포함) 현황

연번	직책	성명	주민등록번호	주소
1				
2				
3				
4				
5				

※ 칸이 부족하면 별지를 사용하여 기재

㉚ 겸영 현황

연번	상호	업종	대표이사	본사 주소
1				
2				
3				
4				
5				

※ 칸이 부족하면 별지를 사용하여 기재

〈그림 2-31〉

유의사항

(신청서 작성 대상)

1. 대부업 및 대부중개업 또는 온라인대출정보연계대부업을 영위하려는 자

(신청서 작성 관련)

1. (①란 작성) 상호에는 대부업자(대부중개업을 겸영하는 대부업자를 포함한다)는 그 상호 중에 "대부"라는 문자를 사용하여야 하며 대부중개업만을 하는 대부중개업자는 그 상호 중에 "대부중개"라는 문자를 사용하여야 한다. 다만, 대부업 또는 대부중개업(이하 "대부업등"이라 한다) 이외의 다른 영업을 겸영하는 대부업자등은 직전 사업연도말 손익계산서를 기준으로 대부업과 대부중개업에서 발생한 영업수익이 50% 미만인 경우에는 그 상호 중에 "대부" 또는 "대부중개의 문자를 사용하지 아니할 수 있다.

2. (⑧, ⑨, ⑩, ㉓, ㉔, ㉕란 작성) 전화번호 등록시 법인의 경우에는 법인 또는 대표자 명의, 개인의 경우에는 대표자 명의로 등록하는 것을 원칙으로 한다. 휴대전화 등록시에는 이동통신사명을 추가로 기재한다(대부업등을 신규등록·등록갱신하거나 휴대전화 번호를 새로 등록하는 경우).

3. (⑩, ㉕란 작성) 광고용 전화번호는 영업소 전화번호, 휴대전화 등 광고에 이용하려는 전화번호를 기재하며 3개 이내에서 등록한다. 다만 시·도지사등이 부득이한 사유를 인정하는 경우는 전화번호를 추가할 수 있다.

4. (㉙란 작성) 주요 경영사항에 대하여 사실상의 영향력을 행사하는 주주·출자자란 아래의 어느 하나에 해당하는 자를 말한다.
   가. 혼자서 또는 다른 주주·출자자와의 합의·계약 등에 따라 대표이사 또는 이사의 과반수를 선임한 주주 또는 출자자
   나. 경영전략, 조직 변경 등 주요 의사결정이나 업무집행에 지배적인 영향력을 행사한다고 인정되는 자로서 금융위원회가 정하는 주주 또는 출자자

5. (㉚란 작성) 대부업(대부채권매입추심업, 온라인대출정보연계대부업 포함)·대부중개업 이외의 다른 업종을 영위하는 경우 그 업종에 관한 현황을 작성

(구비서류)

1. 대부업·대부중개업 교육이수증 사본 1부 : 등록신청일 전 6개월 이내의 교육 이수증이어야 한다. 교육 이수처는 '대부업 및 대부중개업협회'(한국대부금융협회) 이다.

2. 영업소의 소재지 증명서류(신청인 소유인 경우 부동산등기사항전부증명서, 임대차 등의 경우 임대차 등 계약서 사본에 한정한다) 및 영업소 소재지 건축물대장 각 1부 : 영업소는 고정사업장 요건을 갖추어야 하며, 이는 건축물대장에 기재된 건물(건축법 제2조제2항제1호에 따른 단독주택, 같은항 제2호에 따른 공동주택 및 같은 항 제15호에 따른 숙박시설은 제외한다.) 에 대하여 소유, 임차 또는 사용대차 등의 방법으로 6개월 이상의 사용권을 확보한 장소를 말한다. 이 경우 영업소 소재지 증명서류는 법인 명의로 하여 작성된 것이어야 한다.

3. 법 제3조의5 제2항 제2호에 따른 자기자본을 갖추었음을 증명하는 서류 1부
   1) 대부업 등을 영위하기 위한 법인을 신규 설립한 경우 : 재무제표 및 부속서류, 자본금납입증명서 각 1부
   2) 다른 영업을 영위하던 법인이 대부업 등을 겸영하는 경우 : 재무제표 및 부속서류, 감사보고서 각 1부
      가) 외부감사 대상 법인인 경우 : 재무제표 및 부속서류, 감사보고서
      나) 외부감사 대상 법인이 아닌 경우 : 세무서에서 발급한 "표준재무제표증명" 서류, 다만, "표준재무제표증명" 제출이 불가능한 경우 재무상태 확인이 가능한 회사 결산보고서 등 기타 서류(대표이사의 확인서 또는 대표이사 원본대조필 첨부)

〈그림 2-32〉

별첨 4) 대부업 및 대부중개업 협회 회원가입 신청서

회원가입 신청서

'대부업 및 대부중개업 협회' 귀중

회사명		대부업 등록번호	
		대부중개업 등록번호	
대표자 성명		사업자 등록번호	
주소(신주소)			
대표자 주요 경력 사항			
협회가입 담당자	성명 :	연락처 :	
주사업분야	☐ 신용대출　☐ 담보대출　☐ P2P　☐ 대부중개 ☐ 채권추심　☐ 전당포　☐ 일수　☐ 기타(　　　　　)		
제출 서류	1. 사업자등록증 사본 1부 2. 대부(중개)업등록증 사본 1부 3. 회원의무준수 확인서 1부 4. 준법관리인 선임통보서 1부 5. 준법서약서(관리규정 별지 1호 서식) 1부 6. 최근기 결산월 재무제표(재무상태표, 손익계산서) 사본1부(법인 필수) 7. 채권추심업무 가이드라인 준수동의서 1부 (대부업, 채권추심업)		

　상기 본사는 <대부업 및 대부중개업 협회> 결의사항을 준수할 것을 서약하며 귀 협회의 회원사로 등록할 것을 신청합니다. (주의사항 : 제출서류 미비, 허위작성, 일부누락된 경우 협회 가입이 거부될 수 있습니다)

20 　년　 월　 일

신청사　　　　　　　　　　(법인인감)

대부업및대부중개업협회
Tel: 02-3487-5800 Fax: 0507-350-8287
서울시 중구 소월로 10, 1301호(남대문로5가, 단암빌딩)

〈그림 2-33〉

회원의무준수 확인서

한국대부금융협회 귀중

 하기 업체는 한국대부금융협회(이하 "협회") 정관 제8조 회원의 의무를 성실하게 지킬 것이며, 협회가 제정한 각 종 관리규정(중개업무 관리규정, 대부금융광고 심의규정, 소비자금융 준법관리규정 등)을 준수할 것을 서약합니다. 특히, 정관 제8조 제2항의 협회가 회원사에 정당한 자료제출 요구하였으나, 이를 어기고 불응하였을시 이사회의 특별결의로써 경고, 회원자격의 정지, 제명 등의 제재조치에 아무런 이의를 제기하지 않겠습니다.

제8조 【회원의 의무】
① 회원은 협회의 정관, 규정 및 총회 또는 이사회의 결의사항을 준수하여야 한다.
② 협회는 사업수행상 필요하다고 인정하는 경우에 회원에 대하여 당해 사항에 관한 보고 또는 자료제출을 요구할 수 있으며, 특별한 사유가 없는 한 회원은 이에 응하여야 한다.
③ 회원은 본 협회의 승인을 받지 않고 협회의 명칭을 사용해서는 안 된다.

제10조 【회원의 제재】
① 회원이 다음 각 호의 행위를 하였을 때에는 그 회원에게 소명의 기회를 부여하고 이사회의 특별결의로써 경고, 회원자격의 정지, 제명 등의 제재조치를 할 수 있다.
1. 제 8조 가 항의 회원의 의무를 위반하였을 때

---

20 . . .

■ 업체명 : _____

■ 대표이사 또는 대표 _____ (법인인감)

〈그림 2-34〉

한국대부금융협회 귀중

준법관리인 선임(변경)통보서

　　다음의 자를 소비자금융 준법관리인으로 선임하였기에 소비자금융 준법관리규정 제4조에 따라서 통보합니다.

- 다　　음 -

성　　명	
부서 / 직책	/
전화 / FAX	/
E - Mail	
선　임　일	．　　　．　　　．
선　임　사　유	

년　　월　　일

회사명 : ＿＿＿＿＿＿＿＿＿＿＿

대표이사　　　　　　（법인인감）

〈그림 2-35〉

별첨 5) 대부업 교육이수증

제 1710300065 호

교 육 이 수 증

교 육 일 자 : 2017-10-30
성   명 : 어영화
주 민 등 록 번 호 :
대부(중개)업자 명칭(상호) :
등 록 기 관 :
등 록 번 호 :

위 사람은 「대부업 등의 등록 및 금융이용자 보호에 관한 법률」
제 3조의 4에 따른 소정의 대부업 등의 준수사항에 관한 교육을
(☑ 신규등록, ☐ 갱신등록) 이수하였음을 증명합니다.

2017 10월 30일

대부업 및 대부중개업 협회
회장 임 승 보

〈그림 2-36〉

별첨 6) 대부업 등록증

처리부서명	여신금융검사국 대부업총괄팀
담당자명	곽■■
전화번호	02■■■■■8265

대부업등록증

등 록 번 호 : 2021-금감원-21■(대부업)

등록유효기간 : 2021년03월17일 ~ 2024년03월17일

상 호 : 분당엔피엘대부 주식회사

법인등록번호 : 134811-0170291

소 재 지 : 경기도 성남시 분당구 돌마로 86, 802호(구미동, 엘레강스프라자)

전화번호(영업소) : 031-713-■■60

광고용 전화번호 :

대 표 자 : 어영화

생 년 월 일 : 19■■년10월13일

영 위 업 무 : 대부채권매입추심업

대부업 등의 등록 및 금융이용자 보호에 관한 법률 제3조(제3조의2)에 따라
위와 같이 대부업을 등록(등록갱신)하였음을 증명합니다.

2021년 11월 29일

금 융 감 독 원

※ 등록유효기간 이후에도 대부업을 계속 영위하고자 하는 경우에는
유효기간 만료일 3개월 전부터 1개월 전까지 등록갱신을 신청하여야 함.

〈그림 2-37〉

별첨 7) 사업자등록증

사 업 자 등 록 증
(법인사업자)
등록번호 : 124-86-76208

법 인 명 (단 체 명) : 분당엔피엘대부 주식회사
대　　표　　자 : 어영화

개 업 연 월 일 : 2009 년 02 월 20 일　　법인등록번호 : 134811-0170291
사 업 장 소 재 지 : 경기도 성남시 분당구 돌마로 86, 802호(구미동, 엘레강스프라자)

본 점 소 재 지 : 경기도 성남시 분당구 돌마로 86, 802호(구미동, 엘레강스프라자)

사 업 의 종 류 : |업태| 서비스　　　　　　|종목| 경매, 공매, 컨설팅
　　　　　　　　　금융업　　　　　　　　　대부업
　　　　　　　　　금융업　　　　　　　　　부실채권(NPL)의 추심, 매입, 매각
　　　　　　　　　부동산업　　　　　　　　비주거용 건물 임대업(점포, 자기땅)
　　　　　　　　　부동산　　　　　　　　　개발, 매매

발 　급 　사 　유 :

사업자 단위 과세 적용사업자 여부 : 여(∨) 부( ) (적용일자 : 2020년 09월 02일)
전자세금계산서 전용 전자우편주소 :

2021 년 11 월 30 일

분 당 세 무 서 장

〈그림 2-38〉

〈참고문헌〉
금융감독원 여신금융검사국 대부업총괄팀. (2022). 대부업 등록 절차.
(검색일 2월 23일, 2022, 금융감독원 홈페이지)

NPL이론과 실무, 생생 사례

경매를 이기는 **NPL 투자**

제3장

부실채권(NPL)으로
성공한 사례분석

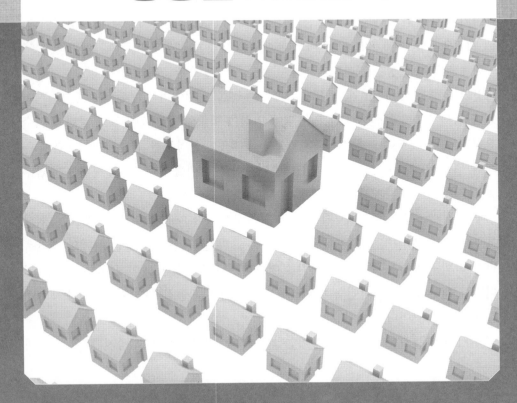

Loan Sale(채권양수도계약) 방식으로
성공한 사례

1. 2020타경2689 (론세일로 배당받은 사례)

2020타경2689(1)(2) 경매사건은 판교 운중동에 있는 1층 상가 2개로 2020년 8월 말경 NPL 강의 5강 실전 협상 과정에서 수강생이 그 과목을 실습하면서 실제 투자까지 연결된 사례로 필자가 채권매입과 방어입찰, 배당까지 전체 과정에 대하여 자문을 해준 사례이다.

경매정보지나 등기부등본에 등재되어 있는 거래가격이 2016년을 기준으로 점포 1개당 각각 920,000,000원과 960,000,000원에 실거래가 신고가 되어있다.

여기에 공동담보로 채권최고금액 1,211,000,000원의 근저당권이 설정되어 있고 채권의 원금 940,000,000원에 신용대출까지 추가로 있었다.

새로 분양하는 상가는 분양가격에 비해서 수익률이 저조할 수밖에 없다.

판교 운중동 **시티오렌지 상가 105호는 공실 상태이며 107호는 보증금 3천만 원에 월세가 130만 원이다. 분양가격에 비하여 턱없이 낮은 임대료와 설령 임대수요자가 있다 치더라도 상가임대차보호법상 계약갱신청구권이 10년이며 1년에 인상 범위가 5%라는 점을 감안하면 대출이자와 관리비를 소유자 겸 채무자가 납부를 할지라도 임대차계약을 할 수 없는 상황이다.

이런 점과 코로나로 인한 경기 침체를 부각시키며 채권자인 *자산에 NPL 협상을 시도했다. 현실적으로 이치에 맞는 점을 고려한 *자산 담당자는 경매로 배당을 받아서 회수를 하는 것보다는 채권을 매각함으로써 손실을 줄이고 비록 손실은 있더라도 깨끗하게 경매사건을 마무리함으로써 업무를 종결한다는 의미에서 채권매각을 동의한 것이다.

이 사건은 채권을 매입하여 방어입찰을 한 후 배당을 받아도 좋지만, 유입을 하면 더 좋다는 전제하에 매입한 것이다. 채권행사권리금액 991,168,479원에 대하여 채권매입금액 965,000,000원에 채권매수의향서를 제출하였다. 비록 많은 할인은 아니지만 경매신청비용까지 포함했다는 걸 감안하고 경매로 유입을 한다고 가정하면 채권을 매입함으로써 안정적인 입찰을 할 수 있다는 장점이 있었다.

[채권매수의향서]

채권 매수의향서

수　신 : 농업협동조합자산관리회사
발　신 : 분당엔피엘대부㈜

제　목 : 채권 매수의향서

귀사의 평안과 건승을 기원드립니다.

귀사의 채권에 대하여 아래와 같은 내용으로 채권매수의사가 있으므로 매수의향서를 제출합니다.

1. 대상 채권
1) 사건번호 : 2020타경2689(1)(2)
2) 소유자 : 전00
3) 채무자 : 전00
4) 채권자 : 농업협동조합자산관리회사
5) 채권원금 : 940,000,000원
6) 채권 최고금액 : 1,211,000,000원

2. 매입 조건
1) 매입금액 : 965,000,000원(경매신청비용 포함)
2) 매입희망일 : 2020년 09월 28일
3) 매입방법 : 채권양수도계약(Loan sale)
4) 계약금 : 원
5) 잔　금 : 2020년 10월 26일

3. 매수인
1) 성명(법인명) : 분당엔피엘대부㈜ / 등록번호 : 2021-금감원-2148
2) 주소(법인소재지) : 경기도 성남시 분당구 돌마로 87, 801호 (금곡동, 골드프라자)

2020. 08 .

분당엔피엘대부㈜ 대표이사 어영화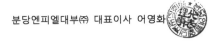

농협협동조합자산관리회사 귀중

분당엔피엘대부㈜

2020년 9월 28일 *자산과 분당엔피엘대부㈜와 론세일로 계약을 체결하고 2020년 10월 26일 잔금을 지불하면서 등기부등본에 있는 1순위 3번 근저당권을 3-2번으로 순위를 보존하면서 이전하였다.

론세일로 채권을 매입할 경우 보통은 저축은행이나 새마을금고에서 매입하는 근저당권을 담보로 근질권 대출을 받는데, 이번 경우는 채권을 매입한 고**님께서 추천하여 학원 수강생으로 등록한 원**님과 수익금을 나누는 조건으로 채권매입잔금을 지불한 것이다. 채권자인 분당엔피엘대부㈜에서는 채권에 투자한 고**원**님을 공동 1순위로 정하고 근저당권부질권 설정을 해주었다. 등기부등본에는 균등하게 채권최고금액이 설정되어 있으나 원인 서류(차용증서)에는 각각 투자자의 원금과 배분금액을 별도로 기재하여 배당 시 각 배당금이 본인의 통장으로 입금될 수 있게 하여 불안한 마음이 없도록 작성하였다.

[등기부등본]

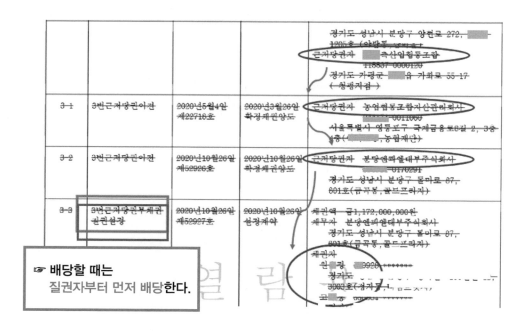

☞ 배당할 때는
질권자부터 먼저 배당한다.

근저당권이 이전되었으므로 다음 과정을 열거하면 채권양도통지서와 등기부등본에 변경된 내용을 첨부하여 근저당권자 및 근질권자에 대한 권리신고를 해당 경매계에 했다. 송달장소 및 환급금 신청도 하여 경매신청 채권자가 분당엔피엘대부 ㈜로 문건접수/송달 내역에 기재됨으로 변경이 완료된 것이다.

경매 매각기일이 2020년 11월 2일로 ⑴,⑵번 물건이 100%인 1,009,000,000원이어서 방어입찰을 할 필요가 없었다. 코로나로 인한 경기침체 탓일까 ⑴번 물건만 1명이 입찰하여 103%인 513,500,000원에 낙찰이 되었다.

2020년 12월 7일 감정가격 510,000,000원에서 30%가 저감된 357,000,000원에 대하여 방어 입찰을 준비했다. 배당은 대략 낙찰일로부터 80일 정도를 더하면 되기 때문에 2021.3.6.까지 채권행사권리금액이 1,017,368,589원이라는 계산이 나왔다.

이 금액에서 ⑴번 물건의 납부금액 513,500,000원을 빼면 503,868,589원으로 방어 입찰을 해야 한다. 물론 방어 입찰금액은 물건과 사안을 고려하여 계산하는 방식이 용어정리 요약 편에 기술되어 있지만 위 금액을 초과하지 않는 범위 내에서 매입한 채권에 적절한 이익이 발생되는 금액으로 하면 된다. 하지만 여기서는 유입을 전제로 방어입찰을 하였다.

2020년 12월 7일 사건번호 2020타경2689⑵번 물건에 20명이 경합하여 송**이 530,888,000원인 104%에 최고가매수신고인으로 결정되었다. 채권매입자 고**님은 방어 입찰을 하였으나 더 높은 금액으로 낙찰자가 결정되었기에 배당으로 확정되었다.

2021년 1월 18일 최고가매수신고인이 대금을 납부하였고 해당 경매계로부터 배당통지서에 채권계산서를 제출하라는 송달을 받고 2021년 3월 4일 수원지방법원 성남지원 법정에서 총 납부한 금액 1,044,388,000원 중 채권행사권리금액 1,017,368,589원과 집행비용 6,065,560원을 합한 금1,023,434,149원을 배당 받음으로써 채권매입금액 965,000,000원을 빼고 나면 수익금 58,434,149원이 발생되었다. 이 금액에서 근저당권이전 및 근질권 설정 비용 4,133,100원을 공제하면 순이익금 54,301,049원이 남았다.

투자금에 비례하여 수익률이 높다고 할 수는 없지만 경매에서 1순위 근저당권을 할인하여 매입함으로써 안정적이며 배당으로 연결될 수 있었고, 최고가매수신고인으로 선정된다 해도 낙찰 확률과 대출, 양도소득세 측면에서 이득을 볼 수 있으니 역시나 NPL이 좋기는 하다.

[채권계산서]

채권 계산서

사건번호 : 2020타경2689

1. 채권계산서

	원장금액	2020.10.26부터 2021.3.4까지의 이자	년이율 %	합계	비고
1	464,390,840	12,194,649	7.43	476,585,489	
2	452,783,781	11,921,859	7.45	464,705,640	
3	10,853,071	443,12	11.56	11,296,483	
4	63,140,787	1,640,90	7.35	64,780,977	
합계	991,168,479	26,200,110		1,017,368,589	

*근저당권부질권권리자에게 전액 배당

2. 경매집행비용

경매신청예납급(집행비용)	6,065,560 원

*근저당권권리자(분당엔피엘대부주식회사)에게 배당

*채권계산서 명세표 첨부

2021.1.28

위 근저당권자 분당엔피엘대부주식회사 대표자 어영화 (인) 010-■■■-3■3

수원지방법원 성남지원 경매 3계 귀중

앞서 설명한 바와 같이 이 사건은 NPL을 매입할 당시 배당을 받아도, 유입을 하여도 좋다는 결론 하에 채권을 매입하였다.

방어입찰 후 배당으로 종결되었지만 유입을 한다고 가정을 하면 (2)물건에 503,868,589원에 방어입찰을 하여 최고가매수신고인으로 선정이 되었다고 해도 실제로 들어간 돈은 449,567,540원이기 때문에 NPL로 절감을 할 수 있었다는 계산이 나온다. 이 계산은 방어입찰금액에다가 순이익금 54,301,049원을 제한 금액이다. 실제 들어간 돈보다 높은 금액으로 낙찰을 받음으로써 LTV가 높고 매각 시 양도세도 절감된다는 점을 다시 한번 실감하게 된다.

2. 2019타경1151 (NPL 매입 후 12일 만에 배당 확정)

수강생 진**원우님은 분당NPL경매학원 36기로 5강 때부터 강의를 듣고 37기와 더불어 4강까지 강의를 더 들어야 하는 현재 수강생이다.

5~6년 전 서울에서 NPL 강의를 들었다는데 수익을 얻기는커녕, 막대한 손실을 입었다고 하면서 이번에 분당NPL경매학원에서 제대로 된 NPL 강의를 듣고 실전으로 수익을 내겠다는 각오로 학원을 등록하게 되었다는 그의 열정은 이번 NPL 매입 건으로 2021.12.24. 여의도에 있는 *자산에 계약을 하러 오가면서 차 안에서 많은 이야기를 나누었다.

화성시 향남읍에 있는 물건으로 감정가격 1,138,000,000원에서 5차인 24%까지 유찰된 최저금액 273,234,000원의 5개의 상가였다.

최초에 패션 아울렛으로 한때는 호황을 누리던 상가가 코로나 등 경기 침체와 맞물려 공실 상태이다. 그래도 대지권이 1,543㎡(466평)이며 상가의 전용면적이 473㎡(143평)이나 된다.

2021.3.26. 4차 최저금액 390,334,000원일 때 윤**이 단독으로 440,000,000원에 최고가매수신고인으로 선정되었으나 대금을 미납하였다.

재경매로 2021.8.25. 유찰이 되었고 5차인 2021.10.1. 6명이 경합하여 정**이 430,000,000원에 최고가매수신고인으로 선정되었다. 이때 입찰보증금은 20%인 54,646,800원이나 되는데 최고가매수신고인으로 선정된 정**은 98일간을 깊은 고민과 후회를 거듭하면서 2022.1.5. 까지 대금을 미납하고 있었다.

진**원우님은 매의 눈으로 이 상가를 노려보고 있었고 장기적인 전략으로 스크린 골프나 창고로 운영한다는 계획을 세우고 채권을 매입하기 위해서 직접 농자산 AM과 협상을 하였다. 프로 같은 아마추어의 협상이었다.

수원지방법원		대한민국 No.1 법원경매정보 **스피드옥션** (speedauction.co.kr) **SPEED auction**		
2019 타경 1151 (임의)		매각기일 : 2022-01-12 10:30~ (수)		경매4계 031-■■■■

소재지	(18595) 경기도 화성시 향남읍 제암리 427-3 발안프리미엄아울렛 제1층 제101호 외4건				
	[도로명] 경기도 화성시 제암고주로53번길 23-1 (향남읍)				
용도	상가(점포)	채권자	■은행	감정가	1,138,000,000원
대장용도	소매점 근린생활시설	채무자	유한■■■디어	최저가	(24%) 273,234,000원
대지권	1543.28㎡ (466.84평)	소유자	유한■■■디어	보증금	(20%) 54,646,800원
전용면적	473.75㎡ (143.31평)	매각대상	토지/건물일괄매각	청구금액	660,686,626원
사건접수	2019-01-15	배당종기일	2019-04-04	개시결정	2019-01-16

기일현황 ⊙ 입찰22일전 ▾전체보기

회차	매각기일	최저매각금액	결과
신건	2020-12-03	1,138,000,000원	유찰
2차	2021-01-14	796,600,000원	유찰
3차	2021-02-23	557,620,000원	유찰
4차	2021-03-26	390,334,000원	매각
윤■식/입찰1명/낙찰440,000,000원(39%)			
	2021-04-02	매각결정기일	허가
	2021-05-12	대금지급기한	미납
	2021-07-09	390,334,000원	변경
4차	2021-08-25	390,334,000원	유찰
5차	2021-10-01	273,234,000원	매각
정■경/입찰6명/낙찰430,000,000원(38%)			
2등 입찰가 : 400,000,192원			
	2021-10-08	매각결정기일	허가
	2021-11-16	대금지급기한	미납
5차	2022-01-12	273,234,000원	

변경공고 ▸ 변경일자 : 2021-07-08

변경내용   2021.07.08. 변경 후 추후지정

물건현황/토지이용계획

서해안고속도로 발안 IC 동측 인근에 위치

부근은 기존의 농가주택, 농경지, 임야 등과 근린생활시설, 공장 등이 혼재

인근에 버스 정류장이 소재하여 제반 대중교통이용편의도는 보통

북서측으로 소로한면과 접함

자연녹지지역

이용상태(5개호 1단지의 캠핑용품점으로 이용중이음)

위생설비, 급배수설비, 승강기설비 등

철근콘크리트조

1. 일괄매각 2. 제시목록상 제암리 427-3 토지는 대 3,132㎡이나, 토지대장 상 2014년 8월 11일 분할되어 427-3 대 2,964㎡, 427-13 대 168㎡임. 3. 복록1-5까지 일체로 이루어진 삼가임. 4. 매수신청보증금은 최저매각가격의 20%임

감정평가현황 서물감정(주)

가격시점	2019-01-30
감정가	1,138,000,000원
토지	(30%) 341,400,000원

면적(단위:㎡)

[대지권]

제암리 427-3 대지권 101호
3,132㎡ 분의 320.06㎡
320.06㎡ (96.82평)

제암리 427-3 대지권 102호
3,132㎡ 분의 320.06㎡
320.06㎡ (96.82평)

제암리 427-3 대지권 103호
3,132㎡ 분의 320.06㎡
320.06㎡ (96.82평)

제암리 427-3 대지권 104호
3,132㎡ 분의 320.06㎡
320.06㎡ (96.82평)

제암리 427-3 대지권 105호
3,132㎡ 분의 263.04㎡
263.04㎡ (79.57평)

[건물]

보존등기일:2011-09-19

제암리 427-3

임차인/대항력여부

배당종기일: 2019-04-04

조■상 없음
사업 : 2015-08-13
확정 : 없음
배당 : 없음
보증 : 10,000,000원
차임 : 2,200,000원
점유 : 발안프리미엄아울렛 102호 89.9030㎡
이전경매에서 대항력이 없어 본사건에 대항력 없음
2017타경11475
[판례]2012다93794
미배당금 소멸예상

황■순 없음
사업 : 2018-12-17
확정 : 없음
배당 : 없음
점유 : 103호

현황조사 권리내역

▷ 보증금합계
10,000,000원
▷ 월세합계
2,200,000원

등기사항/소멸여부

소유권	이전 집합
2011-08-24 정■■외 1명 보존	

소유권	이전 집합
2018-06-27 유한■■디어 임의경매로 인한 매각	

(근)저당	소멸기준
2018-06-27 농업협동조합자산관리회사 782,400,000원	집합

가압류	소멸 집합
2018-10-05 ■■은행 100,000,000원	

가압류	소멸 집합
2018-10-08 신■금 200,000,000원	

압류	소멸 집합
2018-10-24 ■■구 (세우2과-12881)	

가압류	소멸 집합
2018-10-26 ■■■■공단	

[채권매수의향서]

채권 매수의향서

수 신 : ▨협동조합자산관리회사
발 신 : 분당엔피엘대부㈜

제 목 : 채권 매수의향서

귀사의 평안과 건승을 기원드립니다.

귀사의 채권에 대하여 아래와 같은 내용으로 채권매수의사가 있으므로 매수의향서를 제출합니다.

1. 대상 채권

1) 사건번호 : 2019타경1151
2) 소유자 : 유▨▨▨디어
3) 채무자 : 유▨▨▨디어
4) 채권자 : 농업협동조합자산관리회사
5) 채권원금 : 652,000,000원
6) 채권 최고금액 : 782,400,000원

2. 매입 조건

1) 매입금액 : 390,000,000원(경매신청비용 및 몰수보증금 포함)
2) 매입희망일 : 202-년 -월 -일(귀사의 승인 후)
3) 매입방법 : 채권양수도계약(Loan sale)
4) 계약금 : 39,000,000원
5) 잔 금 : 2022년 1월 4일

3. 매수인

1) 성명(법인명) : 분당엔피엘대부㈜ / 등록번호 : 2021-금감원-2148
2) 주소(법인소재지) : 경기도 성남시 분당구 돌마로 86, 802호 (구미동, 엘레강스프라자)

2021. 12 .21

분당엔피엘대부㈜ 대표이사 여영화

(T.010▨▨▨ F.031-▨▨▨)

■■협동조합자산관리회사 귀중

분당엔피엘대부㈜

NPL 컨 설 팅 용 역 계 약 서
[수원지방법원 2019 타경 1151]

계약자[갑]   진 ■ 근

계약자[을]   분당엔피엘대부㈜

2021 년 12 월 24 일

채권양수도계약서

2021. 12. 27.

양도인 : ▨▨협동조합자산관리회사
양수인 : 분당앤피엘대부 주식회사

1638520617 0509 10096 감시a

*자산 AM 이**씨는 고**강사님의 2020타경2689 채권을 매각했던 담당자이였음으로 우리 학원과 오랜 인연이 있었던 분이라 더 친근하게 계약을 추진할 수 있었다.

1순위 근저당권 원금 652,000,000원에 채권최고금액 782,400,000원의 채권을 390,000,000원(채권매수의향서 참고)에 2번의 몰수보증금 93,680,200원을 포함하여 매입하는 협상(실제 매수금액 296,319,800원)을 마무리하고 2021.12.24. *자산에 가서 계약을 체결하고 잔금은 2022.1.4. 지급하기로 하였다. NPL은 계약금 10%인 39,000,000원만 있어도 잔금은 근저당권부질권대출로 가능하지만 채권매입금 전액의 현금이 있었기 때문에 근질권 대출 없이 채권매입 후 10일 만에 잔금을 지불하고 분당엔피엘대부㈜로 근저당권을 이전함과 동시에 본인의 이름으로 1순위로 782,400,000원의 근질권을 설정하여 권리를 확보했다.

돌이켜보면 진**원우님은 멀리 길게 내다보는 안목과 담력, 배짱이 두둑한 분이다. 현재까지 스피드옥션에만 1,976명이나 조회를 했음에도 불구하고 채권매입을 하겠다고 실천에 옮긴 사람은 단 한 사람이기 때문이다.

진**원우님으로부터 전화를 받았다.

사건번호 2019타경1151의 재매각 최고가매수신고인 정**씨가 대금을 납부했다는 것이다. 2022.1.12.(수요일) 재매각 기일을 앞두고 입찰보증금 20%를 납부한 최고가매수신고인은 98일간의 고민과 후회, 갈등을 거듭하다가 2022.1.6.대금을 납부한 것이다. 이로써 채권매수인 진**원우님은 채권을 매입하고 계약금을 지불한 지 12일 만에 배당이 확정된 것이다.

배당금액은 몰수당한 보증금 39,033,400원과 정**이 납부한 430,000,000원과 기한 후 납부로 인한 과태료 약 12%를 51일간 합한 금액 4,565,940원을 합한 금액 473,599,340원을 2022.2.10. 배당받게 된다.

여기에서 채권매입금 390,000,000원과 분당엔피엘대부㈜에 컨설팅수수료로 납부한 11,736,000원과 근저당권이전 및 근질권 설정 비용 3,587,000원을 제하면 예상 수익이 68,276,340원이 투자 한지 37일 만에 배당으로 받게 된다.(이 금액에서 선순위 배당금을 공제하면 순이익금이 된다.)

임인년 새해 첫 주에 대박이 터진 것이다.

새삼 NPL의 위력을 실감하며 전국에 배당 가능한 NPL 물건이 아직도 많이 쌓였다는 사실에 놀랍기도 하다.

이런 일이 있기 전에 재매각에서 20%의 입찰보증금을 몰수당한 정**이 2022.1.12. 재매각 기일 이전에 잔금을 납부할 가능성이 있을 것 같다는 예감이 들었고 이 말이 목구멍에서 나왔다가 입 밖으로만 안 나온 기가 막힌 예감이 적중했다는 것에 정말 세상에는 '생각이 현실이 된다.'라는 것을 느꼈고, 한편으로 나의 예지력은 하느님과 부처님 다음이라는 것도 나만이 아는 진실이다.

[배당표]

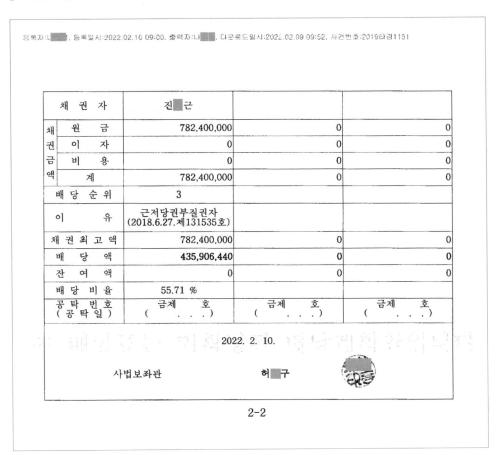

등록자:나■■, 등록일시:2022.02.10 09:00, 출력자:나■■, 다운로드일시:2022.02.09 09:52, 사건번호:2019타경1151

채 권 자		진■근		
채권금액	원 금	782,400,000	0	0
	이 자	0	0	0
	비 용	0	0	0
	계	782,400,000	0	0
배 당 순 위		3		
이 유		근저당권부질권자 (2018.6.27.제131535호)		
채 권 최 고 액		782,400,000	0	0
배 당 액		**435,906,440**	0	0
잔 여 액		0	0	0
배 당 비 율		55.71 %		
공 탁 번 호 (공 탁 일)		금제 호 (. . .)	금제 호 (. . .)	금제 호 (. . .)

2022. 2. 10.

사법보좌관 　　　　허■구

2-2

3. 2019타경7787 (몰수 보증금 되돌려 받은 사례)

2020년 6월 7일이었다. 직원 변**이사는 경매물건으로 인천에 있는 상가를 매각 기일 하루 전에 임장을 하고 와서 아주 좋은 물건이라며 법인 명의로 입찰을 해야 한다고 입에 거품을 물어가면서 열변을 토했다.

경매정보지상에 월세가 8백만 원이라는 것과 공인중개사 사무실을 탐문한 정도의 수준으로 본인의 판단을 더해서 필이 꽂힌 것이다.

일반적인 상가는 내가 좋다고 느낌이 오면 누구나 다 좋은 것이다. 물론 인근에 택지 개발지구도 있고 바로 옆에 스타벅스도 있으며 전철역과도 그리 멀지는 않은 1층 상가였다. 그러나 상가의 최고 핵심은 상권이라고 할 수 있는데

상권은 배후 주거지역 및 인구밀도, 주거지와 상가의 비율, 통행량 등 여러 가지 종합적인 기준으로 판단을 해야 하며 미납관리비와 명도, 더 분명한 것은 임대수요자가 풍부한지 공실은 얼마나 갈지, 마지막으로 정확한 임대료는 얼마 정도 수준인지를 보수적으로 파악해야 한다. 특히 코로나19로 경기 침체가 언제 해소될지 모르는 상황에서 한 치 앞도 계산을 못하고 입에 거품을 물고 본인의 판단을 주장한 것이다. 그런 판단에 대하여 다른 사람들은 현시점에서 이 상가가 좋다고 판단하지 않았음을 입찰 후 입찰 참가 인원과 차순위 입찰금액을 보고 알게 되었다.

경매사건의 감정가격 2,891,000,000원의 입찰최저금액 1,416,590,000원의 입찰금액을 분당엔피엘대부㈜ 명의로 입찰금액 2,211,600,000원에 변**이 입찰에 참여하였다.

입찰결과는 2명이 응찰하여 분당엔피엘대부㈜가 최고가매수신고인이 되었고 2등은 1,533,777,001원이었다.

한마디로 창피하기 짝이 없었다. 2명이 응찰해서 1등과 2등과의 차이가 무려 677,822,999원이나 차이가 났고 입찰 최저가 기준으로 23% 차이가 났다.

[2019 타경 7787 경매정보지]

경매에서 2등과의 차액은 하나의 공식처럼 내가 최고가매수신고인이 되었을 때 차 순위와 입찰보증금의 2배 이상 차이가 나면 대금을 납부할 의욕을 상실하게 되어있다. 이 사건을 예로 든다면 최저가 14.6억 원에 1등이 22.1억 원이고 2등이 15.3억 원이니 1등과 2등과의 차이가 약 6.8억 원이나 되는 셈이다. 그렇다면 입찰보증금 1.416억 원을 포기하고 재매각 기일에 다른 법인 명의로 15.5억 원에 입찰을 한다고 하여도 15.5억 원과 몰수당한 보증금 1.416억 원을 포함해도 17억 원에 낙찰을 받은 셈이니 22.1억 원에서 17억 원을 빼고 나면 5.1억 원을 절감하는 셈이고 결과적으로는 5.1억 원을 버는 계산이 나온다. 이런 맥락으로 당연히 입찰보증금을 몰수당하고 대금을 미납하는 것으로 결론을 내렸다. 말로서 내린 결론은 쉽지만 실상은 141,659,000원이라는 거금을 순간의 잘못된 판단으로 날려버렸으니 수익을 창출하고자 유지되고 있는 투자 법인으로서는 암에 걸린 환자처럼 절체절명의 위기를 맞게 되었다.

[2019 타경 7787(2) 낙찰 후 영수증]

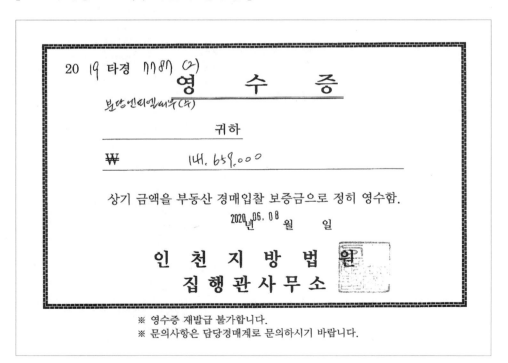

[대금지급기한통지서]

인천지방법원
인천 미추홀구 소성로163번길 17 인천지방법원
2 2 2 2 0

경기 성남시 분당구 돌마로 87
, 801호 (금곡동, 골드프라자)
분당엔피엘대부 주식회사 대표이사 어영화
　　B5　　462　16　12
　　성남M　　성남분당

최고가매수인 　[바코드]　1 3 6 1 8
2060943-201336　↓
(민사집행과 경매1계)
2019-███████-666

이 사건의 사건번호는 인천지방법원

2019타경7787　　부동산임의경매

예정 기일 :

담당재판부 :　경매1계　　　　　　　법원주사보 소█섭

직통 전화 :　032-███-1601(구내:████)　　팩　　스 :

e-mail :
재판부 이메일 주소는 문의사항을 연락하기 위한 연락처이므로 재판부 이메일 주소로 전자
문서를 전송하는 경우에는 서면을 제출한 효력이 발생하지 아니함을 유의하시기 바랍니다.
사건진행과 관련된 정보(송달과 확정내역 포함)는 대한민국법원 홈페이지
(http://www.scourt.go.kr) '나의사건검색' 란에서 편리하게 조회할 수 있습니다.
다만, 부동산등경매사건은 대한민국법원 경매정보홈페이지(http://www.courtauction.go.kr)
경매사건검색에서 조회할 수 있습니다.

※ 주의할 사항
1. 민사소송법 제182조는 교도소, 구치소 등에 체포·구속 또는 유치된 사람에게 할 송달은
교도소장 또는 구치소장 등에게 하도록 규정하고 있으므로, 그 외의 사람은 송달받을 수
없으니 우편물 수령 시 주의하시기 바랍니다.
2. 위 규정에도 불구하고 교도소장 등이 아님에도 착오로 체포·구속 또는 유치된 사람에 대
한 우편물을 수령한 사람은 지체 없이 ① 송달받을 사람이 체포·구속 또는 유치되어 있다는
취지, ② 체포·구속 또는 유치된 장소, ③ 수감번호 등을 기재하여 우편물을 발송한 법원에
반송하여 주시기 바랍니다.

[대금지급기한통지서]

[경매1계]

인 천 지 방 법 원
대금지급기한통지서

사　　　건　2019타경7787　부동산임의경매

채　권　자　주식회사 ■■■에셋대부(양도전:아○○○○유동화전문 유한회사)

채　무　자　정■분

소　유　자　채무자와 같음

매　수　인　분당엔피엘대부 주식회사

매　각　대　금　2,211,600,000원

대금지급기한　2020. 7. 15.　16:00　경매1계

위와 같이 대금지급기한이 정하여졌으니 매수인께서는 위 지급기한까지 이 법원에 출석하시
어 매각대금을 납부하시기 바랍니다.

해당물건번호 : 2(2,211,600,000원)

2020. 6. 23.

법원주사보　소 ■ 섭

주의 : 1.매수인이 매각대금을 납부한 후 소유권이전등기 등을 촉탁 신청할 때 수인의 공유
자가 수인으로부터 지분의 전부 또는 일부를 이전받는 경우에는 등기촉탁신청서에 부동산별
/등기권리자별로 각각의 이전받는 지분을 표시하여 주시기 바랍니다. (예) 매수인 갑 : 이전
할 지분 공유자 ○○○의 지분 ○분의 ○(최종 이전할 지분), 공유자 □□□의 지분 ○분의
○(최종 이전할 지분)　매수인을 : 이전할 지분 공유자 ○○○의 지분 ○분의 ○(최종 이전

경매 입찰가는 점쟁이도 알 수 없는 오직 오래된 경험을 토대로 기본 데이터를 분석하여 입찰가를 정해야 하는데, 이를 제지하지 못한 필자에게도 책임이 없다고 부인하지는 않는다. 하지만 일을 시작한 지 얼마 되지 않은 직원의 의사를 전적으로 무시하고 재검토라는 결과론을 주장하기에는 입찰기일이 다음날이라 오직 변**이사를 믿을 수밖에 없었던 상황이 후회되지만 이미 화살은 과녁에 꽂힌 상태라 생각하면 생각할수록 날려버린 화살이 야속하기만 했다.

대금납부를 포기하고 몰수당한 보증금을 돌려받을 방법을 궁리했다. 과거에도 우리 학원 입장에서는 여러 번의 사례를 통하여 입찰보증금을 돌려받았기 때문이다. 기본적으로는 경매신청 채권자와 최고가매수신고인이 경매취하서에 동의를 하고 최고가매수신고인의 인감증명서를 첨부하여 해당 경매계에 제출을 하면 인용을 하고 결정을 하게 되면 몰수당한 입찰보증금을 돌려받을 수 있는데 경매신청 채권자(**에셋대부)에서 동의를 해줄 리가 없었다. 또 다른 방법으로는 경매신청 채권자의 채권을 매입하여(NPL, 대위변제) 해당 경매계에 경매신청채권자 권리 변경 신청을 하여 경매를 취하시키면 당연히 입찰보증금은 돌려받을 수 있다.

밑져야 본전이니 경매신청 채권자인 **에셋대부의 사무실을 박**이사를 통하여 접촉하게 했다. 이유는 대금 미납으로 재경매가 진행될 것이므로 자금 사정 여부를 고려하여 채권을 매각할 수 있느냐는 협상이었다. 채권자 입장에서는 자신들이 보유하고 있는 채권에 대하여 일부 할인하는 조건으로 굳이 매각을 안할 이유가 없을 뿐만 아니라 대금 미납으로 자금계획에 차질이 초래된다면 안할 수가 없음을 필자는 짐작할 수 있었다.

2019타경7787 사건은 물건번호 1번과 2번을 공동담보로 제공되어서 1번 물건은 2020년 5월 8일 350,133,000원을 대금 납부하였고 2번 물건이 낙찰되어 대금이 납부되어야 같은 날 배당이 이루어지므로 채권자(**에셋대부)도 최고가매수신고인이 대금을 미납하게 되면 본인들의 근저당권부질권 대출에 대한 이자는 들어가고 당장 수익은 없음으로 난처할 수밖에 없었다.

이러한 점을 고려하여 채권최고금액 2,280,000,000원의 1번과 2번 물건을 합한 채권행사권리금액을 2,137,577,862원의 금액을 2,100,133,000원에 매입하기로 결정하였고 분당엔피엘대부㈜는 **저축은행의 1,750,000,000원의 근저당권부 대출을 받고 NPL로 채권을 인수하였다.(할인금액 37,444,862원)

2020년 7월 20일 변경된 등기부등본과 채권양도통지서를 첨부하여 인천지방법원 경매 1계에 채권자 및 송달장소 변경 신청서를 제출하였다.

이어서 경매신청채권자로써 2019타경7787 2번 물건에 대하여 일부 취하서를 경매계에 제출했고 인용이 되어 2번 물건은 취하가 되고 1번 물건은 배당기일이 2020년 9월15일 이루어졌다. 분당엔피엘대부㈜에서 근질권 대출 받은 **저축은행에서 350,133,000원을 배당받게 되었고 채무자인 우리는 근질권 대출금액이 17.5억 원에서 3.5억 원은 상환을 하고 14억 원이 남은 상태가 되었으며 2번 물건에 대하여는 몰수당했던 입찰보증금 141,659,000원에다가 이자 37,280원이 붙은 141,696,280원을 돌려받았다.

채권 매수의향서

문서번호 제BDNPL-2020-071호

수 신 : 주식회사 ▨▨에셋대부
참 조 : 오▨성 이사
발 신 : 분당NPL대부㈜
발신일 : 2020. 07. 01
제 목 : 채권 매수의향서 확인

귀하의 평안과 건승을 기원드립니다.

귀사 소유의 채권에 대하여 아래와 같은 내용으로 매수를 희망하오니 검토해 주시면 감사하겠습니다.

1. 대상 채권

1) 사건번호 : 2019타경7787(물건1,2번)
2) 소유자 : 정▨분
3) 채무자 : 정▨분
4) 채권자 : ▨▨에셋 주식회사
5) 채권원금 : 1,850,000,000원
6) 채권 최고금액 : 2,280,000,000원

2. 매입 조건

1) 매입금액 : 2,100,133,000원(경매신청비용 포함)
2) 매입희망일 : 귀사 승인 즉시
3) 계약금 : 200,000,000원
4) 잔금 : 30일

3. 매수인

1) 성명(법인명) : 분당NPL대부㈜ 대표이사 어영화
2) 주소(법인소재지) : 경기도 성남시 분당구 돌마로 87, 801호 (금곡동,골드프라자)
3) 주민등록번호(법인등록번호) : 134811-▨▨▨291
4) 담당자 연락처 : 변▨용 이사 010-▨▨▨▨▨▨

2020. 07. 01

분당NPL대부㈜ 대표이사 어영화

주식회사 ▨▨에셋대부 귀중

분당NPL대부㈜

의한 양도 채권 및 담보권의 양도는 현재의 형식과 상태대로 이루어진다. 양수인은 이 계약에서 정한 거래의 종결과 동시에 양도 채권 및 담보권의 양수 및 보유와 관련하여 발생하는 모든 조치, 소송, 채무, 청구, 약정, 손해 또는 기타 청구로부터 양도인을 영구하게 면책시키고, 양도인에 대하여 책임을 지우지 아니한다. 양도인은 양도 채권 및 담보권의 양도와 관련하여 어떠한 방법으로든지 보증 또는 담보 책임을 지지 아니한다.

⑧ 양수인은 해당 양도 채권 및 담보권과 관련하여 양도인이 채무자 및 담보 제공자에 대하여 가지는 권리 일체를 인수하고, 양도인을 면책한다.

⑨ 양수인이 합리적으로 요청하는 경우에 양도인은 양수인의 비용으로 해당 양도 채권 및 담보권의 양도 및 이전에 필요한 계약서, 문서 또는 증서를 작성하여 교부하며, 그 밖에 이에 필요한 합리적인 조치를 취한다.

⑨ 담보 부동산에 대한 명도 및 인도책임은 양수인이 부담하고, 양수인은 별지목록 담보 부동산을 양수함에 있어 그 담보부동산의 현상 그대로를 양수한다는 점과 양도인이 담보 부동산에 대하여 어떠한 진술 및 보장도 하지 않는다는 점을 인정한다.

⑩ 담보 부동산의 권리 및 목적물의 하자와 행정상의 규제로 인한 손해와 위험은 양수인이 부담한다.

⑪ 해당 담보 부동산에 가입되어 있는 화재보험 등 보험계약은 채권양도에서 제외된다.

제3조 (양도 대금)

① 양도 대금은 **금 이십일억일십삼만삼천원₩2,100,133,000)**으로 한다.

② 양수인은 양도인에게 양도 대금을 다음과 같이 지급한다.

지급일자	지급내역	지급금액	비고
2020년 07월 13일	채권양도대금	2,100,133,000원	

③ 양수인은 양도 대금을 양도인이 지정하는 아래의 은행 계좌에 해당 입금금액을 현금으로 입금키로 지급한다.

> 은행계좌번호 : 3███01-04-█████ (예금주 : 주식회사 ███에셋대부)
> 은 행 명 : 주식회사 ███은행
> **입금금액 : 488,434,640원**

> 은행계좌번호 : C███-19-13-█████17 (예금주 : (주)███저축은행 ███지점)
> 은 행 명 : ███저축은행
> **입금금액 : 1,611,698,360원**

제4조 (계약의 해제)

양도인이 이 계약을 위반함으로써 이 계약이 해제되는 경우에 양도인은 이 계약에 의하여 양수인으로부터 지급 받은 금액만을 양수인에게 반환하며, 양수인은 양도인에게 어떠한 책임도 지우지 아니할 뿐만 아니라 양도인이 부담할 어떠한 사항에 대하여 면책키로 한다.

제5조 (비용의 부담)

양수인은 이 계약에 의하여 양도 대금을 지급한 후 양도인으로부터 양수인 명의로 양도 채권 및 담보권의 이전에 관한 모든 비용을 부담하며, 어떠한 경우에도 양수인은 양도인에 대하여

[채권양도계약서]

(별지목록)

1. 양도대상 채권(2020. 7. 13 기준)

(단위:원)

대출과목	대출일자	대출잔액	미수이자	가지급금	계
일반시설자금대출	2012-07-02	1,750,000,000	244,370,958		1,994,370,958
일반자금대출	2015-06-08	98,012,550	17,461,591		110,474,141
가지급금				12,611,760	12,611,760
신용카드	2015-07-16	2,412,940	29,946		2,442,886
신용카드	2015-07-16	9,624,854	119,453		9,744,307
신용카드	2015-07-16	7,561,442	93,844		7,655,286
신용카드	2015-07-16	275,110	3,414		278,524
합 계		1,862,886,896	262,079,206	12,611,760	2,137,577,862

※ 신용카드 채권은 2019. 08. 29 기준

2. 담보목록

담보물 소재지	인천광역시 서구 당하동 1092- 제1동 101호, 102호
담보권의 종류	근저당권
채무자 및 소유자	채무자 : 정█분 / 소유자 : 정█분
근저당권자	주식회사 ███에셋대부 (양도인 아████████유동화전문 유한회사)
관할등기소	인천지방법원 서인천등기소
등기일	2019년 10월 15일
접수번호	제385724호
채권최고액	금 2,280,000,000원

3. 담보부동산의 표시목록

[등기부등본]

[집합건물] 인천광역시 서구 당하동 1092-8 제1동 제1층 제102호

순위번호	등 기 목 적	접 수	등 기 원 인	권리자 및 기타사항
4-4	~~4번근저당권부채권 질권설정~~	~~2019년10월15일 제385725호~~	~~2019년10월15일 설정계약~~	~~채권액 금2,280,000,000원~~ ~~채무자 주식회사█████애셋대부~~ ~~경기도 부천시 경인로██ 4층 (심곡본동,~~ ~~████████빌딩)~~ ~~채권자 주식회사███저축은행 110111-████426~~ ~~서울특별시 중구 ███████ (저동1가,~~ ~~███피어센스센터)~~ ~~(춘천지점)~~ ~~공동담보 건물 인천광역시 서구 당하동 1092-8~~ ~~제1동 제1층 제101호 을구 제4번의~~ ~~근저당권~~
4-4-1	~~4-4번질권공동담보 소멸~~			~~건물 인천광역시 서구 당하동 1092-8 제1동~~ ~~제1층 제101호 을구 제4번의 근저당권에 대한~~ ~~질권말소등기로 인하여~~ ~~2020년5월8일 부기~~
4-5	4번근저당권공동담 보소멸			건물 인천광역시 서구 당하동 당하지구38블럭10로트 제1동 제1층 제101호에 대한 근저당권말소등기로 인하여 2020년5월8일 부기
4-6	4번근저당권이전	2020년7월13일 제322408호	2020년7월13일 확정채권양도	근저당권자 분당엔피엘대부주식회사 134811-0170291 경기도 성남시 분당구 돌마로 87, 801호(금곡동,골드프라자)
4-7	4번근저당권부채권 질권설정	2020년7월13일 제322409호	2020년7월13일 설정계약	채권액 금2,280,000,000원 채무자 분당엔피엘대부주식회사 경기도 성남시 분당구 돌마로 87, 801호(금곡동,골드프라자) 채권자 주식회사███상호저축은행 134911-████412 경기도 광명시 철산로 5(철산동) (분당지점)
5	근저당권설정	2013년6월21일 제51706호	2013년6월21일 추가설정계약	채권최고액 금510,000,000원 채무자 정██분 인천 서구 마전동 ████████스빌아파트 ███동 ███호 근저당권자 김██해 311-******* 서울특별시 강동구 구████████,2동 ███호(천호동,███아파트)

발행번호 1242021200920007101012029100000064006KHY52958UN1112　　　　발급확인번호 AAIT-CFUW-4298　　　발행일 2020/07/29

[경매일부취하서]

경 매 일 부 취 하 서

사건번호   2019타경 7787 부동산임의경매

채 권 자   분당엔피엘대부 주식회사

채 무 자 정 ■ 분

　　위 사건의 채권자는 사정에 의하여 별지목록기재 부동산에 대한 경매신청을 일
부 취하합니다.

첨 부 서 류

1. 취하서부본　　　　　　　1통
1. 별지목록　　　　　　　　5통
1. 등록세 영수필확인서　　　1통

2020년　 7월　 일
채권자 분당엔피엘대부 주식회사
대표이사 어 영 화

인천지방법원 경매1계　　　　　귀중

인 천 지 방 법 원
배 당 표

사 건	2019타경7787 부동산임의경매 (경매1계)		
배 당 할 금 액	금	350,359,159	
명세 매 각 대 금	금	350,133,000	
지연이자 및 절차비용	금	0	
전경매보증금	금	0	
매각대금이자	금	226,159	
항고보증금	금	0	
집 행 비 용	금	14,270,559	
실제배당할 금액	금	336,088,600	

매각부동산	1. 인천광역시 서구 당하동 1092-8 1동 1층 101호		
채 권 자	주식회사 █████저축은행		
채권금액 원 금	1,750,000,000	0	0
이 자	11,991,802	0	0
비 용	0	0	0
계	1,761,991,802	0	0
배 당 순 위	1		
이 유	근저당권부질권자		
채 권 최 고 액	2,280,000,000	0	0
배 당 액	336,088,600	0	0
잔 여 액	0	0	0
배 당 비 율	19.07 %		
공 탁 번 호 (공탁일)	금제 호 (. .)	금제 호 (. .)	금제 호 (. .)

2020. 9. 15.

사법보좌관   이█주

1-1

[몰수되었던 보증금 및 이자 환급영수증 141,659,000원 + 37,280원]

상세보기

거래일시	2020-08-03 09:56:42
출금	0
입금	141,696,280
거래후 잔액	141,900,337
거래내용	보190007787
상대계좌번호	
상대은행	신한은행
거래구분	타행이체
수표어음금액	0
CMS코드	
상대계좌예금주명	법원 보관금

※ 주의 : 본 처리결과는 변경가능성이 있어 법적 효력이 없습니다.   IBK기업은행

　　필자가 생각해도 NPL의 위력을 참으로 대단함을 느낄 수 있다. 대한민국에 어느 누가 몰수당한 보증금을 그것도 1억4천만 원이 넘는 거금을 법원으로부터 돌려받을 수 있단 말인가?

　　투자의 3요소 안전성, 수익성, 환금성 중에서 가장 중요한 것은 안전성이라 할 수 있는데, 여러번 성공하다가 한번 실수로 돌이킬 수 없는 불행을 겪게 된다. 처음보다는 마지막에 하는 투자가 대개는 금액이 클 수밖에 없음으로 그 후유증은 독자들의 상상에 맡기기로 한다.

4. 2020타경17414 (NPL 배당 사례)

앞서 2019타경7787 경매사건에서 몰수당한 입찰보증금을 NPL로 매입하여 경매신청 채권자의 지위를 확보하고 경매를 취하하여 입찰보증금을 돌려받았으니 이제는 채권자로써 채권을 회수해야 하는 입장이 되었다.

근저당권의 채권최고금액은 한정근 담보로서 그 금액의 한도를 초과하는 금액에 대하여서는 순위배당에 의하여 후순위 배당권리자에게 넘어감으로 채권최고액을 초과하지 않은 시점에서 배당을 받아야 한다. 물론 중요한 것은 입찰자의 입찰금액이 얼마인가에 따라서 채권최고액에 미달 할 수도 있지만 부실채권을 재매입한 분당엔피엘대부㈜로서는 근질권 대출 14억 원에 대한 매월 이자 지출 비용도 부담이 되지만 무엇보다 투자한 원금 및 매월 지출되는 근질권이자의 부담으로부터 벗어나는 길은 오직 경매를 빠르게 진행하여 배당을 받는 것이다.

[부동산임의경매신청서]

부 동 산 임 의 경 매 신 청 서

채 권 자   분당엔피엘대부 주식회사 (134811-▨▨291)
          성남시 분당구 돌마로87, 801호(금곡동, 골드프라자)
          대표이사 어영화
          핸드폰 010-▨▨▨▨

채 무 자   정▨분 (▨0106-   )
          인천광역시 서구 완정로▨▨, ▨동 ▨호
          (마전동, ▨▨▨빌아파트)

소 유 자   정▨분 (▨0106-   )
          인천광역시 서구 완정로▨▨, ▨동 ▨호
          (마전동, ▨▨▨빌아파트)

청구금액 : 금2,100,133,000원의 근저당권설정 채권(채권양도대금)

신 청 취 지

별지 목록 기재 부동산에 대하여 경매절차를 개시하고 채권자를 위하여 이를 압류한다.
라는 재판을 구합니다.

신 청 이 유

[부동산임의경매신청서]

　　신청외 주식회사 ███에셋대부는 채무자 소유의 인천광역시 서구 당하동 1092-8 제1동 제101호, 제102호에 대하여 가지고 있는 채권최고액 금 2,280,000,000원의 근저당권설정 채권을 채권자에게 양도하는 채권양도계약서를 2020. 7. 13. 작성한 후 채권자에게 채권양도를 하였습니다.

　　채권자는 2020. 7. 13. 인천지방법원 등기국 접수 제322409호 확정채권양도로 근저당권이전등기를 마쳤고, 위 청구금액의 변제에 충당하기 위하여 위 부동산에 대하여 담보권실행을 위한 경매절차를 개시하여 주시기 바랍니다.

첨 부 서 류

1. 등기사항전부증명서	1통
2. 법인등기사항전부증명서	1통
3. 채권양도계약서	1통
4. 부동산목록	10통

2020. 7. 29.

채권자 분당엔피엘대부 주식회사

대표이사 어 영 화

인천지방법원　　　　　　귀중

[등기부등본]

[집합건물] 인천광역시 서구 당하동 1092-8 제1동 제1층 제102호

순위번호	등 기 목 적	접 수	등 기 원 인	권리자 및 기타사항
4-4	~~4번근저당권부채권 질권설정~~	~~2019년10월15일 제385725호~~	~~2019년10월15일 설정계약~~	~~채권액 금2,280,000,000원~~ ~~채무자 주식회사█████샛대부~~ ~~경기도 부천시 경인로██ 4층 (심곡본동,~~ ~~██████빌딩)~~ ~~채권자 주식회사██저축은행 110111-████426~~ ~~서울특별시 중구 ██████ (저동1가,~~ ~~██파이낸스센터)~~ ~~(춘천지점)~~ ~~공동담보 건물 인천광역시 서구 당하동 1092-8~~ ~~제1동 제1층 제101호 을구 제4번의~~ ~~근저당권~~
4-4-1	~~4-4번질권공동담보 소멸~~			~~건물 인천광역시 서구 당하동 1092-8 제1동~~ ~~제1층 제101호 을구 제4번의 근저당권에 대한~~ ~~질권말소등기로 인하여~~ ~~2020년5월8일 부가~~
4-5	4번근저당권공동담 보소멸			건물 인천광역시 서구 당하동 당하지구38블럭10로트 제1동 제1층 제101호에 대한 근저당권말소등기로 인하여 2020년5월8일 부기
4-6	4번근저당권이전	2020년7월13일 제322408호	2020년7월13일 확정채권양도	근저당권자 분당엔피엘대부주식회사 134811-0170291 경기도 성남시 분당구 돌마로 87, 801호(금곡동,골드프라자)
4-7	4번근저당권부채권 질권설정	2020년7월13일 제322409호	2020년7월13일 설정계약	채권액 금2,280,000,000원 채무자 분당엔피엘대부주식회사 경기도 성남시 분당구 돌마로 87, 801호(금곡동,골드프라자) 채권자 주식회사██상호저축은행 134911-███412 경기도 광명시 철산로 5(철산동) (분당지점)
5	근저당권설정	2013년6월21일 제51706호	2013년6월21일 추가설정계약	채권최고액 금510,000,000원 채무자 정█분 인천 서구 마전동 ███████스빌아파트 ██동 ██호 근저당권자 김█해 ███311-******* 서울특별시 강동구 구██████,2동 ███호(천호동,████아파트)

발행번호 124202120092000710101202910000064006KHY52958UN1112　　발급확인번호 AAIT-CFUW-4298　　발행일 2020/07/29

5/6

2020년 8월 18일 임의경매 개시가 결정되어 사건번호 2020타경17414 번으로 다시 경매가 진행되었다. 불행 중 다행스럽게도 인근에 검단지구 등 택지 개발이 상당히 진행됨을 반영해서였는지 감정가격이 5억 원 정도 상승된 3,394,000,000 원이었다. 1층이면서 전용면적인 273.65㎡(82.78평)이고 전철역과 가까우며 스타 벅스 옆 건물이니 분양 면적 대비 감정가격은 그리 높다고 평가할 수도 없는 금액 이다. 그러나 상가는 미래 가치 및 임대료를 기준으로 매매금액이 결정되는데 현 재까지는 임차인의 적절한 업종 선택이 반영되지 않으면 임대료 결정에 부담이 있 을 수밖에 없는 상황이라고 생각된다.

1순위 경매신청 채권자로써 최종적으로는 유입한다는 것에 대하여는 선택의 여 지없이 결정하고 있지만 분당NPL경매학원과 투자회사를 운영하는 입장에서 자금 사정을 고려하여 NPL 재매각이나 배당을 생각할 수밖에 없었다.

이 상가에 대한 미래의 가치는 인근 개발 호재와 최근 분양가를 고려해 볼 때 엄 청난 가치 상승의 잠재력이 있다고 볼 수 있다. 따라서 실수요자 내지는 미래를 내 다볼 수 있는 투자자라면 관심 대상의 물건이라는 판단도 함께하게 되었다.

1차 매각기일에서 유찰이 되고 2차 유찰, 3차 최저가 1,663,060,000원의 기일에 는 최고가매수신고인이 결정될 것임은 누구나 감지하리라 생각되지만 몇 명이 입 찰을 하느냐가 중요하지만, 얼마에 입찰하느냐가 채권자 입장에서는 중요할 수밖 에 없다.

이 시점에 인근 공인중개사 사무실을 탐문한 결과 상당한 관심을 갖는 곳을 알게 되었고 채권자로써 배당유도를 잘하면 높은 금액으로 입찰가격이 결정될 것을 짐 작할 수 있었다. 2021년 7월 8일 매각기일에서 4명이 경합하여 최고가매수신고인 으로 1,940,000,000원에 결정되었다.

[2020 타경 17414 경매정보지]

계산해 보면 채권행사권리금액 2,061,575,711원으로 배당을 받을 수 있음으로 우여곡절을 거친 끝에 몰수당한 보증금도 돌려받았으며 채권의 원금 및 이자까지 배당을 받음으로써 근질권 이자를 납부하고도 손실 없이 마무리되었다.

한편으로는 대한민국 부동산 투자가 분명한 사실이지만 결국은 적절한 최고가 매수신고인이 된 낙찰자가 더 많은 수익을 올릴 것으로 본다. NPL에서 재매각이나 배당을 통하여 손에 쥐는 현금 수익을 맛보지만 지난 과거를 이어나가보면 결국은 부동산을 매수한 사람들이 월등히 높은 수익을 올린 사례들을 관심 있는 사람이라면 알 수 있기 때문이다.

이번 사례를 통하여 변**의 실수로 엄청난 인력과 시간 낭비, 비록 손해는 없다고 치더라도 1년여에 걸친 약 5억 원의 금액이 소득 없이 회수되었다는 점에서는 입찰보증금을 돌려받은 위로 외에는 실속이 없음을 절실히 느끼는 바다.

단 한 번의 실수가 인생의 행복과 불행을 교차시킬 수 있으니 투자에 있어서는 반드시 안전성을 고려하고 수익성과 환금성을 세밀하게 분석해서 결정하여야 하며 전문가에게 상담을 통하여 검증을 받는 것이 최대의 방어라 생각된다.

■ 2021년 9월 17일 인천지방법원 경매 3계 배당

인천지방법원 326호 법정에는 2시 30분에 배당임에도 불구하고 미리 많은 사람들이 자리를 가득 메웠다. 10분 전에 2020타경17414 배당표를 법대 앞 테이블에 비치된 사건별 배당표에서 찾았다. 사실은 이틀 전 경매계장과 통화를 하고 팩스로 미리 배당표를 받았고 이의 없음을 서로가 확인했다.

[2020 타경 17414 배당표 (미리 받은 배당표)]

인 천 지 방 법 원

배 당 표

이 배당표는 미확정된
배당계획안입니다.

사 건	2020타경17414 부동산임의경매 (경매3계)		
배 당 할 금 액	금	1,940,171,269	

명세	매 각 대 금	금	1,940,000,000	
	지연이자 및 절차비용	금	0	
	전경매보증금	금	0	
	매각대금이자	금	171,269	
	항고보증금	금	0	

집 행 비 용	금	12,380,736	
실제배당할 금액	금	1,927,790,533	

매 각 부 동 산	1. 인천광역시 서구 당하동 1092-8 1동 1층102호		

채 권 자	인천광역시 서구	주식회사 ██ 상호저축은행	분당엔피엘대부 주식회사
채권금액 원 금	6,529,530	1,400,000,000	500,000,000
이 자	0	6,996,164	154,579,547
비 용	0	0	0
계	6,529,530	1,406,996,164	654,579,547
배 당 순 위	1	2	3
이 유	교부권자 (당해세)	근저당권부질권자 (제322409호)	신청채권자 (근저당권 제51558호)
채 권 최 고 액	0	2,280,000,000	873,003,836
배 당 액	6,529,530	1,406,996,164	514,264,839
잔 여 액	1,921,261,003	514,264,839	0
배 당 비 율	100 %	100 %	78.56 %
공 탁 번 호 (공 탁 일)	금제 호 (. . .)	금제 호 (. . .)	금제 호 (. . .)

2021. 9. 17.

사법보좌관   김██기

1-1

2021-0200586181-EC09A   위변조 방지용 텍코드 입니다.   1 / 1

이번 배당 사건은 일반적인 사건과 달리 경매계장으로부터 많은 전화를 받고 채권계산서의 금액을 설명했던 해프닝이 있었다. 그 내용은 배당을 받기 위해서 제출한 채권계산서에 대하여 계장이 이해를 잘못하고 있음으로 사법보좌관에게 자세한 설명을 하지 못하여 사법보좌관이 채권계산서에 대한 이해를 못 하고 있는 것이다. 이 부분이 해결되지 않으면 법원에서는 배당을 집행할 수 없다고 여러 번 전화가 온 것이다.

이번 배당은 최초에 원금에 대하여 사건번호 2019타경7788 ⑴, ⑵번 사건이 있었는데 ⑴물건은 350,133,000원에 낙찰되어 배당을 받고 종결된 것이다. 그 후 ⑵번 물건은 경매취하를 하고 몰수당한 보증금 141,659,000원을 돌려받고 다시 경매신청을 하여 2020타경17414 사건으로 1,940,000,000원에 최고가매수신고인이 선정되어 배당을 해주는 과정에서 채무자 정**의 채권을 다른 사건으로 1년 후 새롭게 배당을 해주는 과정에서 경험이 많지 않은 경매계장이 우리가 보낸 채권계산서를 보고 이해가 안 되었음은 당연하다고 생각이 든다.

채 권 계 산 서

사건번호 : 2020타경17414

[단위:원]

채권원금	채권이자		경매 신청비용	합 계
	① 2020. 9. 15까지 이자 - ② 2019타경7787(1) 배당금	2020. 9. 16 ~ 2021. 9. 17까지 이자		
1,900,000,000	309,767,671	201,941,040	(별도)	2,061,575,711
	350,133,000			

위와 같이 채권계산서를 제출합니다.

2021. 8. 24

채 권 자 : 분당엔피엘대부 주식회사
대 표 자 : 어 영 화   (인)

인천지방법원 민사집행과 경매3계 귀중

2021년 9월 17일 배당일 이틀을 앞두고 경매계장의 친절한 전화가 이대로는 배당을 할 수 없다는 전화를 받고 이해를 시키기 위한 '부연설명서'를 만들어서 팩스로 송부를 하고 조목조목 설명을 했다. 그 내용은 아래 스캔을 참고하면 이해가 될 것으로 판단된다.

[채권계산서 부연설명서]

2020타경17414 채권계산서에 따른 부연 설명

채권의 원금은 1,900,000,000원입니다.
2020.09.15.일까지 채권의 원금 1,900,000,000원과 연체이자가 309,767,671원
입니다. 합계 2,209,767,671원입니다.

2020년 9월15일 2019타경7787 사건에서 1번물건으로 350,133,000원을 배당
받았습니다.
배당은 이자 우선순으로 상환을 할 때 2,209,767,671원에서 350,133,000원을
제하고 나면 1,859,634,671원입니다.

이 금액을 원금으로 잡고 2020년9월15일부터 2021년9월17일까지 연체이자의
금액이 201,941,040원입니다.

원금과 연체이자를 합한 금액이 2,061,575,711원입니다.

최고가매수신고 금액이 1,940,000,000원입니다. 따라서 1순위근저당권자인
분당NPL대부는 잔존채권 121,575,711원이 남아 있으므로 2순위에게 배당을
할 잉여금은 없습니다.

채권에 대한 이율은 메일로 보내드린바와 같이 여신거래약정서 제3조 <지연배
상금> 3항 연 8% + 2.8% = 10.8%를 적용하여 계산하였습니다.

저희는 2021년9월17일 배당을 꼭 희망합니다.

2021.09.15.

분당NPL대부 주식회사 대표이사 어영화 (인)

 2021년 9월 16일 오전에 경매계장은 기분 좋은 목소리로 배당표가 나왔다고 전화가 왔다. 선순위 당해세부터 설명을 해주는데 차라리 팩스로 보내달라는 의사표시를 했다. 배당표는 원래 3일 전에 나오고 이해관계인은 열람을 할 수 있는데 채권계산서와 관련해서 많은 도움을 주셨기 때문에 경매계장도 팩스로 보내준다고 번호를 물었다. 아마 이 사건처럼 채권계산서를 작성하기 어려운 사건도 찾아볼

수 없을 법도 하다. 이로 인하여 채권계산서와 관련하여서는 경매계장과 우리 학원의 안과장도 많은 공부가 되었을 것이라고 생각된다.

사건번호 2020타경17414 사건에 배당과 관련하여 1순위 근질권자 **저축은행이 호명되고 근저당권자인 분당엔피엘대부㈜가 호명되었다. 배당에 이의가 없음을 확인했고 순서대로 법원보관금 출급(환급)명령서와 집행비용계산서를 받았다.

[집행비용 계산서]

인 천 지 방 법 원
집 행 비 용 계 산 서

사　　건　2020타경17414　부동산임의경매

1.	첨 부 인 지 대	5,000 원		
2.	서 기 료	0 원		
3.	등 록 면 허 세 (교육세 포함)	5,040,310 원		
4.	송 달 료	291,326 원		
5.	등 본 수 수 료	2,000 원		
6.	등기촉탁수수료	3,000 원		
7.	매 각 수 수 료	3,905,000 원	부족분	1,996,100원
8.	신문공고수수료	135,000 원		
9.	감정평가수수료	2,898,500 원		
10.	현황조사수수료	100,600 원		
11.	기　타 (자동차 보관료 등)	0 원		
	합　계	12,380,736 원 정		

집행기록에 의하여 위 계산을 하였습니다.

2021.　9.　17.

법원주사보　신 ▨ 준

[법원보관금 출급(환급)명령서]

법원보관금 출급(환급)명령서

법원코드	과 코 드	재판부번호
000240		1003

	사 건 번 호	2020타경17414				
법원보관금	진행번호	2021-801685-[3]	출 급 금 액	원천징수세 금액		세금공제후 지 급 액
	종 류			소득세	주민세	
	납 부 자		514,093,570	0	0	514,093,570
	출 급 금 종 류	배당금[36]				
	환 급 사 유					
	출 급 청 구 일	2021.09.17				
청구자	성 명	분당엔피엘대부 주식회사		전 화		
	주민등록번호 (사업자등록번호)			우편번호	13618	
	주 소	성남시 분당구 돌마로 87,801호(금곡동 151, 골드프라자)				
	납부자(배당권자)와 상이한 이유					
대리인	성 명			전 화		
	주민등록번호 (사업자등록번호)			우편번호		
	주 소					
	출 급 구 분	○ 원금만 지급		● 원금 및 이자지급		
		○ 원금 및 전체이자 지급		○ 이자만 지급		
	입금은행·계좌번호·계좌명의	해당없음				
	비 고					

위의 보관금을 출급(환급)하시기 바랍니다.

2021 년 09 월 17 일

인 천 지 방 법 원

법원주사보 신 준

※ 법원보관금 출급(환급) 시 실명확인을 위하여 필요하오니 주민등록증과 인장을 지참하시기 바랍니다.

위변조 방지용 바코드 입니다.

1 / 1

[법원보관금 출급(환급)명령서]

www.scourt.go.kr

법원보관금 출급(환급)명령서

법원코드	과 코 드	재판부번호
000240		1003

	사 건 번 호		2020타경17414			
법원보관금	진행번호	2021-901685-[7001]	출 급 금 액	원천징수세 금액		세금공제후 지 급 액
				소득세	주민세	
	종 류					
	납 부 자		171,269	0	0	171,269

출 급 금 종 류	배당금[36]
환 급 사 유	
출 급 청 구 일	2021.09.17

청구자	성 명	분당엔피엘대부 주식회사	전 화	
	주민등록번호 (사업자등록번호)		우편번호	13618
	주 소	성남시 분당구 돌마로 87,801호(금곡동 151, 골드프라자)		
	납부자(배당권자)와 상이한 이유			
대리인	성 명		전 화	
	주민등록번호 (사업자등록번호)		우편번호	
	주 소			

출 급 구 분	○ 원금만 지급	○ 원금 및 이자지급
	○ 원금 및 전체이자 지급	● 이자만 지급

입금은행·계좌번호·계좌명의	해당없음
비 고	

위의 보관금을 출급(환급)하시기 바랍니다.

2021 년 09 월 17 일

인 천 지 방 법 원

법원주사보 신　　준

※ 법원보관금 출급(환급) 시 실명확인을 위하여 필요하오니 주민등록증과 인장을 지참하시기 바랍니다.

위변조 방지용 바코드 입니다.

1 / 1

[법원보관금 출급(환급)명령서]

법원보관금 출급(환급)명령서

법원코드	파 코 드	재판부번호
000240		1003

	사 건 번 호	2020타경17414				
법원보관금	진행번호 2021-801685-[2]	출 급 금 액	원천징수세 금액		세금공제후 지 급 액
			소득세	주민세	
	종 류				
	납 부 자	10,384,636	0	0	10,384,636
	출 급 금 종 류	집행비용-[37]				
	환 급 사 유					
	출 급 청 구 일	2021.09.17				
청구자	성 명	분당엔피엘대부 주식회사	전 화	
	주민등록번호 (사업자등록번호)		우편번호	13618
	주 소	성남시 분당구 돌마로 87,801호(금곡동 151, 골드프라자)		
	납부자(배당권자)와 상이한 이유			
대리인	성 명		전 화	
	주민등록번호 (사업자등록번호)		우편번호	
	주 소			
	출 급 구 분	○ 원금만 지급　　　　　● 원금 및 이자지급 ○ 원금 및 전체이자 지급　○ 이자만 지급		
입금은행·계좌번호·계좌명의		해당없음		
	비 고			

위의 보관금을 출급(환급)하시기 바랍니다.

2021 년 09 월 17 일

인 천 지 방 법 원

법원주사보 신 ■ 준

※ 법원보관금 출급(환급) 시 실명확인을 위하여 필요하오니 주민등록증과 인장을 지참하시기 바랍니다.

위변조 방지용 바코드 입니다.　　　　　　　　　　　　1 / 1

[법원보관금 출급(환급)명령서]

[제7-2호 서식]

법원보관금 출급(환급)명령서

법원코드	과코드	재판부번호
000240		1003

	사 건 번 호		2020타경17414				
법원보관금	진행번호	2020-31368[6]	출 급 금 액	원천징수세 금액		세금공제후 지 급 액	
				소 득 세	주 민 세		
	납부종류	경매예납금					
	납 부 자	분당엔피엘대부주	₩0	₩0	₩0	₩0	

출 급 금 종 류	환급금(35)
환 급 사 유	배당종결
출 급 청 구 일	2021년 9월 17일

청구자	성 명	분당엔피엘대		전 화	001
	주민등록번호 (사업자등록번호)	124-86-		우편번호	13618
	주 소	경기 성남시 분당구 돌마로 87 ,801호 (금곡동)			
	납부자(배당권자)와 상이한 이유				

대리인	성 명		전 화	
	주민등록번호 (사업자등록번호)		우편번호	
	주 소			

출 급 구 분	○ 원금만 지급	● 원금 및 이자지급
	○ 원금 및 전체이자지급	● 이자만 지급

입금은행.계좌번호.계좌명의	■은행(003), ■01012 (분당엔피엘대부)
비 고	

위의 보관금을 출급(환급)하시기 바랍니다.

2021년 9월 17일

인천지방법원

사법보좌관 김■기

※법원보관금 출급(환급)시 실명확인을 위하여 필요하오니 주민등록증과 인장을 지참하시기 바랍니다

보관계에 들려서 출급명령서를 제출하고 확인을 받은 다음 법원보관금 출급(환급)지시서를 받아서 인천지방법원내에 있는 신한은행으로 가서 환급지시서 양식에 입금 계좌번호란에 받고자 하는 기업은행 ***-*******-**** 분당엔피엘대부㈜로 입금을 받고 배당은 종결이 되었다.

[제8호 서식]

법원 보관금 출급(환급) 지시서 (은행제출용)

	법원코드	과 코 드	재판부번호
	000240		1003

사 건 번 호	진 행 번 호	출 급 금 액	원천징수세금액		세금 공제후
			소 득 세	주 민 세	지 급 액
2020타경17414	2021-801685[3]	₩514,093,570	₩0	₩0	₩514,093,570

출 급 금 종 류	(36)배당금			
출 급 청 구 일	2021년 09월 17일			
청구자	성 명	분당엔피엘대부 주식회사	전 화	
	주민등록번호 (사업자등록번호)	124-86-██08	우편 번호	13618
	주 소	성남시 분당구 돌마로 87, 801호(금곡동 151, 골드프라자)		
대리인	성 명	어영화	전 화	010-████
	주민등록번호 (사업자등록번호)	██1013-██████	우편 번호	13617
	주 소	성남시 분당구 금곡로 ████, ████████호(금곡동, █████마을)		
출 급 구 분	(02)원금및이자지급			
입 금 계 좌 번 호	(000)해당없음			
비 고				

위의 보관금(이자)을 신한은행 인천법원에서 출급(환급)할 것을
인가합니다.

2021 년 09 월 17 일

인천지방법원

세입세출외 현금출납공무원 심██회

위와 같이 보관금(이자)을 수령하였습니다.

년 월 일

청구인 성명   (인)
대리인 성명   (인)

실명 확인	(인)

※ 법원보관금 출급(환급)시 실명확인을 위하여 필요하오니 주민등록증과 인장을 지참하시기
바랍니다.

[법원 보관금 출급(환급) 지시서]

[제8호 서식]

법원 보관금 출급(환급) 지시서 (은행제출용)

법원코드	과 코 드	재판부번호
000240		1003

사 건 번 호	진 행 번 호	출 급 금 액	원천징수세금액		세금 공제후
			소 득 세	주 민 세	지 급 액
2020타경17414	2021-801685[7001]	₩171,269	₩0	₩0	₩171,269

출 급 금 종 류	(36)배당금			
출 급 청 구 일	2021년 09월 17일			
청구자	성 명	분당엔피엘대부 주식회사	전 화	
	주민등록번호 (사업자등록번호)	124-86-█████08	우 편 번 호	13618
	주 소	성남시 분당구 돌마로 87, 801호(금곡동 151, 골드프라자)		
대리인	성 명	어영화	전 화	010-█████
	주민등록번호 (사업자등록번호)	███1013-1█████	우 편 번 호	13617
	주 소	성남시 분당구 금곡로 ██, █████호(금곡동, ██마을)		

출 급 구 분	(04)이자만지급
입 금 계 좌 번 호	(000)해당없음
비 고	

위의 보관금(이자)을 신한은행 인천법원에서 출급(환급)할 것을
인가합니다.

2021 년 09 월 17 일

인천지방법원
세입세출외 현금출납공무원 심█회

위와 같이 보관금(이자)을 수령하였습니다.

년 월 일

청구인 성명		(인)		
대리인 성명		(인)	실명 확인	(인)

※ 법원보관금 출급(환급)시 실명확인을 위하여 필요하오니 주민등록증과 인장을 지참하시기
바랍니다.

[법원 보관금 출급(환급) 지시서]

[제8호 서식]

법원 보관금 출급(환급) 지시서 (은행제출용)

법원코드	과 코 드	재판부번호
000240		1003

사 건 번 호	진 행 번 호	출 급 금 액	원천징수세금액		세금 공제후
			소 득 세	주 민 세	지 급 액
2020타경17414	2021-801685[2]	₩10,384,636	₩0	₩0	₩10,384,636

출 급 금 종 류	(37)집행비용		
출 급 청 구 일	2021년 09월 17일		

청구자	성 명	분당엔피엘대부 주식회사	전 화	
	주민등록번호 (사업자등록번호)	124-86-76208	우 편 번 호	13618
	주 소	성남시 분당구 돌마로 87, 801호(금곡동 151, 골드프라자)		

대리인	성 명	어영화	전 화	010-
	주민등록번호 (사업자등록번호)	1013-	우 편 번 호	13617
	주 소	성남시 분당구 금곡로 호(금곡동, 마을)		

출 급 구 분	(02)원금및이자지급
입 금 계 좌 번 호	(000)해당없음
비 고	

위의 보관금(이자)을 신한은행 인천법원에서 출급(환급)할 것을
인가합니다.

2021 년 09 월 17 일

인천지방법원

세입세출외 현금출납공무원 심 회

위와 같이 보관금(이자)을 수령하였습니다.

년   월   일

청구인 성명   (인)

대리인 성명   (인)

실명 확인	(인)

※ 법원보관금 출급(환급)시 실명확인을 위하여 필요하오니 주민등록증과 인장을 지참하시기
바랍니다.

[은행 전표]

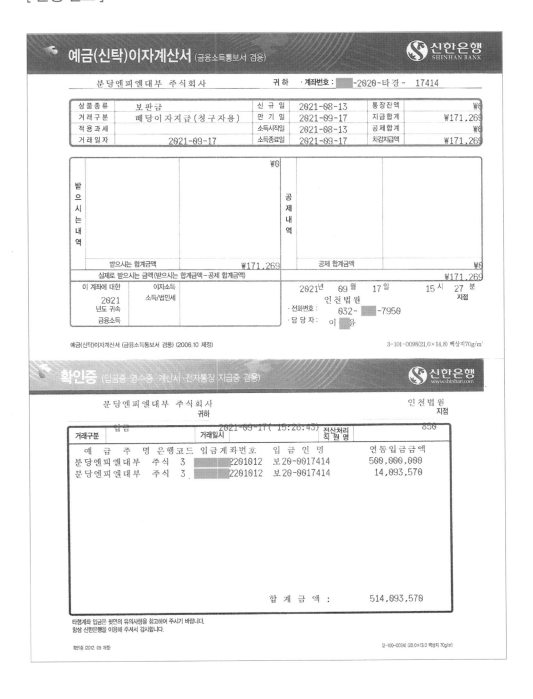

[은행 전표]

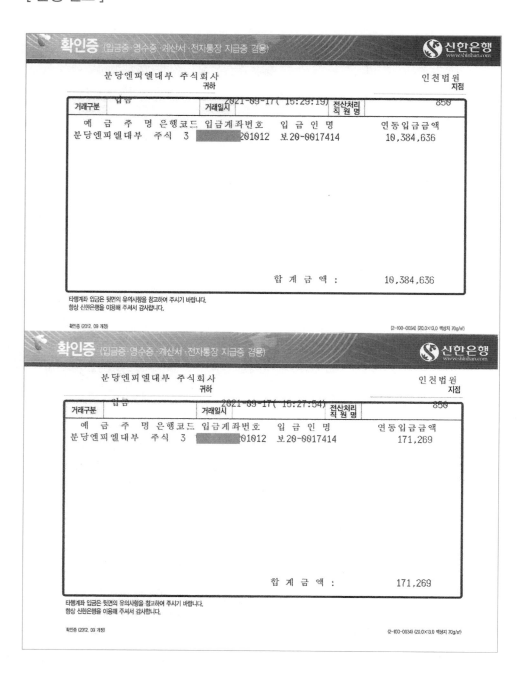

다음으로는 채권계산서대로 배당을 전부 받은 것은 아님으로 민사집행과에 비치된 서식 중 '부기 및 환부신청서'를 작성하여 경매 3계로 갔다. 계장하고는 목소리가 익숙한 상태라 반갑게 인사를 주고받고 명함까지 건네며 덕담도 나누었다. '여신거래약정서'의 원본에 경매계장으로부터 '부기문' 직인을 받고 내용으로는 2020타경17414 경매 건에 기하여 2021.9.17. 금1,921,266,003원이 배당되었다는 인천지방법원법원주사보(경매계장) 신*준 직인을 받고 최종 마무리가 되었다.

이 부기문은 배당으로 충족되지 못한 남은 잔존 채권에 대하여 근저당권이 소멸된 전환무담보부채권으로써 10년 이내에 채무자를 상대로 '대여금 반환 청구 소송'을 통하여 판결문을 받은 다음 채무자 정**에게 청구할 수 있으며 채무자의 부동산이나 동산, 은행거래통장을 압류하여 추심을 할 수 있다.

부기 및 환부신청서

사건번호 : 20*20* 타경 *11414* 호

채 권 자 : *한방엔피엘대위(주)*

채 무 자 : *심 █ 인*

소유자(제3채무자) : *심 █ 인*

위 당사자간의 위 사건에 관하여 귀원에서 배당을 실시하고 채권 중 아
직 나머지 잔액이 있으므로 후일을 위하여 채권원인 증서에 배당액을
부기하여 채권원인 증서를 환부하여 주시기 바랍니다.

20*21. 9. 11.*

위 채권자 *한방엔피엘대위 (주)*

인천지방법원 귀중

위의 서류 통을 20 년 월 일 : 시에 틀림없이 영수하였습니다.
20 년 월 일
영 수 인 (인)

[부기문]

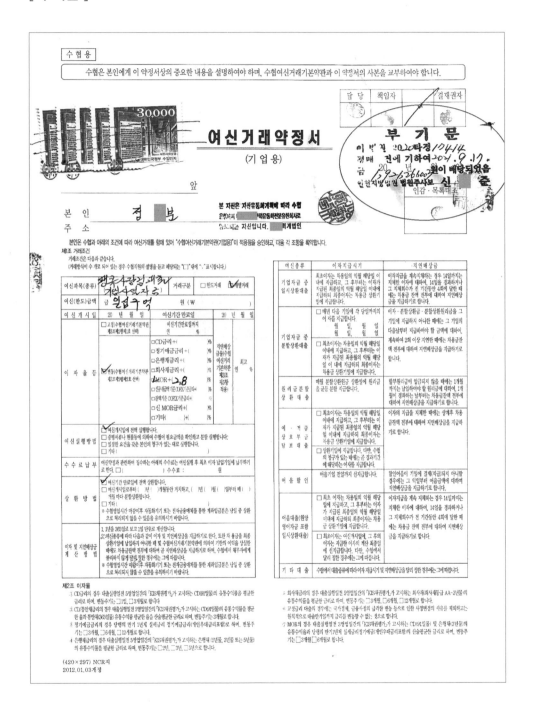

5. 2014타경5295 (배당으로 성공한 사례)

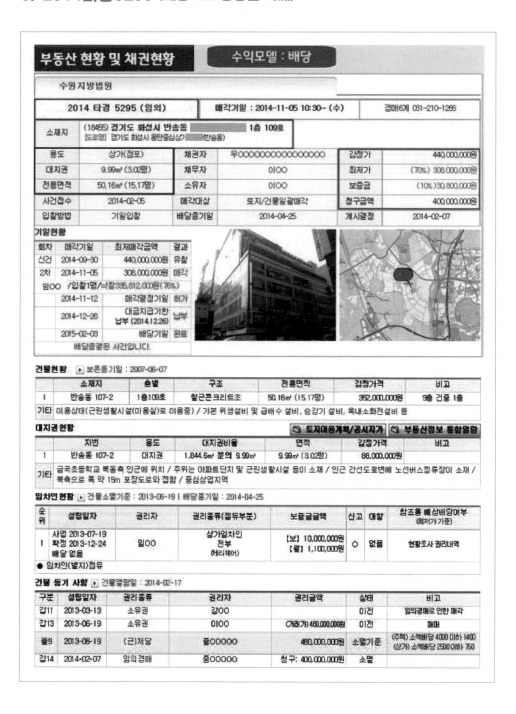

부동산 현황 및 채권현황 — 수익모델 : 배당

수원지방법원

2014 타경 5295 (임의)	매각기일 : 2014-11-05 10:30~ (수)	경매6계 031-210-1266

소재지	(18455) 경기도 화성시 반송동 ▨▨▨▨ 1층 109호 [도로명] 경기도 화성시 동탄중심상가 ▨▨▨(반송동)				
용도	상가(점포)	채권자	우○○○○○○○○○○○○○○○○	감정가	440,000,000원
대지권	9.99㎡ (3.02평)	채무자	이○○	최저가	(70%) 308,000,000원
전용면적	50.16㎡ (15.17평)	소유자	이○○	보증금	(10%) 30,800,000원
사건접수	2014-02-05	매각대상	토지/건물일괄매각	청구금액	400,000,000원
입찰방법	기일입찰	배당종기일	2014-04-25	개시결정	2014-02-07

기일현황

회차	매각기일	최저매각금액	결과
신건	2014-09-30	440,000,000원	유찰
2차	2014-11-05	308,000,000원	매각
임○○ /입찰1명/낙찰335,812,000원(76%)			
	2014-11-12	매각결정기일	허가
	2014-12-26	대금지급기한 납부 (2014.12.26)	납부
	2015-02-03	배당기일	완료
배당종결된 사건입니다.			

건물현황 ▶ 보존등기일 : 2007-06-07

	소재지	층별	구조	전용면적	감정가격	비고
1	반송동 107-2	1층109호	철근콘크리트조	50.16㎡ (15.17평)	352,000,000원	9층 건물 1층
기타	이용상태(근린생활시설(미용실)로 이용중) / 가본 위생설비 및 급배수 설비, 승강기 설비, 옥내소화전설비 등					

대지권현황 　토지이용계획/공시지가　부동산정보 통합열람

	지번	용도	대지권비율	면적	감정가격	비고
1	반송동 107-2	대지권	1,844.6㎡ 분의 9.99㎡	9.99㎡ (3.02평)	88,000,000원	
기타	금곡초등학교 북동측 인근에 위치 / 주위는 아파트단지 및 근린생활시설 등이 소재 / 인근 간선도로변에 노선버스정류장이 소재 / 북측으로 폭 약 15m 포장도로와 접함 / 중심상업지역					

임차인 현황 ▶ 건물소멸기준 : 2013-06-19 | 배당종기일 : 2014-04-25

순위	성립일자	권리자	권리종류(점유부분)	보증금금액	신고	대항	참조용 예상배당여부 (최저가기준)
1	사업 2013-07-19 확정 2013-12-24 배당 없음	임○○	상가임차인 전부 (헤리헤어)	[보] 10,000,000원 [월] 1,100,000원	○	없음	현황조사 권리내역
● 임차인(별지)점유							

건물 등기 사항 ▶ 건물열람일 : 2014-02-17

구분	성립일자	권리종류	권리자	권리금액	상태	비고
갑11	2013-03-13	소유권	강○○		이전	임의경매로 인한 매각
갑13	2013-06-19	소유권	이○○	(거래가)460,000,000원	이전	매매
을9	2013-06-19	(근)저당	중○○○○○	460,000,000원	소멸기준	(주택) 소액배당 4000 이하 1400 (상가) 소액배당 2500 이하 750
갑14	2014-02-07	임의경매	중○○○○○	청구: 400,000,000원	소멸	

이 물건은 화성시 반송동에 있는 1층 상가이다. 침체된 경기로 빈 상가가 많고, 대출금액에 대한 이자를 부담하는 것에 비하여 수익률이 저조하다. 이런 경우 소유자가 이자를 감당하지 못하면 십중팔구 경매가 진행되기 마련이다.

이 상가 또한 현재 미용실로 임대 중이나 보증금 1천만 원에 월세 1백만 원을 받고 있다.

ㄱ은행 대출원금 4억 원[15]의 이자가 연 4%라고 가정을 해도 매월 1,333,333원의 이자를 부담해야 한다.

만약 임차인이 임료를 지체하여 소유자가 이자를 납입하지 못하면 연체료가 붙는다. 연11%로 연체료가 붙는다면 매월 3,666,666원이라는 엄청난 이자가 붙게 된다.

동탄이라는 신도시는 국내 대기업인 S전자가 위치하고 있는 지역이라 미래의 값어치가 있는 지역이다. 이 상가는 2008년도 당시 분양가가 약 8억 원이 넘었다. 동탄 중심 상업지역 중 남쪽 광장에 위치하고 건물 또한 동탄 신도시에서 유일한 사우나가 들어있는 전문 상가이다.

처음 분양받은 소유자의 재무구조가 부실하여 1차 경매로 넘어갔고, 낙찰받은 사람으로부터 매수한 소유자가 또 재경매 진행 중이었다.

최초의 분양금액에 비하여 낮은 금액으로 감정가격이 440,000,000원, 대출 원금 400,000,000원에 채권최고금액 480,000,000원의 이 상가는 ㄱ은행에서 대출을 해주었고 채무자가 3개월 이상 이자를 미납하여 **에이엠씨로 넘어간 물건이었다. 2014년 6월 9일에 매입하였는데, 이 당시만 해도 상가에 대한 인식이 그다지 좋다고 할 수 없었다. 다만 이 물건의 최대 장점은 대출원금이 많고 감정가격이 낮다는 점이다.

결국 280,000,000원에 채권을 매입하였는데 협상의 핵심은 수익률이었다. 매수인이 3억 원이 들어갔다고 가정을 할 때 월 1백만 원을 받는다면 연 2.8%의 수익률이 나온다. 이 정도 수익률로 채권을 매입한다면 실익이 없을 뿐만 아니라 투자액 대비 수익이 낮아서 매매가 어렵게 된다.

---

15) 채권최고금액 4억8천만원

그러나 이 지역은 앞서 말한 바와 같이 S전자가 인접해 있다는 메리트가 있는 지역이며 면적이 15평으로 여러 가지 입지가 보통은 되는 상가였다.

280,000,000원에 채권을 매입하고 **저축은행으로부터 매입금액의 80%인 224,000,000원의 근저당권부질권 대출을 받아 근저당권을 이전하였다.

채권을 매입하는 경우는 채권자의 지위를 동일한 조건으로 승계 받는 것이다.

양도인의 위임을 받아서 채권양도통지서를 발송하였고, 해당 경매계에 채권자 변경신청 및 송달장소변경, 환급금 반환 통장사본을 제출하고 매각기일을 기다렸다. 이 시기에 연일 상가에 대한 낙찰률이 사상 최대라는 기분 좋은 뉴스가 나왔다.

그래도 낙찰률을 높여야겠다는 생각이 들어 배당유도를 했다. 여러 가지 방법이 있지만 이 상가를 중심으로 인근에 있는 부동산 사무실들을 방문하였다. 나름대로 멋지게 만든 홍보물을 돌리며 경매가 진행 중인 사실을 알렸다.

2014년 9월 5일 1차 매각기일에서 유찰이 되었다. 수원지방법원은 1회 유찰로 30%가 저감된다. 최저가격이 308,000,000원으로 2차 매각기일이 11월 5일이었다. 채권을 280,000,000원에 매입하였으므로 방어입찰[16]은 할 필요가 없었다. 응찰결과를 지켜보기로 했다.

때마침 상가가 경매에서 최고의 낙찰률로 올라가는 시기여서 높은 금액에 낙찰될 것으로 기대했다. 수원지방법원 경매법정은 응찰 마감 후 각 사건마다 몇 명이 응찰했는지를 알려주고 개찰을 진행한다. 순서대로 응찰자 수를 알려주는데, 사건번호 2014타경5295 사건은 1명이 응찰을 했다는 집행관의 목소리가 마이크를 통해서 법정에 들렸다. 실망이 컸다.

경매는 10명이 응찰하더라도 1명만 낙찰되고 나머지 2등부터 꼴등까지 동일하다는 식으로 생각하면 1명이라도 응찰한 것이 다행이라 생각되지만 많은 사람이 응찰해야 높은 금액을 기대할 수 있는 만큼 여간 실망스러운 게 아니었다.

결과는 단독 응찰해서 335,812,000원에 낙찰이 되었다. 한편으로는 다행스럽고 또 한편으로는 후회가 들었다. 방심하지 말고 좀 더 배당 유도를 하였다면 지금 입

---

16) 입찰최저가격이 채권매입금액보다 낮으면 방어입찰을 해야 함.

찰금액보다 월등히 높게 낙찰이 가능했을 거라는 생각이 들었다. 그래도 배당을 받을 수 있으니 성공한 셈이다. 자, 수익률을 계산해 보기로 하자.

[진행사항을 정리하면 아래의 그림과 같다]

채권협상	• 2014. 5. 30 : ○○ AMC / 채권매입의향서 • 채권최고액(4.8억) / 채권행사권리금액(원리금 약4.38억) / 채권원금(4억) • 채권가치평가(저평가) / 채권매입금액(2.8억, 경매신청비용 포함)
채권매입	• 2014. 6. 9 : 채권 및 근저당권 양수도계약서/양도대상채권내역/채권계산서명세표 • 채권양도통지서(to 채무자) • 채권자변경신고 / 송달장소변경 / 환급금 반환통장사본 제출(to 법원)
배당유도	• 2014. 9. 30 : 신건 입찰 • 경매물건안내(중개사무실) / 광고 • 방어입찰 준비
낙찰 (배당)	• 2014. 12. 26 : 경매낙찰 • 배당기일통지서 • 배당표 확인 / 출금명령서(경매계) / 환급명령서(보관계)
	• 2015. 2. 3 : 배당

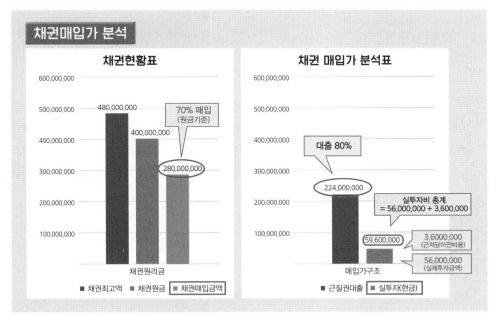

채권매입가 분석

채권현황표
- 채권최고액: 480,000,000
- 채권원금: 400,000,000
- 채권매입금액: 280,000,000 (70% 매입, 원금기준)

채권 매입가 분석표
- 근질권대출 80%: 224,000,000
- 실투자(현금): 59,600,000
  - 실투자비 총계 = 56,000,000 + 3,600,000
  - 3,6000,000 (근저당이전비용)
  - 56,000,000 (실제투자금액)

※ 채권최고액이 480,000,000원에 원금이 400,000,000원인 채권을 280,000,000원(원금 70%)에 매입을 하였고, 이중에 근저당권부질권 대출로 224,000,000원(채권매입금 80%)을 충당하였으며 실제 채권의 매입을 위해서 56,000,000원의 잔금과 근저당이전비용으로 3,600,000원이 투입되어 실투자비용 총계는 59,600,000원이었다.

※ 위 채권 매입 당시는 금감원 규정에 의하여 유동화회사는 근저당권이전등록세를 50% 감면 받았다.

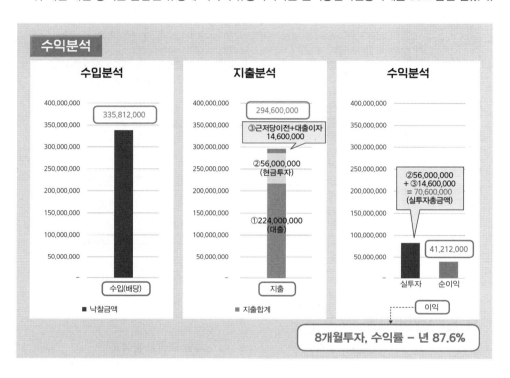

※ 정산 내역

낙찰금액을 전액배당으로 335,812,000원이 수입금으로 잡히며 지출은 채권매입금액 280,000,000원(대출 224,000,000 + 현금투자 56,000,000)과 근저당이전과 대출이자 14,600,000원이 지출되었다. 수입과 지출을 정리하면 순이익으로 41,212,000원이 되고 이것은 8개월간의 투자였으므로 연 87.6%의 수익률이 발생하였다.

채권매입의향서

사건번호: 2014타경5295
-경기도 화성시 반송동 ▇▇▇▇ ▇▇▇ 1층 109호

1.채무자 겸 소유자 : 이 ▇▇▇

2.채권자 : ▇▇은행

3.채권원금 : 400,000,000원 (채권최고금액 480,000,000원)

4.채권매입희망금액 : 280,000,000원 (경매신청비용 포함)

5.채권매입형식 : Loan Sale (채권양수도계약)

6.계약체결일시 및 장소 : 승인 후, 귀사에서

귀사가 보유하고 있는 위 채권을 매수할 의사가 있으므로 채권매수의향서를
제출합니다.

　　　　　　　　2014년 5월 30일

채권매수희망자
성 명: 우 ▇▇▇ 　　　주민등록번:▇▇▇▇▇-*******
주 소: 성남시 분당구 ▇로 ▇▇▇▇▇▇▇동 ▇호

▇▇▇에이엠씨 백 ▇▇▇ 차장님 귀하

채권매입 의향서는 담당 AM과 협상을 하고 제출한다.

[NPL로 매입할 당시의 경매정보지 내용]

▶ 수원지방법원

`나의관심메모` ★★★★★ ▒▒▒▒ ***** 배당 확실 가능

2014 타경 5295 (임의)		매각기일 :2014-11-05 10:30~(수)		경매6계 031-210-1266	
소재지	(4▒-1▒) 경기도 화성시 반송동 ▒▒▒▒ 1층 109호 [도로명주소] 경기도 화성시 ▒▒▒▒ 길 8 (반송동)				
물건종별	상가(점포)	채권자	우▒	감정가	440,000,000원
대지권	9.99㎡ (3.02평)	채무자	이▒	최저가	(70%) 308,000,000원
전용면적	50.16㎡ (15.17평)	소유자	이▒	보증금	(10%)30,800,000원
입찰방법	기일입찰	매각대상	토지/건물일괄매각	청구금액	400,000,000원
사건접수	2014-02-05	배당종기일	2014-04-25	개시결정	2014-02-07

기일현황 | ⊘ 입찰35일전

회차	매각기일	최저매각금액	결과
신건	2014-09-30	440,000,000원	유찰
2차	2014-11-05	308,000,000원	

▶ 물건현황/토지이용계획	**▣ 면적(단위:㎡)**	**▣ 임차인/대항력여부**	**▶ 등기부현황/소멸여부**
금곡초등학교 북동측 인근에 위치	**[대지권]**	배당종기일 : 2014-04-25	소유권 이전 2013-03-13 집합
주위는 아파트단지 및 근린생활시설 등이 소재	반송동 ▒▒-2 1844.6㎡ 분의 9.99㎡ 대지권 9.99㎡ (3.02평)	임▒▒ 없음 사업: 2013-07-19 확정: 2013-12-24	강▒ 임의경매로 인한 매각
인근 간선도로변에 노선버스정류장이 소재	**[건물]**	배당: 없음 보증: 10,000,000원	소유권 이전 2013-06-19 집합
복측 폭 약 15m 포장도로와 접함	1층109호 근린시설 50.16㎡ 전용	차임: 1,100,000원 점유: 전부	이▒ (거래가) 460,000,000원
중심상업지역	(15.17평) 9층 건중 1층	(체리헤어) 현황조사 권리내역	매매
이용상태(근린생활시설(미용실)로 이용중)	보존등기일 : 2007-06-07		(근)저당 소멸기준 2013-06-19 집합
기본 위생설비 및 급배수 설비 승강기 설비 옥내소화전설비 등			▒▒은행 480,000,000원
철근콘크리트조			임의경매 소멸 2014-02-07 집합
▶ 감정평가현황 세종감정			▒▒은행 청구 : 400,000,000원 2014타경5295
가격시점	2014-02-17		우▒▒
감정가	440,000,000원		▷ 채권총액: 480,000,000원
토지	(20%) 88,000,000원		
건물	(80%) 352,000,000원		건물열람 : 2014-02-17

명세서 요약사항 ▶ 최선순위 설정일자 2013.6.19.(근저당권)

매각으로 소멸되지 않는 등기부권리	해당사항 없음
매각으로 설정된 것으로 보는 지상권	해당사항 없음
주의사항 / 법원문건접수 요약	이용실로 이용중 ※미납관리비(공용)를 인수할수 있으니 입찰전에 확인 하시기 바랍니다.

부동산종합공부 요약

지번	▒▒▒ - 2	지목/면적	대 (1,844.6㎡)	공시지가	기준일 : 2014-05-30 → 5,050,000원 / ㎡
★ 중심상업지역 ★ 특정용도제한지구 ★ 제1종지구단위계획구역 ★ 중로1류 ★ 성장관리권역					

인근 통계

[Loan Sale 계약서 원본]

채권 및 근저당권 양수도계약서

███ 아이 ███ 유동화전문 유한회사 (이하 "양도인"이라고 한다)와 우███
(이하 "양수인" 이라고 한다)은 다음과 같은 조건으로 채권 및 근저당권
양수도계약(이하 "본건 계약"이라고 한다)을 체결한다.

제1조 (용어의 정의)

① "양도대상채권"이라 함은 양도인이 채무자에 대하여 가지는 별지
목록(1)에 기재된 채권의 원금과 그 이자 및 연체 이자를 말한다.

② "채무자"라 함은 양도대상채권의 채무자인 ███ 이███ (███약국) 을
말한다.

③ "담보권"이라 함은 양도대상채권을 담보하기 위하여 상기 채무에 담보로
제공된 별지 목록(2)에 기재된 담보권을 말한다.

④ "양도대상채권 및 담보권 관련 서류"라 함은 여신거래약정서, 근저당권
설정 계약서 등 양도대상채권 및 담보권의 발생과 관련된 서류를 말한다.

제2조 (채권의 양수도)

① 양도인은 양도대상채권 및 담보권과 이에 부수하는 모든 권리, 권한, 이자와
이익을 양수인에게 매도하고, 이전하고, 전달하며, 양수인은 이를
양도인으로부터 매수하고, 취득하고, 인수한다. 또한, 양수인은 양수인이
양도대상채권 및 담보권과 관련된 모든 의무를 부담하며 양도대상채권 및
담보권의 모든 조건들을 따를 것을 동의한다.

② 양수인이 본건 계약의 체결 후 양도대상 채권 및 담보권의 양도에 대한
대금(이하 "양도 대금"이라고 한다) 전부를 양도인에게 지급하는 경우에
양도인은 지체 없이 양도대상채권 및 담보권 관련 서류의 원본을

1

양수인에게 교부하며, 양수인은 양도인의 명의로 양도대상채권 및 담보권의 양도 사실을 채무자에게 지체 없이 내용증명 우편 기타 확정일자 있는 증서에 의하여 통지한다.

③ 양수인이 양도인에게 양도 대금 전부를 여하한 유보 없이 상계 기타 이와 유사한 것에 의하지 아니하고 지급하고, 양도인이 양수인에게 본 계약에 의한 의무를 이행하는 때에 본건 계약에 기한 거래는 종결되는 것으로 한다.

제3조 (양도 대금, 대금지급기일의 연장)

① 양도 대금은 총 金 이억팔천만원整(₩ 280,000,000)으로 한다.

② 양수인은 양도인에게 양도 대금을 다음과 같이 지급한다.

지급일자	내 역	금 액
2014. 06. 9	일시금	₩280,000,000
합 계		₩280,000,000

③ 양수인은 양도 대금을 양도인이 지정하는 은행 계좌(은행,   -202-450197)에 현금으로 입금하거나 양도인이 별도로 지정하는 방식으로 지급한다.

④ 양수인이 제2항의 양도 대금을 각 약정기일에 지급하지 아니하는 경우 그 약정기일의 다음 날부터 실제로 지급하는 날까지 그 지연대금에 대하여 연17%의 연체이자율을 적용한 지연손해금을 가산하여 지급하기로 하되 총 지연일수는 30일을 초과할 수 없다. 이 경우 양수인은 제2항의 양도대금지급기일의 최소 3영업일 이전에 양도대금의 전부 또는 일부의 지급연기 의사를 서면으로 표시하여야 한다.

제4조 (승인 및 권리포기)

① 양수인은 자신이 직접 채무자들, 양도대상채권, 담보권, 양도대상채권 및 담보권 관련 서류에 대하여 실사를 한 후 본 계약을 체결한다.

2

② 양수인과 양도인이 현재의 형식과 상태대로 양도대상채권 및 담보권을 양도함을 확인한다.

제5조 (양도인의 면책)

양수인은 본건 계약 체결과 동시에 양도대상채권 및 담보권과 관련한 모든 조치, 소송, 채무, 청구, 약정, 손해 또는 기타 청구로부터 양도인을 영구하게 면책시킨다.

제6조 (계약의 해제, 손해배상의 예정)

① 양수인이 제3조 제2항에서 정한 양도대금의 지급기일로부터 3영업일 이상 지체하는 경우 양도인은 양수인에 대하여 별도의 최고 없이 본건 계약을 해제할 수 있다.

② 제1항의 사유로 본건 계약을 해제하는 경우에는 양도인은 양수인으로부터 지급 받은 모든 금액(계약금 포함)을 약정 배상금으로 몰취하고, 그 지급 받은 금액을 양수인에게 반환할 의무를 부담하지 아니하며, 추가로 손해가 발생한 경우에는 그 배상을 구할 수 있다.

③ 양도인이 본건 계약을 중대하게 위반함으로써 본건 계약이 해제되는 경우에는 위약금으로 계약금의 배액에 해당하는 금액을 양수인에게 지급한다.

제7조 (비용의 부담)

양수인은 양도대상채권 및 담보권을 양도인으로부터 이전 받는 것과 관련된 모든 비용일체를 부담하며, 어떠한 경우에도 양수인은 양도인에 대하여 그 비용의 부담 또는 상환을 청구하지 못한다.

제8조 (계약 당사자 변경 등)

3

위 계약서를 통해 280,000,000원에 매입하였음을 알 수 있다.

① 양수인은 양도인의 사전 서면 동의를 얻어 본건 계약에 의한 양수인의 권리와 의무를 제3자에게 양도할 수 있다. 다만 이 경우에 그 계약 당사자 변경과 관련하여 지출되는 모든 비용은 양수인이 부담하며, 제3자로의 계약 당사자 변경으로 인해 양도인에게 발생하는 모든 불이익은 양수인의 책임으로 한다.

② 제1항의 규정에 따라 양수인의 지위를 승계하는 자(아래에서 "계약 인수인"이라고 한다)가 다수인 경우에 양도대상채권 및 담보권의 양도는 양수인과 계약 인수인이 상호 합의하여 양도인에게 요청하는 방법으로 이루어진다.

제9조 (관할 법원)

본건 계약과 관련하여 분쟁이 발생하는 경우 서울중앙지방법원을 관할 법원으로 한다.

본건 계약의 체결을 증명하기 위하여 당사자들은 계약서 2통을 작성한다.

2014년 06월 09일

양도인   아이 1403 유동화전문유한회사 (4-0142410)

서울특별시 종로구 청계천로 41 (서린동, 영풍빌딩 22층)

이사 노   문 (인)

양수인   우   순 (571128-2058   )

경기도 성남시 분당구 금곡로   마을

4

(별 지 목 록)

1) 양도대상채권 내역

(단위 : 원)

대출과목	대출일자	대출원금	현재잔액
▨▨시설자금대출	2013.6.19	370,000,000	370,000,000
▨▨자금대출	2013.6.19	30,000,000	30,000,000
가지급금		5,346,280	

● 상기 대출원금 잔액은 2014.6.9 현재 잔액이며, 이자는 별도로 가산 (매각대상 채권에 포함됨).

2) 담보권의 표시

담보물권 소재지	경기도 화성시 반송동 ▨▨ ▨▨ 1-109
담보권의 종류	한정근담보
채 무 자	이▨▨
근저당권 설정자	이▨▨
관 할 등 기 소	수원지방법원 화성등기소
접 수 일	2013. 6. 19
접 수 번 호	제 95515 호
근저당권 설정 금액	금 480,000,000원

5

[채권의 내역 및 담보권의 표시]

(별 지 목 록)

1) 양도대상채권 내역

(단위 : 원)

대출과목	대출일자	대출원금	현재잔액
▨▨시설자금대출	2013.6.19	370,000,000	370,000,000
▨▨자금대출	2013.6.19	30,000,000	30,000,000
가지급금		5,346,280	

● 상기 대출원금 잔액은 2014.6.9 현재 잔액이며, 이자는 별도로 가산
(매각대상 채권에 포함됨).

2) 담보권의 표시

담보물권 소재지	경기도 화성시 반송동 ▨▨▨ 1-109
담보권의 종류	한정근담보
채 무 자	이▨▨
근저당권 설정자	이▨▨
관 할 등 기 소	수원지방법원 화성등기소
접 수 일	2013. 6. 19
접 수 번 호	제 95515 호
근저당권 설정 금액	금 480,000,000원

[채권매입 대상 부동산의 표시]

부동산의 표시

2014타경5295

------

1. 1동의 건물의 표시
   경기도 화성시 반송동 ▨▨▨
   ▨▨▨

   철근콘크리트구조 (철근)콘크리트지붕 제1,2종근린생활시설, 교육연구시설
   지2층 1689.52㎡
   지1층 1681.89㎡
   1층 1426.45㎡
   2층 1426.45㎡
   3층 1426.45㎡
   4층 1426.45㎡
   5층 1426.45㎡
   6층 1238.29㎡
   7층 1238.29㎡
   8층 1073.65㎡
   9층 909.99㎡

   전유부분의 건물의 표시
   1층 109호
   철근콘크리트조 50.16㎡

   대지권의 목적인 토지의 표시
   토지의 표시 : 1. 경기도 화성시 반송동 107-2
                    대 1844.6㎡

   대지권의종류 : 1. 소유권
   대지권의비율 : 1. 1,844.6분의 9.99

[채권 계산서 명세표]

채권계산서 명세표는 채권 매입일까지의 원금 및 총 연체이자를 합한 내역이 기재되어 있다.

[채권양도통지서]

채권양도 통지서

발신인 : ███아이1403 유동화전문유한회사
(양도인) 서울특별시 종로구 청계천로██(███동, ████████층)

　　　　이사 노█문

　　　　위 발신인의 대리인(양수인)

　　　　우█순

　　　　경기도 성남시 분당구 금곡로██(금곡동██), ██마을████████호

수신인 : 이 혜 경 (███0111-22682██)
　　　　인천광역시 부평구 백범로██길 63

귀하의 일익 번창하심을 기원합니다.

███아이1403 유동화전문유한회사('양도인')와 우█순{양수인, 경기도 성남시 분당구 금곡로██(금곡동 ██) ██마을████████호} 간에 체결된 채권양도·수 계약에 따라, 2014년 6월 9일('양도일')자로 양도인이 귀하에 대하여 가지고 있는 채권('양도대상 채권')을 양수인에게 양도하였음을 양수인은 양도인을 대리하여 통지합니다.

이에 따라 별첨 양도대상채권에 관한 모든 원금, 이자, 지연손해금 및 기타 채권 금액과 당해 양도대상 채권에 관한 어음·수표 상의 권리, 보증인(연대보증인 및 물상보증인 포함)에 대한 권리, 수익권, 질권 등 모든 담보권 및 기타 이에 수반하는 권리일체와 함께 양수인에게 이전되었습니다.

따라서 양도일 이후에 양도대상채권과 관련하여 귀하가 지급하여야 하는 모든 금전을 양수인에게 지급하고 양도대상채권과 관련된 귀하의 모든 채무를

양수인에게 이행하여 줄 것을 통지하는 바입니다.

양도대상채권 : 별지 기재와 같음.

본 통지서의 내용에 대하여 의문이 있으시면, 위 양수인 측에게
010-2260-██63 으로 연락하시기 바랍니다.

첨부 : 별지, 위임장

　　　　2014년 11월 24일

　　　　　　발신인(양도인)
　　　　　　████아이1403 유동화전문유한회사
　　　　　　서울특별시 종로구 청계천로██(███동, ████████층)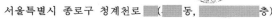
　　　　　　이사 노██문
　　　　　　위 발신인의 대리인(양수인)
　　　　　　우██순
　　　　　　경기도 성남시 분당구 금곡로██(금곡동 ██), ██마을████████호

(별 지 목 록)

1) 양도대상채권 내역

(단위 : 원)

대출과목	대출일자	대출원금	현재잔액
중소기업시설자금대출	2013.6.19	370,000,000	370,000,000
중소기업자금대출	2013.6.19	30,000,000	30,000,000
가지급금		5,346,280	

● 상기 대출원금 잔액은 2014.6.9 현재 잔액이며, 이자는 별도로 가산 (매각대상 채권에 포함됨).

2) 담보권의 표시

담보물권 소재지	경기도 화성시 반송동 ▢▢▢밸리 1-109
담보권의 종류	한정근담보
채 무 자	이▢경
근저당권 설정자	이▢경
관 할 등 기 소	수원지방법원 화성등기소
접 수 일	2013. 6. 19
접 수 번 호	제 95515 호
근저당권 설정 금액	금 480,000,000원

5

[등기사항전부증명서]

[집합건물] 경기도 화성시 반송동 ░░░░░░░ 제1층 제109호   고유번호 1348-2007-017240

순위번호	등 기 목 적	접 수	등 기 원 인	권 리 자 및 기 타 사 항
	5번근저당권설정, 6번근저당권설정 등기말소	제38414호	임의경매로 인한 매각	
8	3번근저당권설정등기말소	2013년5월27일 제80598호	2013년5월27일 해지	
9	근저당권설정	2013년6월19일 제95515호	2013년6월19일 설정계약	채권최고액 금480,000,000원 채무자 이░경 　인천광역시 부평구 백범로406번길 63 (십정동) 근저당권자 중소기업은행 ~~110135-0000903~~ 　서울특별시 중구 을지로2가 50 　(소목교육자점)
9-1	9번등기명의인표시변경	2014년6월9일 제88592호	2011년10월31일 도로명주소	중소기업은행의 주소 서울특별시 중구 을지로 79 　(을지로2가)
9-2	9번등기명의인표시변경	2014년6월9일 제88593호	2014년3월27일 취급지점변경	중소기업은행의 취급지점 주사무소
9-3	9번근저당권이전	2014년6월9일 제88770호	2014년3월27일 확정채권양도	근저당권자 ░░░░1403유동화전문유한회사 　░░░░-0142410 　서울특별시 종로구 청계천로 ░-░, ░층 　(░░동, 영풍빌딩)
9-4	9번근저당권이전	2014년6월9일 제88771호	2014년6월9일 확정채권양도	근저당권자 우░순 1128-2****** 　경기도 성남시 분당구 금곡로 ░░░░░░호 　(금곡동, ░░마을)
9-5	9번근저당권부질권	2014년6월9일	2014년6월9일	채권액 금224,000,000원

열람일시 : 2014년08월26일 14시19분51초   7/8

[집합건물] 경기도 화성시 반송동 ░░░░░░ 제1층 제109호   고유번호 1348-2007-017240

순위번호	등 기 목 적	접 수	등 기 원 인	권 리 자 및 기 타 사 항
		제88772호	설정계약	변제기 2015년 6월 9일 이 자 연7푼5리 이자지급시기 매월 9일 채무자 우░순 　경기도 성남시 분당구 금곡로 233, ░░동 ░░호 　(금곡동, ░░마을) 채권자 주식회사░░░░░저축은행 230111-0182░░░░ 　부산광역시 부산진구 중앙대로 ░░░, 4.5층 (부전동) 　(명동지점)

-- 이 하 여 백 --

관할등기소 수원지방법원 화성등기소

[배당유도]

경 매 물 건 안 내

사건번호:2014타경5295
주   소: 화성시 반송동 ▨▨ ▨▨ 1층 109호

● 위 물건에 대한 장점
-인근 타 물건에 비하여 감정가격이 아주 낮게 잡혔음.
-면적이 15▨ 으로 1층 치고는 비교적 큰 편임.
-현재 미용실로 임대 중이나 타 업종으로도 전환이 용이함.
-경낙 후 임대 시 **보증금3천에 월세150만원** 가능.

● 인근 낙찰 사례 비교
-2013타경43320 바로 옆 ▨▨▨▨(▨▨▨ 타운) 107호(11▨)가 2014년6
월13일 89%인 357,890,000원에 낙찰되어 잔금납부하고 등기 이전됨.
-2013타경67678 길 건너 ▨▨▨(▨▨▨ 빌딩) 102호가(14▨) 2014년9월
23일 7명 참여로 417,300,000원에 낙찰 됨

☆ 위 경매 물건은 감정가격이 적게 측정되어 이번에 경쟁이 높을
  것으로 예상됨.
☆입찰 예정금액을 80%로 볼 때, 3억5천2백인데, 안정적으로 낙찰을
  받을 려면 370,000,000원 이상으로 참여해야 함.

입찰 예상 가격 352,000,000원 ~ 400,000,000원

최근 수익형 상가가 경매에서 사상최대로 낙찰률이 높습니다.
은행의 저금리 관계로 앞으로는 더 높은 낙찰가가 예상됩니다.
이 물건은 분양당시 7억이 넘었습니다.
경매에 대한 모든 분석과 명도는 대행 해드립니다.

배당을 받기 위해서 배당 유도를 하였다. 배당 유도란 낙찰가를 높이기 위한 일련의 작업들을 말한다. 이때는 실소유자를 찾기 위하여 인근 공인중개사 사무실에 경매진행 내용을 안내하였다.

2014 타경 5295 (임의)		매각기일 : 2014-11-05 10:30~ (수)		경매6계 031-210-1266	
소재지	(18455) 경기도 화성시 반송동 　　　　　1층 109호 [도로명] 경기도 화성시 동탄출실　　　　　(반송동)				
용도	상가(점포)	채권자	우○○○○○○○○	감정가	440,000,000원
대지권	9.99㎡ (3.02평)	채무자	이○	최저가	(70%) 308,000,000원
전용면적	50.16㎡ (15.17평)	소유자	이○	보증금	(10%) 30,800,000원
사건접수	2014-02-05	매각대상	토지/건물일괄매각	청구금액	400,000,000원
입찰방법	기일입찰	배당종기일	2014-04-25	개시결정	2014-02-07

기일현황

회차	매각기일	최저매각금액	결과
신건	2014-09-30	440,000,000원	유찰
2차	2014-11-05	308,000,000원	매각
	임○○/입찰1명/낙찰335,812,000원(76%)		
	2014-11-12	매각결정기일	허가
	2014-12-26	대금지급기한 납부(2014.12.26)	납부
	2015-02-03	배당기일	완료
	배당종결된 사건입니다.		

물건현황/토지이용계획

금곡초등학교 북동측 인근에 위치

주위는 아파트단지 및 근린생활시설 등이 소재

인근 간선도로변에 노선버스정 류장이 소재

북측으로 폭 약 15m 포장도로와 접함

중심상업지역

이용상태(근린생활시설(미용실)로 이용중)

기본 위생설비 및 급배수 설비, 승강기 설비, 옥내소화전설비 등

철근콘크리트조

🔍 토지이용계획/공시지가
🔍 부동산정보 통합열람

감정평가현황 세종감정

가격시점	2014-02-17
감정가	440,000,000원
토지	(20%) 88,000,000원
건물	(80%) 352,000,000원

면적(단위:㎡)

[대지권]
반송동 107-2 대지권
1,844.6㎡ 분의 9.99㎡
9.99㎡ (3.02평)

[건물]
보존등기일:2007-06-07
반송동 107-2
1층109호 근린시설
50.16㎡ (15.17평)
철근콘크리트조
9층 건물 1층

임차인/대항력여부

배당종기일 : 2014-04-25

임○○ 　　　　없음
사업 : 2013-07-19
확정 : 2013-12-24
배당 : 없음
보증 : 10,000,000원
차임 : 1,100,000원
점유 : 전부
(헤리헤어)
현황조사 권리내역

등기사항/소멸여부

소유권	이전 집합
2013-03-13	
강이	
임의경매로 인한 매각	

소유권	이전 집합
2013-06-19	
이○	
(거래가) 460,000,000원 매매	

(근)저당	소멸기준 집합
2013-06-19	
중○○○	
480,000,000원	

임의경매	소멸 집합
2014-02-07	
중○○○	
청구 : 400,000,000원	

▷ 채권총액 :
480,000,000원

건물열람 : 2014-02-17

2014년 11월 5일 임**님이 최고가매수신고인으로 선정됨으로써 1순위 근저당권자로서 배당을 받게 되었다.

배당 유도의 소홀로 입찰금액이 다소 만족하지 못한 부분이 아쉬웠다.

[법원의 배당기일통지서]

성남시 분당구 ▨▨로
, ▨▨동 1▨▨호(▨▨동, ▨▨을)
우▨▨(양도인: ▨▨▨▨▨▨화전문유한회사)

채권자

463-941

2 0 6 0 3 3 5 - 1 8 6 2 3 9 ↓
(민사집행과 경매6계)
2014-013-5295-15-02-03-14-30-671

[경매6계]

수원지방법원
배당기일통지서

사　건	2014타경5295 부동산임의경매
채 권 자	우▨▨(양도인: ▨▨▨▨유동화전문유한회사)
채 무 자	이▨▨
소 유 자	채무자와 같음
배 당 기 일	2015.2.3. 14:30 경매법정

위와 같이 배당기일이 지정되었으니 이 법원에 출석하시기 바랍니다.

2015. 1. 2.

법원주사 김▨▨▨▨ (직인생략)

◇ 유 의 사 항 ◇

1. 임차인을 제외한 채권자는 채권의 원금·배당기일까지의 이자, 그 밖의 부대채권 및 집행비용을 적은 계산서를 이 통지서를 받은 날로부터 1주 안에 법원에 제출하시기 바랍니다. 채권계산서 양식은 아래 1)과 같습니다(임차인은 아래 3.의 서류만 제출하시면 됩니다). 채권자가 채무자로부터 전부 변제받은 경우에도 채권계산서를 제출하여 주시기 바랍니다.(이 경우 채권 원금, 이자, 비용, 합계를 각 "0원"으로 기재합니다).
   ※ 경매신청서 작성 서기료를 집행비용으로 인정받기 위해서는 반드시 지출을 소명하는 해당 법무사 작성의 영수증 등 소명자료를 제출하여야 합니다.(경매신청서에 법무사 제출위임장이 첨부되어 있는 경우도 제출하여야 함.)

2. 계산서에는 채권원인증서의 사본을 첨부하고, 채권원인증서의 원본은 배당요구서에 첨부한 경우가 아니면 배당당일에 제출하셔야 합니다.

3. 임차인이 배당금을 수령하려면 ①임대차계약서원본, ②주택임차인은 주민등록등본, 상가건물임차인은 등록사항등의 현황서 등본 ③매수인의 인감이 날인된 임차목적물명도(퇴거)확인서, ④매수인의 인감증명서를 각 1통씩 배당당일에 제출하셔야 합니다(단, 배당요구종기까지 배당요구한 임차인에 한하여 배당받을 수 있습니다.) 명도(퇴거)확인서 작성요령은 아래 2)에 있습니다.

4. 근로자가 집행법원에 「근로기준법」제38조에서 정한 임금채권 및 「근로자퇴직급여보장법」제11조에서 정한 퇴직금채권의 우선변제권에 기한 배당요구를 하는 경우에는, 판결 이유 중에 배당요구 채권이 우선변제권 있는 임금채권이라는 판단이 있는 법원의 확정판결이나 노동부 지방사무소에서 발급한 체불임금확인서 중 하나와 다음에서 열거한 서면 중 하나를 소명자료로 첨부하여야 합니다.
   가. 사용자가 교부한 국민연금보험료원천공제계산서(국민연금법 제77조 참조)
   나. 원천징수의무자인 사업자로부터 교부받은 근로소득에 대한 원천징수영수증(소득세법 제143조 참조)
   다. 국민연금관리공단이 발급한 국민연금보험료 납부사실 확인서(국민연금법 제75조 참조)
   라. 국민건강보험공단이 발급한 국민건강보험료납부사실 확인서(국민건강보험법 제62조 참조)
   마. 노동부 고용지원센타가 발급한 고용보험피보험자격취득확인통지서(고용보험법 제14조

낙찰 대금이 완납되면 법원에서 채권자에게 배당기일 통지서에 배당기일 통지와 함께 채권계산서를 제출하라는 내용이 송달된다.

[채권계산서]

채 권 계 산 서

채권자:우▨▨▨
채무자:이▨▨▨

사건번호:2014타경5295

	채권원금	2014년6월9일까지 이자	이　　자 (2014.6.9.~ 2015.2.3.)	경매신청비용	합　　계
채권계산서	400,000,000원	5,346,280원	26,279,452원	3,328,483원	434,954,215원

위 금액 434,954,215원 중 질권권리자 224,000,000원을 선지급한 나머지 **210,954,215원**입니다.

배당신청금액:210,954,215원

2015년1월8일

채권자: 우▨▨▨▨ 　　　010-▨▨▨-▨63

수원지방법원 민사집행과 경매6계 귀중

채권계산서에는 채권의 원금 및 연체이자를 더하고 경매신청비용을 합해서 해당 경매계에 제출한다. 채권계산서를 입증할 채권계산서 명세표나 여신거래약정서의 사본을 첨부한다.

[법원의 배당표]

수원지방법원

배 당 표

사　　　건　2014타경5295　부동산임의경매

배 당 할 금 액	금	336,151,978		
명세	매 각 대 금	금	335,812,000	
	지연이자 및 절차비용	금	0	
	전경매보증금	금	0	
	매각대금이자	금	339,978	
	항고보증금	금	0	
집 행 비 용	금	4,753,810		
실제배당할 금액	금	331,398,168		

매각부동산	별지와 같음		
채 권 자	주식회사 　　　　저축 은행	우　　(양도인:　　　　] 유동화전문유한회 사)	
채권금액	원　　금	224,000,000	176,000,000	
	이　　자	0	31,625,732	
	비　　용	0	0	
	계	224,000,000	207,625,732	
배 당 순 위	1	2	
이　　유	근저당권부질권자	신청채권자	
채 권 최 고 액	0	480,000,000	
배 당 액	224,000,000	107,398,168	
잔 여 액	107,398,168	0	
배 당 비 율	100.00%	51.73%	
공 탁 번 호 (공 탁 일)	금제　　호 (　 .　 .　)	금제　　호 (　 .　 .　)	금제　　호 (　 .　 .　)

2015.　2.　3.

사 법 보 좌 관　김　　　　　

1-1

배당시간 전에 경매법정 법대 앞에 있는 배당표를 점검한다.

배당표의 금액이 맞으면 배당 이의가 없다고 한다.

[집행비용 계산서]

수원지방법원

집행비용계산서

사 건 2014타경5295 부동산임의경매

1.	첨부인지대	5,000 원
2.	서기료	441,000 원
3.	등록면허세(교육세 포함)	960,000 원
4.	송달료	113,350 원
5.	등본수수료	1,200 원
6.	등기촉탁수수료	3,000 원
7.	매각수수료	2,411,700 원
8.	신문공고수수료	50,000 원
9.	감정평가수수료	682,000 원
10.	현황조사수수료	86,560 원
11.	기타	0 원
	합계	4,753,810 원 정

집행기록에 의하여 위 계산을 하였습니다.

등본입니다
2015.2.3.
수원지방법원
법원주사 김

2015. 2. 3.

법원주사 김

집행비용계산서를 확인하고 0순위로 배당을 받는다.

[법원보관금 출금(환급)명령서]

(제7호 서식)

법원보관금 출급(환급)명령서

법원코드	파코드	재판부번호
000250		1006

사 건 번 호	2014타경5295			
진 행 번 호	출 급 금	원천징수세 금액		세금공제후 지 급 액
		소 득 세	주 민 세	
2015-800206-[2]	107,058,190	0	0	107,058,190
출 급 금 종 류	배당금[36]			
출 급 청 구 일	2015.02.03			

청구자	성 명	우██ (양도인:████ 유동화	전 화	
	주민등록번호 (사업자등록번호)	██████████	우편번호	4██-██
	주 소	성남시 분당구 ███로 ██ , ██동 1██호(██동, ██마을)		
대리인	성 명	██████████████	전 화	
	주민등록번호 (사업자등록번호)	██████████████	우편번호	
	주 소	████████████████████████████		

출 급 구 분	원금만 지급	● 원금 및 이자지급
	원금 및 전체이자지급	이자만 지급
입금은행 및 계좌번호	해당없음	

위의 보관금을 출급(환급)하시기 바랍니다.

2015 년 02 월 03 일

수원지방법원

법원주사 김 ██████

※ 법원보관금 출급(환급)지시서 작성시 실명확인을 위하여 필요하오니 다음 서류를 지참하시기 바랍니다.
1. 본인 : 주민등록증, 인장
2. 대리인 : 위임장, 인감증명, 대리인의 주민등록증, 인장
3. 법인 : 법인등기사항증명서, 위임장, 법인인감, 대리인의 주민등록증, 인상

경매계로부터 출급명령서를 받아서 보관계에 제출하고 환급명령서를 받아서 법원에 있는 은행에 받고자하는 계좌로 입금을 받는다.

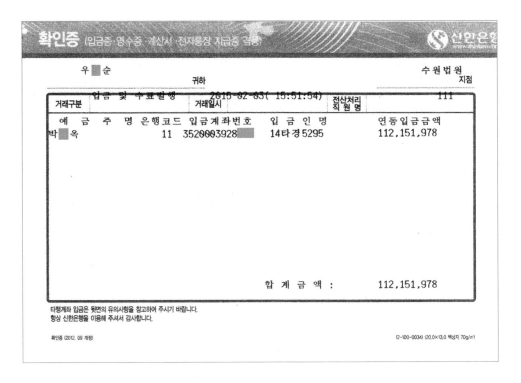

2014년 6월 9일 채권을 매입하여 근저당권이전을 하였고 2015년 2월 3일 수원지방법원에서 배당을 받은 전표이다. 배당금은 본인이나 대리인이 지정하는 계좌로 입금을 할 수 있고, 현금이나 수표로 수령할 수도 있다.

배당을 받고 배당금액에서 부족한 부분은 부기문을 받았는데 자료를 찾을 수 없어서 앞에 있는 2020타경17414에 나오는 부기 및 환부신청서를 참고하기 바란다.

위 배당금에 대한 소득과 관련하여 지출되는 별다른 세금은 없다.
채권의 원금까지는 수익에 대한 세금이 한 푼도 발생되지 않는다. 소득세법 16조[17]에 해당되기도 한다.

---

17) 이자소득(소득세법 제16조) ①이자소득은 해당 과세기관에 발생한 다음 각호의 소득으로 한다.
다음 각호는 양이 많아서 독자들이 인터넷 검색이나 법전을 참고하기 바란다.

입찰참가이행조건부채권양수도계약 (사후정산)으로 성공한 사례

1. 2020타경1470 (동대문 상가. 디자이너클럽)

NPL학원만큼은 대한민국에서 분당NPL경매학원 같은 곳이 없다고 자부를 한다. 그 이유는 서울에 있는 모 학원에서 NPL 강의를 수강했으나 실전은 할 수 없음을 알고 분당NPL경매학원에 수강등록을 하여 다음과 같이 직접 물건을 찾고 협상을 한 후 채권을 매입하여 NPL의 장점을 100% 활용하였기 때문이다.

경매시장이 과열 현상이고 따라서 NPL도 어느 때보다도 몸값이 올라가 있는 시점이지만 채권자입장에서는 매각을 하지 않을 수 없는 상황의 물건들은 늘 있게 마련이다.

이 물건은 동대문시장의 중간에 상가 이름 그대로 디자이너클럽이다. 다시 말하면 옷 도매시장이다. 경매정보지 내용상으로 보면 누구나 형편없는 상가, 특히 대지권 미등기에다가 전용면적이 4.94㎡(1.49평)밖에 안 되어서 관심을 갖지 않는 물건이다. 이런 유사한 물건들이 다른 곳에서는 10%대까지 유찰된 사례를 여러 번 본 적이 있는 경매인이라면 애당초 쳐다도 보지 않을 것이다.

감정가격이 317,000,000원이고 채권최고금액이 195,000,000원이며 임대 현황으로 세입자 2명이 보증금 3천만 원과 840만 원에 각각 차임을 70만 원씩 임대차계약이 성립 되었다는 게 믿기지 않았지만 분명한 사실인 것이다.

원래 이 상가는 야간에 전국에서 모여드는 의류 상인들을 상대로 도매시장이 이루어지는 곳이고 낮에는 문이 닫혀있고 천막으로 쌓여있어서 폐업한 가게나 망한 상가로 보이는데 일반인들은 이런 사정을 잘 모를 수밖에 없다. 특히 코로나로 인하여 영업이 부진하고 중국에서 몰려들었던 발 디딜 틈 없었던 고객들의 발길이 뚝 끊어지니 한산해질 수밖에 없으며 소유자 겸 채무자까지 재무구조가 나빠져서 대출 연장이 되지 않아 채권자인 **신협에서는 임의경매신청을 진행한 것이다.

　수강생 신**가 직접 신협에 채권담당자에게 전화를 하여 채권매입금액을 협상했고 다만 채권매각은 론세일만 된다고 하여 우리 학원에 의뢰를 했고 론세일로 매입한 후 입찰참가이행조건부로 입찰에 참여할 계획이었다.

　2021.8.23. 아래와 같이 채권매수의향서를 제출했다.

[채권매수의향서]

<h3 style="text-align:center">채권매수의향서</h3>

사건번호 : 2020타경1470
주　　　소 : 서울시 중구 신당동 199-1외 4필지(대지권 미등기)

소 유 자 : 유　경
채 무 자 : 유　경

채 권 자 : ▨▨신용협동조합
채권원금 : 115,000,000원(채권최고금액195,,000,000원)
매입금액 : 115,000,000원+경매신청비용(선순위 채권 없음)

매입방식 : Loan Sale(채권양수도계약)
계약일자 : 2021. 8. 24.
잔금일자 : 귀사의 결정에 따름

귀사의 채권을 위 내용대로 매수할 의사가 있음으로 매수의향서를 제출합니다.

2021. 8. 23.

매수인
분당엔피엘대부주식회사　　010-▨▨▨▨▨3

첨부서류 : 금감원등록증 사본 사업자등록증사본

▨▨신용협동조합 채권담장자 장▨원님 귀중

-승인나면 계약서 메일 ▨▨▨▨@naver.com 으로 보내주시기
바랍니다. 감사합니다.

다음 날인 2021.8.24. 론세일로 115,000,000원에 경매집행비용을 포함하여 **
신협으로부터 분당엔피엘대부㈜로 채권양수도계약을 체결하였다.

채권계산서명세표에는 이 날짜로 합계금액이 132,578,145원이었다.

[채권계산서명세표]

별첨1. 채권명세

(기준일: 2021.08.24. 단위: 원)

채무자	계좌번호	대출일자	채권금액			
			원금잔액	이자	비용	합계
유█경	210-017-515305	2009.12.14	95,000,000	14,150,674	2,694,870	111,845,544
유█경	210-035-015997	2012.02.10	20,000,000	732,601		20,732,601
합 계			115,000,000	14,883,275	2,694,870	132,578,145

채권양수도계약을 체결하면서 매각기일이 촉박하여 해당 경매계에 변경신청을 하였다. 일단 시간을 벌어놓고 2021.9.10. 채권매입금 중 100,000,000원은 같이 수강하는 동기 원우 2명으로부터 각각 50,000,000원씩의 근저당권부질권 대출을 연 12%로 받았고 투자자인 신**은 2순위 근저당권부질권 설정을 함으로써 권리확보를 할 수 있었다. 여기서 한 가지 분명히 짚고 넘어가야 할 부분은 투자를 하는데 있어서 투자자는 원인 서류(차용증서나 컨설팅 계약서 등)를 작성하고 본인의 권리가 등기부등본에 등재되어야 한다는 것이다. 만약 원인 서류와 등기부등본에 등재되지 않은 상태에서 혹시라도 근저당권을 이전해온 대부법인에서 배당을 받고 회사(법인)의 사정으로 배당금을 돌려주지 않게 되면 민사로 소송을 해야 하며 승소를 하더라도 법인에 잔고가 없으면 투자금 회수가 안 되는 것이니 정확히 등기부등본에 권리가 설정되고 해당 경매계에 신고를 한 후 투자자가 직접 법원으로부터 배당을 받아야 한다.

여기서 근저당권부질권 대출은 저축은행이나 신협에서 할 수 있다고 했는데 이자가 비싼 '개인에게 근저당권부질권 대출을 했는지?'라는 의구심에 대한 설명을 하고자 한다. 물론 저축은행에 근질권 대출을 받을 수는 있다. 하지만 소액이고 단기에 배당을 받기 때문에 10% 이상의 금리를 제시하고 저축은행에서도 솔직히 '이 건은 다른 은행을 알아보는 게 어떻냐?'는 답변에 난감하기도 하여 학원 수강생들 중 근저당권을 담보로 근질권 대출을 원하는 사람에게 적절히 투자를 하여주므로 인하여 채권을 매입하는 투자자도 원활하게 근질권 대출을 받게 되고 수강생들도 근질권 투자를 하고 후일 법원 배당 법정에서 직접 배당금을 수령함으로써 서로 도움이 될 뿐만 아니라 경험도 축적되어 모두 만족해하는 것이다.

[등기부등본 분당엔피엘대부㈜로 근저당권이전과 근질권1, 근질권2]

[집합건물] 서울특별시 중구 신당동 199-1외 4필지 디자이너크럽 제1층 제114호

순위번호	등기목적	접수	등기원인	권리자 및 기타사항
8-2	8번근저당권이전	2021년9월10일 제34191호	2021년9월10일 확정채권양도	근저당권자 분당엔피엘대부주식회사 134811-017 경기도 성남시 분당구 돌마로 , 801호(, 골드프라자)
8-3	8번저당권부채권 질권설정	2021년9월10일 제34192호	2021년9월10일 설정계약	채권액 금195,000,000원 변제기 2021년 12월 10일 이 자 없음 채무자 분당엔피엘대부주식회사 경기도 성남시 분당구 돌마로 , 801호(, 골드프라자) 채권자 김 연 0323-******* 경기도 성남시 분당구 판교로 , 3동 02호 (야탑동, 마을) 허 복 0225-******* 경기도 성남시 분당구 동판교로 , 3동 02호 (백현동,)
8-4	8번근저당권부채권 질권설정	2021년9월10일 제34193호	2021년9월10일 설정계약	채권액 금195,000,000원 변제기 2021년 12월 10일 이 자 없음 채무자 분당엔피엘대부주식회사 경기도 성남시 분당구 돌마로 87, 801호(금곡동, 골드프라자) 채권자 신 철 0928-******* 서울특별시 강남구 언주로 ,)7호 (도곡동, 에스케 스뷰)

-- 이 하 여 백 --

관할등기소 서울중앙지방법원 중부등기소 / 발행등기소 법원행정처 등기정보중앙관리소
수수료 1,000원 영수함

이 증명서는 등기기록의 내용과 틀림없음을 증명합니다.
서기 2021년 9월 14일

법원행정처 등기정보중앙관리소 전산운영책임관

* 실선으로 그어진 부분은 말소사항을 표시함.
* 증명서는 컬러 또는 흑백으로 출력 가능함.

* 기록사항 없는 갑구, 을구는 '기록사항 없음'으로 표시함.

[인터넷 발급] 문서 하단의 바코드를 스캐너로 확인하거나, **인터넷등기소(http://www.iros.go.kr)의 발급확인 메뉴에서 발급확인번호를 입력하여 위·변조 여부를 확인할 수 있습니다. 발급확인번호를 통한 확인은 발행일부터 3개월까지 5회에 한하여 가능**합니다.

발행번호 11020211003191093010962141000088281 5KHY61917UN1112 발급확인번호 AAKE-DYXQ-2197 발행일 2021/09/14

6/6

2021.11.3. 매각기일에 서울중앙지방법원 경매법정에서 사건번호 2020타경 1470 경매 사건에서 신**이 단독으로 136,117,000원에 낙찰을 받았다.

역시나 이 물건은 경매인들이 정보지 상으로나 임장을 한 경우라도 정확한 내용을 파악하지 못하면 나쁜 물건으로 판단할 수밖에 없는 입지 여건이었다.

낙찰금액 136,447,000원 중 109,000,000원을 농협이자 매월 35만 원 지출로 경락잔금 대출을 받아 잔금을 납부하고 2021.12.14. 소유권을 이전하였다.

잔금을 납부하고 소유권이전을 한 후 곧바로 체납관리비 2,000,000원 정도를 납부하면서 기존 임차인과 상가 이분의 일에(2구좌 중 1구좌) 보증금 10,000,000원에 월 700,000원으로 정하는 임대차계약서를 체결하면서 코로나가 종식될 때까지는 차임 200,000원을 감면해 주는 조건으로 임대차계약을 작성하였다.

이로써 2022.1.18. 서울중앙지방법원 경매법정에서 근질권 대출을 제외한 배당금액과 경매집행비용을 합한 금액으로 35,434,405원을 배당받았고 0.5칸의 가계 보증금으로 10,000,000원 합계 45,434,405원을 회수했으니 총 투자한 금액 14,592,995원뿐이다. 앞으로 남은 0.5칸에 대하여 보증금을 15,000,000원 받는다고 친다면 결국 본인의 돈은 들어가지 않고 동대문에 있는 상가를 매입한 셈이다.

서 울 중 앙 지 방 법 원
배 당 표

사 건	2020타경1470 부동산임의경매 (경매4계)		

배 당 할 금 액	금	136,459,069	
명세	매 각 대 금	금	136,447,000
	지연이자 및 절차비용	금	0
	전경매보증금	금	0
	매각대금이자	금	12,069
	항고보증금	금	0
집 행 비 용	금	2,940,942	
실제배당할 금액	금	133,518,127	

매각부동산	1. 서울특별시 중구 신당동 199-1 디자이너크럽 1층114호		

채 권 자	김●연	허●복	신●철
채권금액 원 금	50,000,000	50,000,000	50,000,000
채권금액 이 자	166,667	166,667	0
채권금액 비 용	0	0	0
채권금액 계	50,166,667	50,166,667	50,000,000
배 당 순 위	1	1	2
이 유	근저당권부질권자	근저당권부질권자	근저당권부질권자
채 권 최 고 액	195,000,000	195,000,000	195,000,000
배 당 액	50,166,667	50,166,667	33,184,793
잔 여 액	83,351,460	33,184,793	0
배 당 비 율	100 %	100 %	66.37 %
공 탁 번 호 (공 탁 일)	금제 호 (. . .)	금제 호 (. . .)	금제 호 (. . .)

2022. 1. 18.

사법보좌관 김

1-1

현재 고정 비용은 월 70만 원의 임대료 중 당분간 50만 원을 받지만 은행 이자 35만 원과 0.5칸에 대한 관리비 12~15만 원이 지출되므로 고정 지출은 0원인 셈이다.

머지않아 코로나가 종식되면 정상 임대료 매월 70만 원과 0.5칸에 대한 임대차 계약까지 완료되면 매월 1,050,000원의 순이익이 평생 발생 되며 도매 물가 상승에 따른 임대료도 인상될 것으로 확신한다.

NPL의 장점은 여러 가지가 있지만, 그 위력과 매력에 감동하며 많은 수강생이 이런 물건에 관심을 가져주기를 기대해 본다.

2. 2020타경24252 (거제도 바닷가 토지)

거제가 고향인 분당 인근에서 글램핑 사업을 하는 김**이라는 사람이 2021년 3월 11일 아침 9시에 전화로 상담을 하고 10시 30분 수강 신청을 한 후 수업에 참여했다.

독학으로 경매와 NPL을 공부하고 있는데 실전에 대한 두려움이 있었나 보다.

사실 한두 푼이 아닌 부동산을 스스로 터득한 자신을 믿고 입찰을 보거나 채권을 협상한다는 것은 매우 위험성이 높다.

본인의 사업과 관련된 부동산을 경매와 NPL로 접근을 하면서 이미 상당한 수준에 와있음에도 전문학원에서 제대로 배워서 실전에 대한 리스크를 줄이기 위한 방안으로 인터넷 검색을 통하여 분당NPL경매학원에 전화로 상담을 하고 마침 수업이 있는 날이기에 즉시 수강 신청을 하고 강의에 참여했다는 그의 말에서도 열정과 빠른 판단을 알 수 있었다.

[사건번호 2020 타경 24252]

창원지방법원 통영지원	대법원바로가기	법원안내		가로보기	세로보기	세로보기(2)

2020 타경 24252 (임의)		매각기일 : 2021-05-07 10:00~ (금)		경매3계 055)

소재지	경상남도 거제시 거제면 소랑리 산9-12 외1필지				
용도	임야	채권자	거00000000	감정가	1,088,799,300원
토지면적	4531㎡ (1370,62평)	채무자	유00	최저가	(49%) 533,512,000원
건물면적		소유자	유00	보증금	(10%) 53,351,200원
제시외	제외 : 210㎡ (63,52평)	매각대상	토지일괄매각	청구금액	1,074,807,803원
입찰방법	기일입찰	배당종기일	2020-09-02	개시결정	2020-06-22

기일현황 간략보기

회차	매각기일	최저매각금액	결과
신건	2020-12-03	1,088,799,300원	변경
신건	2021-01-14	1,088,799,300원	유찰
2차	2021-02-25	762,160,000원	유찰
	2021-04-01	533,512,000원	변경
	2021-04-02	533,512,000원	변경
3차	2021-05-07	533,512,000원	매각
김 용/입찰12명/낙찰980,000,000원(90%) 2등 입찰가 : 938,000,000원			
	2021-05-14	매각결정기일	허가
	2021-06-21	대금지급기한 납부 (2021.06.01)	납부
	2021-07-21	배당기일	완료
배당종결된 사건입니다.			

물건현황/토지이용계획

소랑마을 남동측 인근에 위치

부근은 단독주택, 농경지 및 임야 등

본건 인근까지 차량출입이 가능하며, 대중교통 및 통행횟수 등을 고려 할 때 교통상황은 보통시됨

본건은 환경사지대 내 자체지반 대체로 평탄하게 조성된 2필 일단의 부정형 토지로서, 건축허가를 득하고 기준시점 현재 건물 신축공사가 중단된 토지 등임

본건 일부가 현황 '도로'이며, 북측으로 노폭 약 8m 포장도로와 접함

수산자원보호구역, 기호1)접도구역

자연환경보전지역(소랑리 산9-12)

자연환경보전지역(소랑리 197-1)

※ 제시외건물이영향을받지않은감정가:소랑리 산9-12(1,003,920,000원), 소랑리 197-1(205,857,000원).

📄 토지/임야대장
📄 토지이용계획/공시지가
📄 부동산정보 통합열람
📄 감정평가서

면적(단위:㎡)

[토지]

소랑리 산9-12 임야
자연환경보전지역
3760㎡ (1137,39평)
현황 "일부도로" 일단의 건축허가득 제시외건물로 인한감안감정

소랑리 197-1 전
자연환경보전지역
771㎡ (233,23평)
현황 "일부도로" 일단의 건축허가득 제시외건물로 인한감안감정

[제시외]

소랑리 산9-12
단층 주택 제외
67㎡ (20,27평)
목조경사

소랑리 산9-12
단층 주택 제외
38㎡ (11,49평)
목조경사

소랑리 산9-12 외 1필지
단층 주택 제외
67㎡ (20,27평)

임차인/대항력여부

배당종기일 : 2020-09-02

- 매각물건명세서상 조사된 임차내역이 없습니다

📄 매각물건명세서
📄 예상배당표

등기사항/소멸여부

소유권(일부) 2015-07-15 유00 (거래가) 149,600,000원 매매	이전 토지
▷훈지분	
소유권(일부) 2015-07-15 유00 (거래가) 108,000,000원 매매 (단독소유)	이전 토지
▷지분주지분	
(근)저당 2015-07-15 거00000000 1,132,800,000원	토지소멸기준 토지
지상권 2015-07-15 거00000000	소멸 토지
임의경매 2020-06-23 거00000000 청구 : 1,074,807,803원	소멸 토지
▷ 채권총액 : 1,132,800,000원	

📄 등기사항증명서

2020타경24252 경매물건은 우리 학원에서도 관심물건으로 올려놓고 NPL 협상을 진행하려고 했던 물건이었다. 앞은 바다와 뒤에는 2차선 도로를 접한 임야 및 전으로 이미 건축 허가를 득하고 토목공사가 완료되었으며 도로포장과 가건물이 지붕까지 완성된 상태였다. 1,370평의 감정가격은 1,088,779,300원으로 주변 시세는 평당 금액으로 100만 원 상당이었는데 감정가격대비 49%인 533,512,000원이 경매최저금액이었다. 누가 보아도 풍광이 뛰어나고 2차선 도로에 접한 그야말로 누구나 좋아하는 물건이 49%까지 유찰된 데는 그만한 이유가 있었다. 일반인들이 생각할 때 농취증을 받을 수 있을까? 또 하나는 유치권과 법정지상권이다. 그러므로 이렇게까지 저감이 되었고 따라서 채권자는 고민이 깊을 것이다.

그는 거제가 고향이고 이 토지 인근에 어머니가 살고 있는 집이 있으며 본인의 사업을 확장하기 위하여 이미 이 땅 바로 옆의 필지를 지난해 매입하여 등기를 마친 상태이다. 그에게는 이 토지가 경매로 나왔다는 것은 신혼부부에게 청약의 기회가 주어진 것이나 다름없는 절호의 찬스였다. 하지만 경매는 여러 사람들이 경쟁을 하는 것이고 낙찰가를 예상할 수 없듯이 본인에게 최고가매수신고인의 선정은 기대하기 어렵다는 것을 누구보다도 잘 알고 있었다.

코로나로 인하여 경매법정이 휴정된 것이 어떤 사람에게는 저절로 주어지는 혜택일 수도 있다. 채권담당자는 경매로 배당을 받는 것보다는 채권을 할인해서 매각을 하더라도 손실을 줄이겠다는 이치로 채권자인 **수산업협동조합에서는 이 물건에 대한 적절한 채권 매수인을 찾고 있었다. 그는 NPL에 대한 기본적인 원리만 아는 상태에서 **수협 채권담당자를 찾아갔고 NPL로 매각한다는 답변을 들었다고 분당NPL경매학원에 채권매입에 대하여 의뢰를 했다. 실수요자가 유입을 할 목적이라면 개인 명의로 입찰참가이행조건부채권양수도계약이나 채무인수 계약을 하면 상호 이익이 있음에도 불구하고 지방의 2금융권에서는 론세일 외에는 방식을 모르니 오직 론세일만 선호할 뿐이다.

2021년 3월 19일 김**이 학원에 수강 등록을 한지 8일 만이었다. 사전에 금융감독원에 등록된 대부 업체를 통해서 채권을 매입해야 한다는 답변과 이미 채권

매입금액까지 협상된 상태라서 3월 15일 채권매수의향서를 보냈고 채권담당자와 최종 확인 통화를 거친 후 곧바로 **수협을 방문하여 정식으로 채권양도·양수계약서를 작성하고 계약금을 입금한 날이 3월 19일인 것이다. 채권의 원금은 894,000,000원이고 가지급 금액은 6,779,458원이며 미수 이자를 합한 채권액의 합계는 채권최고금액 1,132,800,000원을 약간 미달하는 1,083,963,647원의 채권을 650,000,000원에 매입하였다.

다음 단계로 매입한 채권의 잔금을 지불하기 위해서는 근저당권부질권 대출을 받아야 한다. 지속적으로 거래를 하는 분당 미금지점 **저축은행에서는 단기간이고 지방이라는 이유로 이 물건에 대한 근질권 대출을 꺼려 하는 눈치였다.

차선책으로 수강생 중 근저당권부질권투자자를 모집했다. 투자에 대한 안전성과 수익성 및 환금성이 보장되지만 투자 기간이 약 3개월이라 연 12%의 금리로 1순위 근질권 설정을 하고 540,000,000원을 대출받음으로써 본인의 투자금은 110,000,000원이 들었다. 근질권 대출이 더 가능하지만 채권매입자 입장에서는 근질권에 대한 이자를 지출해야하므로 꼭 필요한 금액만 대출을 받은 것이다.

채권양도 • 양수계약서

2021년 03월 19일

양도인 :　　　수산업협동조합

양수인 : 분당엔피엘대부(주)

[채권양수도계약서]

고, 이전하고, 전달하며, 양수인은 이와 양도인으로부터 매수하고, 취득하고, 인수한다. 또한, 양수인은 양수인이 대상채권 및 담보권과 관련된 모든 의무를 부담하며 대상채권 및 담보권의 모든 조건들을 따를 것을 동의한다.

② 양수인이 본 계약의 체결 후 대상채권 및 담보권의 양도에 대한 대금(이하 "양도 대금"이라고 한다) 전부를 양도인에게 지급하는 경우에 양도인은 지체 없이 또는 양도인과 양수인이 별도 합의한 경우 그 기간 내에 대상채권 및 담보권 관련 서류의 원본을 양수인에게 교부하며. 양수인은 양도인 명의로 대상채권 및 담보권의 양도 사실을 채무관계자에게 지체 없이 내용증명 우편 기타 확정일자 있는 증서에 의하여 통지한다.

③ 양수인이 양도대금을 전부 지급한 후 담보권의 양도에 갈음하여 담보권 해지를 요구하는 경우에, 양도인은 담보권 해지에 필요한 서류를 양수인에게 교부한다. 이 경우에 담보권의 양도 또는 해지와 관련하여 발생되는 모든 책임은 양수인이 부담한다.

④ 양수인이 양도인에게 양도대금 전부를 어떠한 유보 없이 상계 기타 이와 유사한 것에 의하지 아니하고 지급하고, 양도인이 양수인에게 본 계약에 의한 의무를 이행하는 때에 본 계약에 기한 거래는 종결되는 것으로 한다.

제5조 (양도대금 및 지급기일) ① 양수인이 대상채권의 양수대금으로 양도인에게 지급하여야 할 양도대금은 총 금<u>650,000,000원</u>으로 한다.

② 양수인은 양도인에게 양도 대금을 3차 경매기일 연기여부에 따라 다음과 같이 지급한다.

- 21.04.02.자 3차 경매기일 연기신청 불허로 경매기일 진행되는 경우

지급일자	내역	금액
2021. 03. 19 .	1차 계약금	20,000,000
2021. 03. 26 .	2차 계약금	45,000,000
2021. 04. 01 .	잔 금	585,000,000
합 계		650,000,000

제15조(서류 열람 및 협조) 양수인은 양도·양수한 대상채권에 관하여 양도인이 원인서류 열람·복사·대여 요청을 할 경우 부득이한 사유가 있는 경우 이외에는 협조하기로 한다.

제16조(준용규정) 본 계약의 해석에 관한 이견이 있거나 본 계약에 규정되지 않은 사항에 대해서는 본 계약의 취지 및 법의 일반원칙에 따라 해결하기로 한다.

제17조(비밀유지) 양도인과 양수인은 본 계약과 관련하여 매입조건 및 구체적인 교섭내용, 조건 등에 대하여 부득이한 경우를 제외하고는 외부에 공개하여서는 아니된다.

제18조(관할 법원) 본 계약과 관련하여 분쟁이 발생하는 경우 양도인의 본점소재지를 관할하는 법원을 관할 법원으로 한다.

(특약사항)
본 계약은 양도인의 내부절차에서 승인되는 것을 조건으로 한다. 양도인은 계약금 수령 후 내부절차에서 본 건 채권매각이 승인되지 아니하는 경우 양수인에게 위약금 없이 계약금을 즉시 반환하며, 이에 대해 양수인은 다른 의견을 제시하지 아니한다.

붙 임 : 1. 매각(입) 대상채권 명세표   1부
2. 매각(입) 대상채권 담보물명세표   1부
3. 법인인감증명서   1부
4. 법인등기부등본   1부
5. 사업자등록증 사본   1부
6. 대부업등록증 사본   1부

2021년 03월 19 일

양도인 : ▨▨수산업협동조합
조합장 엄 ▨▨ (인)
경상남도 거제시 ▨▨

양수인 : 분당엔피엘대부(주)
대표이사
경기도 성남시 분당구 돌마로 87,801호(금곡동.골드프라자)

이렇게 하여 분당엔피엘대부㈜로 근저당권이 부기등기로 이전되고 1순위로 수강생들이 근저당권부질권 설정을 하였으며 채권을 매입한 본인의 누님 명의로 2순위 근저당권부질권 설정을 함으로써 합법적이고 100%로 권리를 확보한 셈이다.

그다음으로 해야 할 일은 채권자가 **수산업협동조합에서 분당엔피엘대부㈜로 이전되고 근저당권을 담보로 근질권 권리자들이 있으니 이런 상황을 해당 경매계에 권리 신고 및 송달장소 변경 신청을 해야 한다.

창원지방법원 통영지원 경매 3계에 교재에 실린 스캔서류와 같이 채권자변경신고 및 송달장소변경신고서와 함께 근질권자의 권리도 변경된 등기부등본을 첨부하여 경매 사건에 권리가 등재되었다.

[근저당권부질권 권리신고 및 송달장소변경 신고서]

근저당권부질권 권리신고 및 송달장소변경 신고서

사건번호 : 2020타경24252

채 무 자 : 유 ▇ 곤
채 권 자 : 분당엔피엘대부(주)(양도전 : ▇▇수산업협동조합)

위 경매사건은 2021년 5월 3일 확정채권양도로 인하여 분당엔피엘대부주식회사로 채권이 양수되었습니다.

위 근저당권을 담보로 아래와 같이 근저당권부질권설정이 되었음으로 근저당권부질권권리자로서 권리신고 및 송달장소 신청을 합니다.

1순위 근저당권부질권권리자<유▇경, 서▇선. 송▇리, 김▇채, 전▇영>
2순위 근저당권부질권권리자<김▇연>
*선정당사자 및 기타 원인서류는 채권계산서 제출시 첨부하겠습니다.

<채권자 변경 첨부서류>-채권양도통지서. 등기부등본, 근저당권자인감증명서
<송달장소 변경 주소>-성남시 분당구 돌마로 87. 801호(금곡동, 골드프라자)

2021년 5월 18일

채권자 : 분당엔피엘대부주식회사 대표이사 어영화   (인)
주   소 : 성남시 분당구 돌마로 87. 801호 (금곡동, 골드프라자)
전   화 : 010-▇▇▇ 어영화

창원지방법원 통영지원 경매 3계 귀중

채권자 및 송달장소변경 신고서

사건번호 : 2020타경24252

채 무 자 : 유 ■ 곤
채 권 자 : 분당엔피엘대부(주)(양도전 : ■■■수산업협동조합)

위 경매사건은 2021년 5월 3일 확정채권양도로 인하여 분당엔피엘대부주식회
사로 채권이 양수되었습니다.
경매신청채권자로서 모든 지위를 승계 받았음으로 채권자변경 및 송달장소변
경신고를 합니다.

<채권자 변경 첨부서류>-채권양도통지서. 등기부등본
<송달장소 변경 주소>-성남시 분당구 돌마로 87. 801호(금곡동, 골드프라자)

2021년 5월 18일

채권자 : 분당엔피엘대부주식회사 대표이사 어영화   (인)
주   소 : 성남시 분당구 돌마로 87. 801호 (금곡동, 골드프라자)
전   화 : 010-■■■■■ 어영화

창원지방법원 통영지원 경매 3계 귀중

【서식 6-16】〈신설 2015.10.16〉

채 권 양 도 통 지 서

발신인: ████수산업협동조합
(주소 : 거제시 장승████)

수신인: 유█곤 귀하
(주소 : 창원시 의창구 동읍 용████길 ██1)

채권양도인 ████수산업협동조합
주   소 거제시 장승████
채권양수인 분당엔피엘대부(주)
주소:경기도 성남시 돌마로 87,801호 일부(금곡동,골드프라자)

1. 고객님의 무궁한 발전을 진심으로 기원합니다.

2. 저희 수협(채권양도인)은 2021년 05월 03일 채권양수인에게 귀하에 대하여 가지는 아래 채권을 전액 양도하였습니다.

3. 이에 따라 고객님과 저희 수협(채권양도인)이 체결한 대출계약 및 이에 부수한 제반약정에 기하여 고객님에 대해 보유하고 있던 대출원리금 채권 및 그 밖에 이에 부수하는 일체의 권리가 채권양수인에게 이전되었습니다.

4. 발송되는 이 통지를 받으신 이후부터는 본건 대출계약 및 채권과 관련된 의무는 채권양수인에게 이행하여야 함을 알려드리니 양지하시기 바랍니다. (채권양수인 연락처 : ☎ 010-████-██0)

- 양도채권 명세 -

☐ 채무자명 : 유█곤

(단위:원)

대출과목	계좌번호	채 권 액 (2020. 02. 28.기준)			담 보 물	
		원 금	이자 및 기타비용	총 합 계	소유자	소 재 지
가계일반자금대출	3610-██████9█	894,000,000	○이자:193,256,752 ○비용:6,779,458 ○합계:200,036,210	1,094,036,210	유█곤	거제시 거제면 소랑리 산9-12, 거제시 거제면 소랑리 197-1

※ 최초 대출기관 및 약정일 : ███ 수협, 2015년 07월 15일
※ 최종 원리금 납입일 : 2018년 11월 08일 / 법적절차 진행상황 : 2020년 06월 22일 경매개시결정 등
※ 연체금리 : 8.940%적용, 연체이자, 연체금리, 기타비용 등은 변동가능성 있음.

2021년 05월 03일

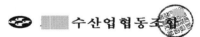

████ 수산업협동조합

※ 저희 수협이 귀하에게 가지고 있는 채권을 회수하기 위하여 채권을 매각하면서 채권원인서류 원본을 양수인에게 넘겨줌에 따라 서류에 기재 또는 첨부된 귀하의 개인(법인)신용정보가 채권양수인에게 제공되었음을 신용정보의 이용 및 보호에 관한 법률 제32조에 따라 다음과 같이 알려드립니다.

< 신용정보 제공내용 >

제공일자	제공받은 자	제공 목적	제공정보 내용
2021년 05월 03일	분당엔피엘대부(주)	채권양도(매각)	개인(법인)신용정보

이 우편물은 2021-05-03
제 3620701006040호에 의하여
내용증명우편물로 발송하였음을 증명함
███포우체국장

0050200207   SUHYUP   2021-05-03 10:24:22

[토지] 경상남도 거제시 거제면 소랑리 197-1

순위번호	등 기 목 적	접 수	등 기 원 인	권리자 및 기타사항
				경상남도 창원시 의창구 동읍 █████길 ████1 근저당권자 ███수산업협동조합 ~~194938-0000258~~ ~~경상남도 거제시 장승포로 ██(장승포동)~~ ~~(███지점)~~ 공동담보목록 제2015-574호
5-1	5번근저당권변경	2018년9월10일 제37299호	2018년9월10일 변경계약	채권최고액 금1,132,800,000원
5-2	5번근저당권이전	2021년5월3일 제17914호	2021년3월19일 확정채권양도	근저당권자 분당엔피엘대부주식회사 134811-0170291 경기도 성남시 분당구 돌마로 87, 801호(금곡동,골드프라자)
5-3	5번근저당권부채권 질권설정	2021년5월3일 제17915호	2021년5월3일 설정계약	채권액 금1,132,800,000원 변제기 2021년 8월 10일 채무자 분당엔피엘대부주식회사 경기도 성남시 분당구 돌마로 87, 801호(금곡동,골드프라자) 채권자 유█경 █0210-******* 경기도 화성시 우정읍 버█████ 서█선 █0515-******* 서울특별시 송파구 올림픽로 ████1동 ███호(신천동,파크리오) 송█리 █0201-******* 경기도 용인시 수지구 신봉████길 29, ███호(신봉동,███마을한일아파트) 김█채 █0926-******* 경기도 용인시 기흥구 구성로 ███, ███동 ██2호 (언남동, 하███마을동일하이빌1차(아)) 전█영 █0226-******* 경기도 성남시 분당구 판교███, ██1동 ██1호(백현동,██마을) 공동담보 토지 경상남도 거제시 거제면 소랑리 산9-12 을구 제5번의 근저당권
5-4	5번근저당권부채권 질권설정	2021년5월3일 제17916호	2021년5월3일 설정계약	채권액 금1,132,800,000원 변제기 2021년 8월 10일 채무자 분당엔피엘대부주식회사

발행번호 194202194091910590109601310000973516KHY56412UN1112   발급확인번호 AAJT-ILEB-3649   발행일 2021/05/13

5/6

2021년 5월 7일 3차 매각기일에는 입찰자 12명이 경합하였다. 김**은 980,000,000원의 입찰가를 정하여 응찰을 하였다. 만약 이 금액보다 높게 입찰한 사람이 있으면 그 사람이 최고가매수신고인이 되는 것이고 본인은 채권행사권리 금액의 범위 내에서 최고가매수신고인의 금액을 배당받는 것이다.

2020타경24252 경매 사건의 3차 금액을 참고해 보면 최저금액 533,512,000원에 12명이 입찰을 한 것으로 보아서 2등이나 3등의 입찰금액도 대략 짐작을 할 수 있었다. 경매 사건은 유찰이 많이 되면 그만큼 관심과 분석을 많이 하게 됨으로 유치권과 법정지상권에 대하여 자신감을 가지는 경쟁자가 많아지는 것이다. 결과적으로 2등 938,000,000원, 3등 720,000,000원, 4등 680,000,000원 순으로 매우 높은 금액으로 차 순위도 입찰을 한 것이다.

이로써 채권을 저렴한 금액에 매입하여 입찰에 참가하여 높은 금액으로 낙찰을 받는데 성공하였다. 필자의 경험으로는 NPL로 매입하여 입찰에 참여하면 99% 최고가매수신고인으로 선정이 된다. 이제 대출을 받아서 대금을 납부하고 소유권이전 등기를 한 후 배당을 받고 정산을 하면 이 사건은 종결이 된다.

대금납부기한 2021년 6월 1일에 앞서 낙찰 허가를 받고 대출상담사를 통하여 연 3%대 초의 금리로 710,000,000원의 경락잔금 대출 자서를 하고 납부기일인 6월1일 입찰금액 980,000,000원에서 입찰보증금 53,351,200원과 잔금 대출 710,000,000원을 제외한 216,648,800원에다가 취·등록세를 추가하여 대금을 납부하고 촉탁등기를 완료하였다.

아는 바와 같이 이 채권은 분당엔피엘대부㈜를 통해서 론세일로 매입하고 투자자는 입찰참가이행조건부채권양수도계약으로 입찰에 참가할 수밖에 없는 입장이므로 대금을 납부한 후 배당을 받은 다음 즉시 사후정산을 한다고 해도 초기 자금이 많이 들어가는 단점이 있으나 결과적으로 내 돈 한 푼도 안들이고 경락대출을 받아서 부동산 취득하고 오히려 돈이 남은 것이니 이게 바로 NPL 아니던가?

2021년 7월 21일 배당과 관련하여 준비서류를 지참하고 통영지원 배당 법정에서 배당을 받음으로써 사건을 종결하게 되는데, 분당엔피엘대부㈜는 채권양수인으로 경매신청 채권자가 되었고 근질권 투자를 한 수강생들은 1순위 배당 권리자이며, 채권매입을 한 김**은 나머지 금액을 배당받음으로써 본인이 투자한 채권을 모두 회수하게 된다. 이 사건(채권매입)과 관련하여 분당엔피엘대부㈜는 수수료만 받을 뿐 배당금액은 한 푼도 없으나 마지막 배당까지 완료해 주기 위해서 직원과 함께 투자자 5명 중 2명과 동행하여 법원으로 향했다. 법원 배당과 관련해서는 별도의 목차에 과정을 설명한 게 있으나 대략 다음과 같은 서류를 준비해야 한다. 원인서류로 최초에 채무자가 **수협에 대출을 받을 당시 자서한 대출거래약정서, 근저당권설정계약서, **수협근저당권권리증, 분당엔피엘대부㈜ 근저당권권리증, 근저당권부질권 권리자들의 차용증서(대출거래약정서와 동일), 근저당권부질권 권리증, 2순위 근질권자도 동일한 서류를 준비해야 하며, 경매집행비용에 대하여서는 경매신청채권자인 분당엔피엘대부㈜가 위임장을 발급하여 줌으로써 채권매입 의뢰자가 배당을 받은 것이다. 본인이 참석하지 못할 경우 배당에 대한 대리인을 정하여 인감증명서를 첨부한 위임장을 2통 준비하여 경매계와 보관계에 각각 제출함으로써 대리로 배당을 받아 본인 통장으로 입금하면 마무리가 되는 것이다.

채권매입자 김**의 투자 내역을 살펴보면 대출금 710,000,000원에서 본인이 협상한 채권매입금액 650,000,000원에 취·등록세 34,480,000원과 수수료 11,328,000원을 공제하고 나면 본인이 경매로 취득하고자 했던 사건을 성공적으로 매수하고 14,192,000원의 금액이 남은 셈이다.

NPL 매입의 장점은 여기서 끝나는 게 아니다. 앞서 채권을 매입하여 입찰에 참가하면 99%로 최고가매수신고인으로 선정될 뿐만 아니라 LTV를 높게 인정 받을 수 있어서 부동산을 취득하고도 오히려 돈이 남는다는 사실을 여기서 입증했지만 무엇보다도 부동산을 매각했을 때 취득가액 980,000,000원과 취·등록세 34,480,000원 합계 1,014,480,000원까지는 양도차액에 해당이 되지 않으니 얼마나 큰 장점이 될 수 있는 것인가.

관련된 서류가 너무 많아서 스캔하여 첨부하였던 서류는 아래 배당표를 제외하곤 삭제하기로 하였다.

[사건번호 2020 타경 24252 배당표]

창원지방법원 통영지원
배 당 표

사 건	2020타경24252 부동산임의경매 (경매3계)		

배 당 할 금 액	금	980,116,680	
명 세	매 각 대 금	금	980,000,000
	지연이자 및 절차비용	금	0
	전경매보증금	금	0
	매각대금이자	금	116,680
	항고보증금	금	0
집 행 비 용	금	9,517,266	
실제배당할 금액	금	970,599,414	

매각부동산	1. 경상남도 거제시 거제면 소랑리 산9-12 임야 3760㎡ 2. 경상남도 거제시 거제면 소랑리 197-1 전 771㎡		
채 권 자	▒▒시장	김▒채	서▒선
채권금액 원 금	230,290	108,000,000	108,000,000
이 자	0	0	0
비 용	0	0	0
계	230,290	108,000,000	108,000,000
배 당 순 위	1	2	2
이 유	교부권자(당해세)	근저당권부질권자(근질2 1-17915)	근저당권부질권자(근질2 1-17915)
채 권 최 고 액	0	1,132,800,000	1,132,800,000
배 당 액	230,290	108,000,000	108,000,000
잔 여 액	970,369,124	862,369,124	754,369,124
배 당 비 율	100 %	100 %	100 %
공 탁 번 호 (공 탁 일)	금제 호 (. . .)	금제 호 (. . .)	금제 호 (. . .)

2-1

채 권 자		송■리	유■경	전■영
채 권 금 액	원 금	108,000,000	108,000,000	108,000,000
	이 자	0	0	0
	비 용	0	0	0
	계	108,000,000	108,000,000	108,000,000
배 당 순 위		2	2	2
이 유		근저당권부질권자(근질2 1-17915)	근저당권부질권자(근질2 1-17915)	근저당권부질권자(근질2 1-17915)
채 권 최 고 액		1,132,800,000	1,132,800,000	1,132,800,000
배 당 액		**108,000,000**	**108,000,000**	**108,000,000**
잔 여 액		646,369,124	538,369,124	430,369,124
배 당 비 율		100 %	100 %	100 %
공 탁 번 호 (공 탁 일)		금제 호 (. . .)	금제 호 (. . .)	금제 호 (. . .)
채 권 자		김■연		
채 권 금 액	원 금	440,000,000	0	0
	이 자	0	0	0
	비 용	0	0	0
	계	440,000,000	0	0
배 당 순 위		3		
이 유		근저당권부질권자(근질2 1-17916)		
채 권 최 고 액		592,800,000	0	0
배 당 액		**430,369,124**	0	0
잔 여 액		0	0	0
배 당 비 율		97.81 %		
공 탁 번 호 (공 탁 일)		금제 호 (. . .)	금제 호 (. . .)	금제 호 (. . .)

2021. 7. 21.

사법보좌관   홍■의

2-2

3. 2019타경25273 (거제 한려수도 숙박업소)

글램핑 사업장을 운영하는 수강생 김**은 본인의 사업과 관련된 토지나 숙박업을 경매나 NPL로 찾고 있었다. 경매와 NPL을 독학으로 공부하다가 인터넷으로 찾은 분당NPL경매학원에 2021년 3월 초에 수강 신청을 하면서 고향인 거제에 2개의 물건을 임장하고 채권자인 **수협의 채권담당자를 만나서 협상까지 해놓은 상태인데 마무리를 할 만큼은 부족한 점이 있어서 급히 학원에 등록을 하고 본인이 협상한 채권을 의뢰한 것이다.

한 물건은 이미 배당까지 받고 마무리가 되어 모든 과정이 정리되었고 이제 2021년 7월 9일 낙찰을 받고 대금납부를 앞두고 있는 2019타경25273 사건에 대하여 채권을 매입하고 근질권 대출을 받은 후 유입한 과정과 앞으로의 운영계획은 분석해 보기로 한다.

앞서 설명한 바와 같이 유입이 목적이지만 채권양도인측에서 론세일만 주장하여 분당엔피엘대부㈜로 근저당권을 이전하고 채권을 의뢰한 김**은 입찰에 참가하는 조건으로 입찰에 참가하여 최고가매수신고인이 된 것이다.

이 물건의 감정가격은 2,960,128,960원이고 채권최고액은 2,340,000,000원이며 원금은 1,800,000,000원이다. 채무자 겸 소유자가 재감정을 의뢰하여 신건일 때 원금에서 300,000,000원을 할인한 1,500,000,000원에 2021년 3월 19일 채권자인 **수협으로부터 분당엔피엘대부㈜로 계약을 체결한 것이다.

채권의 잔금은 근질권 대출을 받을 시간적 여유를 고려하여 2021년 5월 20일로 정하였고 채권 매입금 15억 원 중 1순위로 **저축은행에 10억 원을 대출받으면서 2순위로 수강생들로부터 5억 원의 근질권을 설정하고 추가로 받음으로써 채권매입금액의 전액인 15억 원을 근질권대출로 받은 셈이다.(채권매입한 금액을 100% 근저당권부질권 대출을 받을 수 있는 곳은 분당NPL경매학원이 아니고서는 불가능할 것으로 생각된다.)

[부동산등기부등본]

[건물] 경상남도 거제시 남부면 갈곶리 347-6외 2필지 제3동호

순위번호	등기목적	접수	등기원인	권리자 및 기타사항
				경상남도 거제시 남부면 다대리 260-1 근저당권자 ▨▨수산업협동조합 194938-000▨ 경상남도 거제시 장승포동▨ (▨▨지점) 공동담보목록 제2011-436호
1-1	1번근저당권이전	2021년5월20일 제20029호	2021년5월20일 확정채권양도	근저당권자 분당엔피엘대부주식회사 134811-0170291 경기도 성남시 분당구 돌마로 87, 801호(금곡동,골드프라자)
1-2	1번근저당권부채권 질권설정	2021년5월20일 제20030호	2021년5월20일 설정계약	채권액 금2,640,000,000원 변제기 2021년 9월 19일 이 자 없음 채무자 분당엔피엘대부주식회사 경기도 성남시 분당구 돌마로 87, 801호(금곡동,골드프라자) 채권자 주식회사▨저축은행 134911-000▨ 경기도 광명시 ▨▨▨ (철산동) (▨▨지점) 공동담보목록 제2021-233호
1-3	1번근저당권부채권 질권설정	2021년5월20일 제20031호	2021년5월20일 설정계약	채권액 금2,640,000,000원 변제기 2021년 9월 19일 이 자 없음 채무자 분당엔피엘대부주식회사 경기도 성남시 분당구 돌마로 87, 801호(금곡동,골드프라자) 채권자 이▨교 661220-******* 경기도 용인시 기흥구 용구대로▨▨길 27, ▨▨▨▨▨호 (마북동,삼거마을삼성래미안1차(아)) 이▨진 ▨1220-******* 서울특별시 서초구 동광로1길 ▨, ▨호(방배동) 이▨연 ▨0210-******* 서울특별시 영등포구 국회대로 ▨▨, 1▨동 1▨2호 (당산동4가,당산동반도▨▨▨팰리스) 신▨수 ▨0108-******* 전라남도 목포시 양율로▨▨, 1▨동 ▨03호

발행번호 1942021940920105901011025200000025006K3235902891112　　　발급확인번호 AAJU-JHXG-5599　　발행일 2021/05/25

3/5

[부동산등기부등본]

[건물] 경상남도 거제시 남부면 갈곶리 347-6외 2필지 제3동호

순위번호	등 기 목 적	접 수	등 기 원 인	권리자 및 기타사항
				(대성동, ▓▓▓엘에이치천년나무아파트) 전▓영 ▓0226-******* 　경기도 성남시 분당구 판교역로 ▓, ▓1동 　▓01호(백현동, ▓마을) 어▓태 ▓0405-******* 　경기도 화성시 동탄대로시범길 ▓, ▓06동 　▓1호 (청계동,동탄역시범예미지아파트) 이▓정 ▓0603-******* 　경기도 성남시 분당구 정자 ▓, ▓1동 　▓01호 (정자동,파크뷰) 오▓진 ▓1103-******* 　경기도 수원시 영통구 센트럴타운로 ▓, 　▓15동 ▓01호 　(이의동,광교이편한세상아파트) 캐나다인 이▓원 ▓1214-******* 　경기도 성남시 분당구 정자일로 ▓, 디동 　▓02호 (정자동,미켈란쉐르빌) 김▓례 ▓1112-******* 　경기도 성남시 중원구 희망로▓▓▓ 　(상대원동) 공동담보목록 제2021-234호
2	전세권설정	2012년2월8일 제5678호	2012년2월7일 설정계약	전세금 금30,000,000원 범 위 주거용 건물의전부 존속기간 2014년 2월 7일까지 전세권자 주식회사▓▓▓▓ 171311-000▓ 　경상북도 김천시 응명동 ▓▓▓
3	근저당권설정	2013년2월27일 제10348호	2013년2월27일 설정계약	채권최고액 금120,000,000원 채무자 주식회사파라다이스힐 　경상남도 거제시 남부면 갈곶리 347-6 근저당권자 캐나다 이▓식 ▓1220-******* 　서울특별시 송파구 올림픽로 ▓, 리센츠 　▓▓▓ (잠실동,리센츠) 공동담보 토지 경상남도 거제시 남부면 갈곶리 　　　　 347-6 ~~건물 경상남도 거제시 남부면 갈곶리~~ ~~347-6~~ 　　　　 토지 경상남도 거제시 남부면 갈곶리 　　　　 347-11
3-1	3번근저당권공동담 보변경			공동담보 ~~건물 경상남도 거제시 남부면 갈곶리~~ ~~347-6와 2필지~~

발행번호 194202194092010590101102520000025006K3245902891112　　발급확인번호 AAJU-JHXG-5599　　발행일 2021/05/25

4/5

이 물건은 채권매입계약을 체결한 2021년 3월 19일 후 다른 업체에서도 채권매입을 희망하여 **수협 채권담당자를 찾아왔다는 후일담을 전해 들었다. 그뿐만 아니라 채권을 매입하지 못한 업체로부터 채권 재매입에 대한 의사표시도 전해 듣고 사후정산 방식으로 채권을 재매각할 수 있는 기회도 있었지만 채권을 매입한 수강생 김**의 결정으로 이루어지는 만큼 필자가 간섭할 일은 아니기에 그냥 지켜만 보고 있었다. 만약 배당을 원했다면 원금 18억 원의 채권을 15억 원에 매입하였으므로 채권행사권리금액 약 21억 원에 대하여 17억 원에 사후정산방식으로 채권을 매각하였다면 15억 원 전액을 근저당권부질권 대출을 받음으로써 내 돈 한 푼 안 들이고 2억 원이라는 차액이 남았을 것이다. 물론 근저당권 이전비용과 근질권 이자 및 수수료는 들어갔지만, 사상 초유의 수익률이 발생될 수 있는 기회는 분명히 있었다고 생각한다. 2021년 7월 9일 감정가격 29.6억 원에서 49%까지 유찰된 3차 최저금액 14.5억 원일 때 채권매수인은 방어 입찰이 아닌 유입 금액으로 21억 원에 입찰하여 채권 매수를 희망했던 관심자들을 따돌리고 단독으로 최고가매수신고인으로 선정되었다.

[경매정보지]

▶ 창원지방법원 통영지원

대한민국 No.1 법원경매정보 **스피드옥션** (speedauction.co.kr) **SPEED auction**

2019 타경 25273 (임의)	매각기일 : 2021-07-09 10:00~ (금)	경매2계 055)

소재지	(53334) 경상남도 거제시 남부면 갈곶리 347-6외 2필지 제4동호 [도로명] 경상남도 거제시 남부면 해금강로 98-1 [갈곶리 347-6외 2필지 제4동호]				
용도	기타	채권자	거OOOOOOOO	감정가	2,960,128,960원
토지면적	1184㎡ (358.16평)	채무자	파OOO	최저가	(49%) 1,450,463,000원
건물면적	1909.16㎡ (577.52평)	소유자	주OOOOO	보증금	(10%) 145,046,300원
제시외	14.8㎡ (4.48평)	매각대상	토지/건물일괄매각	청구금액	1,886,740,501원
입찰방법	기일입찰	배당종기일	2019-10-21	개시결정	2019-08-09

기일현황 ☑전체보기

회차	매각기일	최저매각금액	결과
신건	2020-10-22	2,759,183,360원	유찰
	2020-11-26	1,931,428,000원	변경
신건	2021-02-18	2,960,128,960원	변경
신건	2021-04-30	2,960,128,960원	유찰
2차	2021-06-04	2,072,090,000원	유찰
3차	2021-07-09	1,450,463,000원	매각
김OO/입찰1명/낙찰2,100,000,000원(71%)			
	2021-07-16	매각결정기일	허가
	2021-08-27	대금지급기한 납부 (2021.08.24)	납부
	2021-10-06	배당기일	완료
배당종결된 사건입니다.			

변경공고 ▶ 변경일자 : 2021-02-05

변경내용	2021.02.05. 변경 후 추후지정(코로나19 방역을 위한 기일변경)

🏠 물건현황/토지이용계획	📐 면적(단위:㎡)	👤 임차인/대항력여부	📋 등기사항/소멸여부
도장포마을 서측 인근에 위치	[토지]	배당종기일: 2019-10-21	소유권 이전 2011-07-12 토지
주위는 마을취락, 농경지 등이 혼재하는 해 안 취락지대	갈곶리 347-6 대지 계획관리지역 485㎡ (146.71평) 기호1,2)일단지	파OOO 없음 사업: 2012-02-03 확정: 없음 배당: 없음 차임: 200,000원 점유: 미상(20㎡)	파OOO (거래가 2건) 10,000,000원 매매
본건까지 차량접근 가능하며 관내 대중교 통 사정을 고려시 제반 교통상황은 보통시 됨			소유권 이전 2011-07-25 건물
기호1,2)일단의 토지 서측으로 콘크리트 포 장도로(기호5) 소재함	갈곶리 347-11 대지 계획관리지역 417㎡ (126.14평) 기호1,2)일단지	현황조사 권리내역	파OOO 보존
기호5)본건 북측으로 아스콘 포장도로 소재 함		김O 없음 사업: 없음 확정: 없음 배당: 없음 보증: 80,000,000원 차임: 10,000,000원 점유: 3~4동 전부	(근)저당 소멸기준 2011-07-28 건물/토지 거OOOO 2,340,000,000원
현상변경허가 대상구역	갈곶리 349-5 도로 계획관리지역 보전관리지역 282㎡ (85.3평)		
이용상태(공히 일반건축물대장 상 수련시 설(유스호스텔) 상태임)		현황조사 권리내역	(근)저당 소멸 2013-02-27 건물/토지 캐OOO 120,000,000원
제반 급배수. 위생설비 및 난방설비 등	[건물] 보존등기일:2011-07-25		
계획관리지역(갈곶리 347-6)	해금강로 98-1 4동호 지하1층 수련시설 320.54㎡ (96.96평) 철근콘크리트조	계OO 없음 전입: 없음 확정: 없음 배당: 2019-08-19 보증: 30,000,000원 점유: 제3동용 주거용 건 물의 전부	압류 소멸 2018-09-13 토지 거OO (징수과-9403)
계획관리지역(갈곶리 347-11)			
계획관리지역 보전관리지역(갈곶리 349-5)	해금강로 98-1 4동호 1층 수련시설 222.91㎡ (67.43평) 철근콘크리트조		압류 소멸 2019-02-12 토지 국OOOO (세원관리과-티7905)
철근콘크리트조			
	해금강로 98-1 4동호 2층 수련시설 203.86㎡ (61.67평) 철근콘크리트조	**법인임차인** ▷ 보증금합계 110,000,000원 ▷ 월세합계 10,200,000원	임의경매 소멸 2019-08-09 건물/토지 거OOOO 청구: 1,886,740,501원
📊 감정평가현황 다온감정	해금강로 98-1 4동호		▷ 채권총액 : 2,460,000,000원
가격시점	미남리403-5		
감정가	2,960,128,960원		
토지	(31.18%) 923,070,000원		
건물	(68.75%) 2,035,164,560원		
제시외포함	(0.06%) 1,894,400원		

NPL의 흐름을 보면 채권 재매각을 통하여 100% 이상 대박의 수익을 실현한 경우도 허다하지만 채권을 할인하여 매입하고 높은 금액으로 낙찰을 받아서 대출을 받고 보유를 하거나 영업을 하다가 적절한 시기에 매도를 해서 월등히 높은 수익을 낸 사례를 볼 수 있다. 그런 맥락으로 본다면 감정가 29.6억 원의 부동산을 채권으로 15억 원에 매입하여 21억 원에 낙찰받음으로써 소기의 목적을 성취하였고 어차피 토지와 건물에 대한 가치는 없어지는 게 아니므로 장래의 기대수익은 채권 재매각보다도 월등히 높다고 판단할 수도 있다. 특히 이 지역은 남해 중에서도 으뜸으로 꼽히는 한려수도인데, 뛰어난 풍광과 지리적 여건으로 보면 희소가치 또한 엄청난 프리미엄으로 생각된다. 다른 각도에서 계산을 해보면 이만한 위치에 토지를 매입해서 인허가를 받은 후 토목공사를 하고 숙박업으로 건물을 지었다고 생각해 보면 전용 비용에서부터 토목공사, 상·하수도 및 전기 등 기본시설에 대한 투자와 숙박업으로 완성된 건평 1909.16㎡(577.52평)의 제조달원가만 계산한다고 치더라도 엄청난 자본이 투입되었을 것이라는 계산은 일반인들도 생각해 볼 수 있을 것이다.

소유권이전 후 등기부등본을 보면 1순위로 채권최고금액 2,016,00,000원의 근저당권이 설정되고 원금만 1,680,000,000원의 대출을 받았으며 사업 자금으로 2순위 및 3순위로 각각 원금 200,000,000원과 100,000,000원을 더 받았음을 알 수 있다.

이와 같이 채권 매입으로 실제 금액은 1,500,000,000원(비용은 별도)에 취득한 물건을 대출만 1,980,000,000원 받을 수 있으니 경매로 취득하는 것과 비교하면 NPL의 위력은 참으로 대단한 것이다.

[소유권이전 후 등기부등본 토지]

[토지] 경상남도 거제시 남부면 갈곶리 347-6

순위번호	등 기 목 적	접 수	등 기 원 인	권리자 및 기타사항
				건물표시변경으로 인하여 2015년10월8일 부기
23	근저당권설정	2015년3월16일 제16540호	2015년3월16일 설정계약	채권최고액 금312,000,000원 채무자 주식회사파■■이스비차 　경상남도 거제시 남부면 ■■■■ 근저당권자 ■■■■업은행 ■■■5-0000903 　서울특별시 중구 ■■■■(을지로2가) 　(■■■지점) 공동담보목록 제2015-197호
28	근저당권설정	2021년8월24일 제33068호	2021년8월24일 설정계약	채권최고액 금2,016,000,000원 채무자 김■용 　경기도 용인시 수지구 동천로 ■■■(고기동) 근저당권자 ■■■산업협동조합 　134537-000■■■■ 　경기도 용인시 처인구 금령로■■■■ 　(■■■■■■) 공동담보목록 제2021-441호
29	근저당권설정	2021년11월26일 제45360호	2021년11월22일 설정계약	채권최고액 금300,000,000원 채무자 김■용 　경기도 용인시 수지구 동천로 ■■■(고기동) 근저당권자 이■정 ■0603-******* 　경기도 성남시 분당구 정자일로 ■■, ■1동 　■■■■(정자동, ■■■■■) 공동담보목록 제2021-586호

순위번호	등 기 목 적	접 수	등 기 원 인	권리자 및 기타사항
30	근저당권설정	2022년1월13일 제1463호	2022년1월13일 설정계약	채권최고액 금150,000,000원 채무자 김■용 　경기도 용인시 수지구 동천로■■■(고기동) 근저당권자 홍■호 ■0915-******* 　경기도 성남시 수정구 태평로■, ■동 　■■호(태평동,가천대역 ■■■■■■■)

-- 이 하 여 백 --

관할등기소 창원지방법원 거제등기소

열람일시 : 2022년02월15일 11시12분56초　　　　10/11

이로써 경락잔금대출을 연 3.5%의 금리로 1,680,000,000원을 받았고 2순위와 3순위까지 대출을 받아서 대금을 납부하고 2,100,000,000원의 배당을 받은 금액에서 근질권 대출 합계 15억 원을 상환하였고 수수료 및 취·등록세를 모두 공제하고도 남은 돈으로 리모델링이나 사업 자금까지 충당되었다.

부동산 투자는 여러 가지 방법이 있을 수 있는데 NPL로 원금을 할인하여 매입을 하고 채권행사권리금액으로 낙찰을 받아서 경락잔금 대출을 받고 본인 자금 없이 부동산을 취득하고 여기에다가 리모델링을 함으로써 감정가격만 하더라도 2,960,128,960원이었는데 당연히 리모델링한 금액은 부가적으로 건물에 대한 객관적인 가치를 향상시켜서 부동산의 가치는 그 이상이 될 것이며 정상적으로 매도하게 되면 양도차액은 상상을 할 수 없을 만큼 높은 수익률로 되돌아오게 되는 것이다.

4. 2020타경25088 (거제 양식장 및 유기농 채소 농장)

이**은 부지런하고 계산이 빠른 수강생이다. 2021년도에 학원에 수강 등록을 하여 이미 경매 4건과 공동투자 2건 NPL 파생상품 1건으로 안전한 투자와 수익을 올리고 있다. 이 물건도 지난 6월에 낙찰받은 사천의 아파트 잔금 납부 겸 촉탁등기를 셀프로 하기 위하여 가는 길에 임장을 하고 NPL로 진행한 것이다.

'네이버' 분당NPL경매학원 카페에 '성공투자후기' 란에 보면 본인이 올린 후기에 이렇게 적혀있다.

8월 3일 : **수협의 채권관리팀 공모대리와 통화(3.2억 원에 매도 의향 확인)

8월 4일 : 원장님 미팅(매수해도 좋겠다는 말씀하심)

8월 5일 : 물건 확인 차 거제도 첫 방문(가는 길에 5개의 주변 물건, 1개의 삼천포물건 임장)
거제물건은 지목은 답이었으나 토지 전체를 여러동의 하우스로 깔끔하게 신축되어 있고 주차장, 직원 숙소, 사무공간, 철제 담장, 대형 수조11개, 친환경 채소 수경 재배 시설 등을 보고 놓치기 아까운 물건임을 확인.

8월 6일 : **수협 채권매수의향서 제출. 담당자에게 추가 할인 여부 타진했으나 완강한 거부로 실패. 채권매입 및 컨설팅비, 이자, 법무비용 등을 고려한 원가가 대략 3.45억 예상되어 최저가 2.2억 기준 정상 입찰로 참여하여 낙찰 받을까 등 여러 가지 생각을 해보았지만 낙찰에 대한 확률과 향우 유입 시 잔금대출을 최대로 받아 투자금을 최소화 내지는 안 들이는 것을 고려해서 NPL로 결정.

8월 9일 : **수협 채권 매도에 대한 내부결제 완료 통보 받음

8월 10일 : 분당엔피엘대부㈜과 컨설팅 계약 체결

8월 12일 : 거제수협 채권양수도계약 체결. 2번째 방문

8월 19일 : 채권 잔금 준비를 위해 원우 4분에게 공동투자로 2.6억 원에 대한 차용증서 날인. 저축은행으로부터 근질권대출을 받으면 이율은 낮지만 카페의 발전과 나눔의 생각에서 결정(3개월은 저축은행 근질권 불가 내지는 금리도 연 12% 적용)

8월 20일 : 채권 잔금 납부 및 근저당권이전, 근질권 설정(학원 담당 사무장이 수고해 주심)

8월 23일 : 통영지원 입찰 10명 부인 명의로 최고가매수인 선정.

[등기부등본]

[토지] 경상남도 거제시 거제면 서정리 572-12

【 을　　구 】　(소유권 이외의 권리에 관한 사항)

순위번호	등 기 목 적	접　수	등 기 원 인	권리자 및 기타사항
1	근저당권설정	2017년3월29일 제13547호	2017년3월29일 설정계약	채권최고액 금420,000,000원 채무자 이　갑 　　경상남도 거제시 계룡로 　　　호 　　(고현동) 근저당권자 　　수산업협동조합 　　　194938-00　　 　　경상남도 거제시 장승포로 58 (장승포동) 　　(고현지점)
1-1	1번근저당권이전	2021년8월20일 제32576호	2021년8월20일 확정채권양도	근저당권자 분당엔피엘대부주식회사 　　134811-0170291 　　경기도 성남시 분당구 돌마로 87, 　　801호(금곡동,골드프라자)
1-2	1번근저당권부채권 질권설정	2021년8월20일 제32577호	2021년8월20일 설정계약	채권액 금420,000,000원 변제기 2021년 12월 19일 채무자 분당엔피엘대부주식회사 　　경기도 성남시 분당구 돌마로 87, 　　801호(금곡동,골드프라자) 채권자 　유　경 　0210-******* 　　경기도 화성시 우정읍 버들로 　　 　이　교 　1220-******* 　　경기도 용인시 기흥구 용구　　　길 　　　동 　1호 (마북동, 　　　마을삼성래미안1차(아)) 　최　진 　1014-******* 　　서울특별시 서초구 신반포로 　　, 　동 　　　호 (반포동, 　　　아파트) 　우　숙 　1028-******* 　　경기도 수원시 영통구 　　　　, 　5동 　　　호 (영통동, 　마을 삼익아파트)
1-3	1번근저당권부채권 질권설정	2021년8월20일 제32578호	2021년8월20일 설정계약	채권액 금420,000,000원 변제기 2021년 12월 19일 채무자 분당엔피엘대부주식회사 　　경기도 성남시 분당구 돌마로 87, 　　801호(금곡동,골드프라자) 채권자 정　남 　0817-******* 　　서울특별시 중랑구 봉우　　　길　　 　　(면목동)

발행번호 194202194091910890109602500000859753KHY25653UN1112　　　　발급확인번호 AAKC-JJKK-9563　　　발행일 2021/08/25

2/4

[경매정보지]

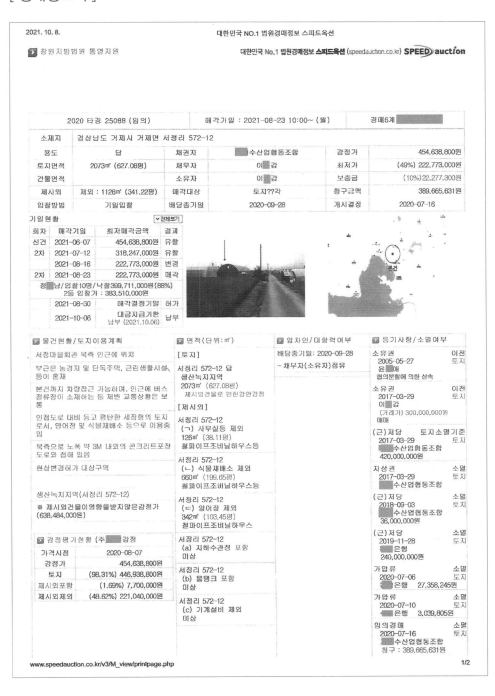

대한민국 NO.1 법원경매정보 스피드옥션

창원지방법원 통영지원

대한민국 No.1 법원경매정보 **스피드옥션** (speedauction.co.kr) **SPEED** auction

2020 타경 25088 (임의)		매각기일 : 2021-08-23 10:00~ (월)		경매6계

소재지	경상남도 거제시 거제면 서정리 572-12				
용도	답	채권자	수산업협동조합	감정가	454,638,800원
토지면적	2073㎡ (627.08평)	채무자	이 갑	최저가	(49%) 222,773,000원
건물면적		소유자	이 갑	보증금	(10%) 22,277,300원
제시외	제외 : 1128㎡ (341.22평)	매각대상	토지??각	청구금액	389,665,631원
입찰방법	기일입찰	배당종기일	2020-09-28	개시결정	2020-07-16

기일현황 ▼전체보기

회차	매각기일	최저매각금액	결과
신건	2021-06-07	454,638,800원	유찰
2차	2021-07-12	318,247,000원	유찰
	2021-08-16	222,773,000원	변경
2차	2021-08-23	222,773,000원	매각
정 남/입찰10명/낙찰399,711,000원(88%) 2등 입찰가 : 383,510,000원			
	2021-08-30	매각결정기일	허가
	2021-10-06	대금지급기한 납부 (2021.10.06)	납부

물건현황/토지이용계획

서정마을회관 북측 인근에 위치

부근은 농경지 및 단독주택, 근린생활시설 등이 혼재

본건까지 차량접근 가능하며, 인근에 버스정류장이 소재하는 등 제반 교통상황은 보통

인접도로 대비 등고 평탄한 세장형의 토지로서, 양어장 및 식물재배소 등으로 이용중임

북측으로 노폭 약 3M 내외의 콘크리트포장 도로와 접하고 있음

현상변경허가 대상구역

생산녹지지역(서정리 572-12)

※ 제시외건물이영향을받지않은감정가 (638,484,000원)

감정평가현황 (주) 감정

가격시점	2020-08-07
감정가	454,638,800원
토지	(98.31%) 446,938,800원
제시외포함	(1.69%) 7,700,000원
제시외제외	(48.62%) 221,040,000원

면적(단위:㎡)

[토지]
서정리 572-12 답
생산녹지지역
2073㎡ (627.08평)
제시외건물로 인한감안감정

[제시외]
서정리 572-12
(ㄱ) 사무실등 제외
126㎡ (38.11평)
철파이프조비닐하우스등

서정리 572-12
(ㄴ) 식물재배소 제외
660㎡ (199.65평)
철파이프조비닐하우스등

서정리 572-12
(ㄷ) 양어장 제외
342㎡ (103.45평)
철파이프조비닐하우스

서정리 572-12
(a) 지하수관정 포함
미상

서정리 572-12
(b) 물탱크 포함
미상

서정리 572-12
(c) 기계설비 제외
미상

임차인/대항력여부

배당종기일: 2020-09-28
- 채무자(소유자)점유

등기사항/소멸여부

소유권	이전 토지
2005-05-27	
윤 애	
협의분할에 의한 상속	

소유권	이전 토지
2017-03-29	
이 갑	
(거래가) 300,000,000원 매매	

(근)저당	토지소멸기준 토지
2017-03-29	
수산업협동조합	
420,000,000원	

지상권	소멸 토지
2017-03-29	
수산업협동조합	

(근)저당	소멸 토지
2018-09-03	
수산업협동조합	
36,000,000원	

(근)저당	소멸 토지
2019-11-28	
은행	
240,000,000원	

가압류	소멸 토지
2020-07-06	
은행 27,358,245원	

가압류	소멸 토지
2020-07-10	
은행 3,039,805원	

임의경매	소멸 토지
2020-07-16	
수산업협동조합	
청구 : 389,665,631원	

이 물건에 필자가 임장은 가보지 못했지만 정보지와 경험을 바탕으로 분석을 해볼 때 유입하여 정상적으로 운영을 하다가 실수요자에게 양도한다면 최대의 수익률을 올릴 수 있을 것으로 판단된다. 그 이유는 지목이 '답'일뿐이지 전부를 전용받아서 메기양식장을 위한 하우스를 짓고 수조를 11개나 설치하여 지하수로 운영한다. 여기에서 나온 물로 특수작물을 수경재배하고 모든 운영을 위한 사무공간과 숙소까지 만들어서 완벽한 하나의 사업체를 만들어 놓은 것이다. 근대사회는 적은 공간에 다양한 양질의 생산성이 향상되어야 유지관리비 및 인건비를 절감할 수 있어서 사업의 안전성에 대한 리스크가 적다고 볼 것이다. 그런 측면으로 본다면 신축으로 모든 것이 갖추어진 상태인데 운영자금이 부족하여 출하도 못 해보고 과중한 시설 투자로 인하여 경매가 진행되었다고 봐야 할 것이니 경매로 최고가매수신고인으로 선정된 당사자는 전 소유자와 협의하여 매각하거나 동종 업체나 중간 도매상에게 매매하게 되면 부동산 가격에다가 시설 투자비는 당연하고 권리금까지 받을 수도 있기 때문에 효율성이 극대화된다고 볼 것이다.

이 물건의 감정평가금액은 454,638,800원으로 나와있지만, ※제시 외 건물이 영향을 받지 않은 감정가격(638,484,000원) 이렇게 평가하였다. 이 물건이 49%까지 유찰된 데는 그만한 이유가 있었다. 누가 보아도 물건은 좋은데 농지취득자격증명 제출과 제시 외 지상물에 대한 금액(221,040,000원)이 부담스럽기 때문에 선뜻 입찰에 참여하지 못한 것이다. 비로소 절반 금액 미만으로 유찰되자 많은 사람들이 관심을 가지고 10명이나 입찰에 참여한 것이다.

물건을 평가하는 기준을 단순히 부동산 평가금액으로 볼 수는 없다. 필자가 나름대로 평가하는 기준은 상황에 따라서 다르기는 하지만 은행의 대출금도 참고한다는 것이다. 여기의 등기부등본을 보면 1순위로 **수협에 채권최고금액으로 420,000,000원과 2순위로 **수협 36,000,000원이 있으며 3순위로 농협 240,000,000원이 있다. 금융권에서 대출을 해 줄 때 평가하는 감정가격은 일반 거래가격보다 같거나 낮게 평가한다는 점도 고려해야 할 것이다.

최저금액 222,773,000원인데 NPL로 320,000,000원에 매입한다는 것도 이와 같은 분석과 안목 없이는 판단이 어려울 것으로 생각된다. 경매의 입찰 경험이 여러 번 있는 사람이 판단해 볼 때 한번 유찰되어 70%일 때는 관심이 없다가 두 번 유찰되어 49%가 되면 많은 사람들이 관심을 가지고 입찰에 참여하는 경우는 종종 볼 수 있는데 이때 전 회차인 70%를 훌쩍 넘는 경우를 자주 볼 수 있을 것이다. 이렇게 본다면 전 회차(70%)금액이 318,247,000원에다가 경매신청비용까지 포함하여 채권최고금액 420,000,000원(채권행사권리금액 4억 원 이상)의 채권을 할인하여 3.2억 원에 매입하였다는 것은 NPL을 모르는 사람으로서는 있을 수 없는 일이다.

유입이 목적이라면 입찰참가이행조건부채권양수도계약(사후정산)이나 채무인수계약(채무자변경)으로 매입하면 대부법인 컨설팅 비용이나 근저당권 및 근질권이전 비용, 이자 등이 감면될 수 있지만 저축은행이나 지방은행에서는 NPL 양도 시 론세일 외에는 취급을 안 한다고 하니 어쩔 수 없이 론세일로 매입을 하였다. 그러나 채권을 매입하여 입찰에 참여함으로써 99% 최고가매수신고인으로 선정이 되고 높은 대출금액뿐만 아니라 양도 시 양도소득세가 절감되니 경매로 입찰에 참여하는 것하고는 비교가 될 수 없음을 여기서도 실감해 본다.

내 용 증 명

제목 : 명도요청 및 철거소송 예정통보서

수신인 : 이 ▇ 갑
주소 : 경상남도 거제시 거제면 서정리 ▇▇▇▇

발신인 : 정 ▇ 남
주소 : 경기도 성남시 분당구 ▇▇▇▇▇▇▇, ▇▇호

1. 귀하의 건승을 기원합니다.

2. 발신인은 2021.08.23 창원지방법원 진주지원에서 진행된 경매를 통해 (경상남도 거제시 거제면 서정리 ▇▇▇▇)의 부동산 (이하"이 사건 부동산")을 낙찰 받고 2021.10.06 잔금 납부 및 소유권 이전등기를 마친 매수인입니다.

3. 발신인은 점유자 이 ▇ 갑 님과 앞으로 명도에 필요한 내용을 원만히 협의하고자, 서면으로 향후 진행 상황을 알려드리오니, 명도 등과 관련한 절차상 착오로 인하여 수신인의 민, 형사상 불이익이 없도록 각별히 유의하시길 바라는 마음에 본 내용증명을 보냅니다.

4. [명도소송 예정] 먼저 수신인 이 ▇ 갑 님께서 농사 지으시는 양식장 및 식물재배소, 사무실시설등이 있는 이 사건 부동산이 경매되어 많이 놀라셨을 것으로 생각됩니다만, 수신인도 이미 예견된 경매건이라 마음의 준비를 했을 것으로 사료됩니다.

   발신인은 정당한 경매를 통해 낙찰을 받아 2021년 10월 06일 소유권 이전등기를 마쳤으며 수신인께서는 양식장 및 식물재배소, 사무실시설등을 철거 하셔야 합니다.

   농사를 지으셔야 되는 시설을 철거 한다는 아픔이 있을 것으로 사료되는 만큼 상호 협의를 통해서 명도 해 주시기 바랍니다. 본 내용증명을 받아 보시고, 7일 안으로 의견을 주시기 바랍니다.

   이 내용증명을 송달 받으신 이후 7일 안으로 귀하의 의견이 없을 경우 발신인은 소유권이전에 따른 철거소송을 진행하겠습니다.

5. [소송비용 청구] 철거소송으로 진행될 경우, 판결문 수령 후 집행관을 통해 부동산인도명령에 따른 강제집행이 실시될 것이며, 본인이 법적 절차를 진행하기 위해 지출했던 일체의 소송비용 및 강제집행비용과 불필요하게 발생된 비용 및 스트레스로 인한 정신적 피해보상에 대해서 귀하에게 다시 청구될 것입니다.

6. [부당이득 반환소송 예정] 또한 철거소송 외에도, 본인의 소유권이전일로부터 위 사건 부동산 인도를 완료할 때까지 귀하는 무상으로 사용한 부분에 관하여, "소송촉진등에 관한 특례법" 제3조제1항 본문의 규정에 따라, 월세 상당의 부당이득 (부동산 감정가격 638,484,000원X연2.5%/12개월 = 매월 1,596,210원)을 취하게 되어 차후에는 이에 대한 손해배상 및 지연이자를 청구하는 소송 또한 제기될 수 있으며, 소송의 결과에 따라 귀하의 다른 재산에 압류 조치가 될 수도 있습니다. 잘 아시겠지만 발신인인 저는 이런 상황을 절대로 만들고 싶지 않으므로 상호 현명한 대화로 처리되길 기대합

7. 그러나 위에 기재된 모든 법적 절차는 원만한 합의가 이루어지지 않았을 경우를 가정하고 기재한 것이오니 오해 없으시기를 바랍니다. 만약 내용증명 수신 후 합의가 이루어진다면 모든 절차는 원만하게 마무리될 것입니다.

8. 위 모든 절차는 법률사무소를 통하여 진행될 것입니다.

9. 발신인도 자금이 부족하여 은행으로부터 대출을 받고, 부족한 부분은 사금융을 통해서 잔금을 치룬 상황이라 신속하게 업무를 진행할 수밖에 없는 상황입니다. 따라서 발송된 내용증명에 기분 상하지 마시고 원만하게 처리되도록 빠른 시간 안에 연락을 주시면 감사하겠습니다.

이 상

잔금을 납부하고 내용증명을 발송한 후 전 소유자를 상대로 소송을 제기했다.

청구취지는 부당이득청구와 건물철거였다. 전 소유자인 피고로부터 전화가 왔다. 만나서 소상히 상의하자는 것이다. 2021.11.중순 쯤 이**과 같이 거제로 갔다. 현장에는 메기 양식장과 수경재배로 경작하는 무농약 채소가 출하를 앞두고 있었다. 직감적으로 쉽게 출구를 찾을 수 있을 것 같은 생각이 들었다. 농장 사무실에서 전 소유자와 대화를 했다. 토지는 NPL을 매입하여 경매로 취득을 했고 토지 위의 모든 시설은 피고 측의 물건임을 인정하고 피고의 생각을 물어봤다. 금액이 맞으면 토지를 인수하겠다는 것이다. 인수를 하지 않고는 다른 방법도 없는 것이니 당연한 것이다. 이럴 때 지나치게 무리한 요구를 하면 협상이 결렬되고 소송으로 많은 시간을 허비하며 서로에게 이득이 없음을 잘 알기에 토지매매가격을 감정가격인 454,638,800원을 제시했다. 상대방도 승낙을 했다.(합의점을 찾을 때까지 고차원적인 신경전이 있었다. 생략.)

12월 어느 날 거제에서 피고가 분당으로 토지 계약을 하기 위해서 방문을 했다. 피고 입장에서는 원고의 마음이 변하기 전에 계약이라도 하고 싶은 게 이런 입장이면 당연한 것이다. 문제는 대출이 쉽지 않았다. 12월이나 1월은 일반 대출이 어렵다 뿐만 아니라 DSR 적용과 함께 대출의 문턱이 점점 높아가는 시기라 정상적인 사람도 어려운 시점이다. 여기에 토지와 지상물을 같이 담보로 제공해야 감정을 높게 받을 수 있는데 토지에 대한 사용승낙을 요구해서 보류하고 말았다. 어차피 지료 청구와 철거 소송은 진행 중이고 답답한 쪽에서 제안이 있을 것으로 판단되기 때문이다. 2022년 1월에 피고가 분당으로 방문하였다. 2월에 대출을 받아서 계약을 하겠다는 의사표시를 하면서 매매에 변함이 없느냐는 확인이었다. 제기한 소송은 3월에 선고를 한다는 법원의 통지를 받았다. 대출이 원만하게 이루어져서 피고와 매매계약이 성사되길 바란다.

이런 상황을 지켜보면서 자연적 섭리로 해결이 되는구나 하는 원리를 다시 한번 깨달아 본다. 새로 출간하는 책 원고를 제출하기 이전에 결정이 난다면 수정해서 마지막 부분까지 생생하게 기록할 것이다.

[배당표]

창원지방법원 통영지원
배 당 표

사 건	2020타경25088 부동산임의경매 (경매6계)		
배 당 할 금 액	금		399,745,726

명세	매 각 대 금	금	399,711,000
	지연이자 및 절차비용	금	0
	전경매보증금	금	0
	매각대금이자	금	34,726
	항고보증금	금	0

집 행 비 용	금	5,773,390
실제배당할 금액	금	393,972,336

매각부동산	1. 경상남도 거제시 거제면 서정리 572-12 답 2073㎡		
채 권 자	▩▩시장	우▩숙	유▩경
채권금액 원 금	140,940	65,000,000	65,000,000
이 자	0	470,137	470,137
비 용	0	0	0
계	140,940	65,470,137	65,470,137
배 당 순 위	1	2	2
이 유	교부권자 (당해세)	저당권부질권자 (2021-32577호)	저당권부질권자 (2021-32577호)
채 권 최 고 액	0	395,988,327	395,988,327
배 당 액	140,940	65,470,137	65,470,137
잔 여 액	393,831,396	328,361,259	262,891,122
배 당 비 율	100 %	100 %	100 %
공 탁 번 호 (공 탁 일)	금제 호 (. .)	금제 호 (. .)	금제 호 (. .)

2-1

[배당표]

채 권 자		이■교	최.진	정■남
채권금액	원 금	65,000,000	65,000,000	130,000,000
	이 자	470,137	470,137	0
	비 용	0	0	0
	계	65,470,137	65,470,137	130,000,000
배 당 순 위		2	2	3
이 유		저당권부질권자 (2021-32577호)	저당권부질권자 (2021-32577호)	저당권부질권자 (2021-32578호)
채 권 최 고 액		395,988,327	395,988,327	395,988,327
배 당 액		**65,470,137**	**65,470,137**	**130,000,000**
잔 여 액		197,420,985	131,950,848	1,950,848
배 당 비 율		100 %	100 %	100 %
공 탁 번 호 (공 탁 일)		금제 호 (. .)	금제 호 (. .)	금제 호 (. .)
채 권 자		분당엔피엘대부 주식회사 (변경전: ■■수산업협동조합)		
채권금액	원 금	350,000,000	0	0
	이 자	45,988,327	0	0
	비 용	0	0	0
	계	395,988,327	0	0
배 당 순 위		4		
이 유		신청채권자 (근저당 2017-13547호)		
채 권 최 고 액		4,107,779	0	0
배 당 액		**1,950,848**	**0**	**0**
잔 여 액		0	0	0
배 당 비 율		47.49 %		
공 탁 번 호 (공 탁 일)		금제 호 (. .)	금제 호 (. .)	금제 호 (. .)

2021. 11. 10.

사법보좌관   조■균   印相

2-2

[소장]

소   장

원   고   정█남(█0817-*******)
　　　　　　서울 중랑구 봉우재로█████, █████호(면목동)
　　　　　　송달주소: 성남시 분당구 █████, ███호(서현동, ███분당에클라트)
　　　　　　(휴대전화: 010-████-****   이메일: ██████@naver.com)

피   고   이█갑(███0920-*******)
　　　　　　거제시 거제면 읍█████ (서정리)
　　　　　　(휴대전화: 010-3████-****)

부당이득금 청구의 소

청 구 취 지

1. 피고 이█갑은 원고에게,

　가. 별지 목록 제2항, 제3항, 제4항 기재 건물들을 철거하고 별지 목록 제1항 기재 토지를 인도하고,

　나. 2021.10.07.부터 별지 목록 제1항 기재 토지를 인도할 때까지 매월 1,596,210원의 비율에
　　　의한 금원을 지급하라.

2. 소송비용은 피고가 부담한다.

3. 위 제1항은 가집행할 수 있다.

개인정보유출주의 제출자:정[redacted]남, 제출일시:2021.11.04 17:14, 출력자:정[redacted]남, 다운로드일시:2022.02.16 20:10

청 구 원 인

1. 당사자의 지위

가. 원고는 별지 목록 제1항 기재 토지(이하 '이 사건 토지'라 함)의 소유자이고, 피고 이종갑은 이 사건 토지 지상에 건립된 별지 목록 제2항, 제3항, 제4항 기재 미 등기 철파이프조 비닐하우스(이하 '이 사건 건물'이라 함)의 소유자이며 이 사건 건물을 점유하고 있는자입니다.

나. 원고는 이 사건 토지를 창원지방법원 통영지원 2020타경25088 임의경매 사건에서 2021.08.23. 에 낙찰을 받고 2021.10.06. 에 잔금을 전액 납부하여 이 사건 토지의 소유권을 취득하였습니다.
(갑제1호증 - 토지등기사항전부증명서)

2. 이 사건 건물에 관한 법정지상권의 성립 여부

이 사건 토지에 2017.03.29. 에 [redacted]수산업협동조합이 근저당 설정을 할 당시에 이 사건 토지 위에 아무 지상물이 없었고, 그 이후에 이 사건 건물이 설치되었기 때문에 민법에서 정한 법정지상권 또는 관습법상의 법정지상권이 성립하지 않습니다.

3. 피고의 의무

가. 건물철거 및 토지인도의무

피고 이[redacted]갑은 어떠한 권원도 없이 이 사건 토지 위에 이 사건 건물을 신축하여 소유하는 방법으로 이 사건 토지를 점유하고 있습니다. 원고는 피고 이[redacted]갑에 대하여 소유권에 기한 방해배제청구권의 행사로써 이 사건 건물의 철거와 아울러, 소유권에 기한 반환청구권의 행사로써 이 사건 토지의 인도를 구합니다.

나. 지료 상당의 부당이득반환의부

피고 이[redacted]갑은 원고 소유의 이 사건 토지를 아무런 법률상 원인 없이 무단으로 점유하여 사용 수익하고 있으므로 피고 이[redacted]갑은 지료 상당의 부당이득을 얻고 있다고 할 것입니다. 부당이득금의 산출근거는 2020.08.14. 주식회사 [redacted]감정평가법인에서 평가한 감정평가서<감정평가서번호:[redacted]경남울산)20-200720-301호>를 참고 하였으며 <토지보상평가지침> 별표7의2 기대이율적용기준표를 인용하여 산정하였으며(감정가격 638,484,000 * 2.5% / 12)원을 월차임으로 청구하고 차후 지료 감정을 통해 청구취지를 정리하도록 하겠습니다.
(갑 제2호증 - 감정평가서 사본)

4. 결론

원고는 피고 이▉갑에 대해서 이 사건 건물을 철거하고 같은 건물의 토지를 인도하고 또한 지료 상당의 부당이득을 반환할 것을 구하고자 이 사건 청구에 이른 것입니다.

입 증 방 법

1. 갑 제1호증   등기부등본(서정리)
2. 갑 제2호증   감정평가서(2020타경25088)

첨 부 서 류

1. 토지대장

2021.11.04

원고 정■남

서울북부지방법원 귀중

5. 2013타경21559 (사후정산으로 성공한 상가)

부동산 현황 및 채권현황

물기 수원지방법원

2013 타경 21559 (임의)		매각기일 : 2014-03-19 10:30~ (수)			경매9계 031-210-1269
소재지	(18454) 경기도 화성시 반송동 ▨▨▨▨프라자 1층 107호 [도로명] 경기도 화성시 메타폴리스로 ▨▨(반송동)				
용도	상가(점포)	채권자	우000000000000	감정가	750,000,000원
대지권	9.821㎡ (2.97평)	채무자	노0000000000	최저가	(34%) 257,250,000원
전용면적	56.97㎡ (17.23평)	소유자	노0000000000	보증금	(10%)25,725,000원
사건접수	2013-04-12	매각대상	토지/건물일괄매각	청구금액	386,044,554원
입찰방법	기일입찰	배당종기일	2013-06-28	개시결정	2013-04-15

기일현황 ▾간략보기

회차	매각기일	최저매각금액	결과
신건	2013-09-05	750,000,000원	유찰
2차	2013-10-15	525,000,000원	유찰
3차	2013-11-12	367,500,000원	유찰
	2013-12-10	257,250,000원	변경
	2014-01-09	257,250,000원	변경
4차	2014-03-19	257,250,000원	매각
박성택/입찰9명/낙찰460,000,000원(61%)			
	2014-03-26	매각결정기일	허가
	2014-05-07	대금지급기한 납부 (2014.04.30)	납부
	2014-06-12	배당기일	완료
배당종결된 사건입니다.			

(중요사항 : 상권분석 - 물건의 가치분석)

2014년 2월이었다. 당시만 해도 NPL 물건을 골라가면서 매입을 했던 시절이었다. 대부분의 사람들이 그렇듯 필자도 1층 상가를 찾고 있었다. 채권을 골라서 매입하던 시기였지만, 원하는 지역에 1층 상가는 나오는 게 별로 없었다.

때마침 부실채권(NPL) 매입이 가능한 1층 상가가 나왔다. 동탄 신도시에 있는 상가였다. 물건 정보는 다음과 같다.

사건번호 2013타경21559 화성시 반송동 **프라자 107호, 면적 56.97㎡(약 17.23평)에 감정가격 750,000,000원, 입찰최저금액 34%인 257,250,000원이였다. 여기에 ㅅ중앙회 채권최고금액 494,000,000원의 채권이 이자가 미납되면서 NPL로 나왔고 할인된 가격으로 매각을 한 것이다.

필자가 매입을 원했으나 투자금이 회수되지 않아서 자금이 없었다. 이런 물건을 추천하면 소정의 수수료를 받을 수 있기에 지인 P씨에게 매입할 만한 사람들을 추천해 줄 것을 요청하였고 P씨의 직장 후배들이 임장을 왔다. 동탄신도시의 주변 현황과 상가에 대한 분양금액, 임대현황 등 전반적인 내용을 있는 그대로 설명을 하였다. 신도시의 특성상 1~2년만 지나면 많은 변화로 상권이 활성화 된다는 것은 자신있게 설명했지만 그들은 반응 없이 돌아갔다. 며칠 후 들리는 답변은 "오죽하면 나한테까지 그 상가가 돌아오겠느냐"는 것이다.

참으로 기가 막히고 어이가 없었다. P씨에게 이 상가를 NPL로 매입 할 것을 권했다. P씨 역시 의심의 눈초리로 하루에도 몇 번씩 했던 조사를 날마다 여러 번 더 반복하더니 본인이 매입한다는 결론을 내렸다.

**에이엠씨의 담당자도 필자와 여러번 거래를 한 ***차장이었다.

입찰참가이행조건부 채권양수도계약[18]으로 370,000,000원에 계약을 체결하면서 계약금으로 37,000,000원을 지불했고, 차액약정보전금[19]을 100%로 정하는 특약을 넣었다.

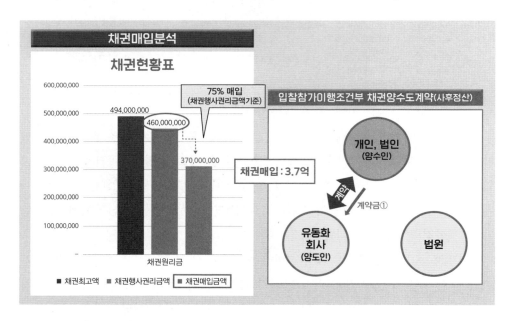

이상의 내용을 초보 수강생을 위하여 간략히 보충설명을 하면 다음과 같다. 원래 이 건물의 이 정도 면적은 분양 당시 12억 원이 넘었고 S전자라는 대기업과

---

18) 입찰참가이행조건부채권양수도계약(사후정산방식)=입찰에 참여하여 낙찰을 받은 후 매입채권을 정산하는 방식.
19) 차순위매수인이 370,000,000원보다 높을 경우 그 금액을 추가로 지불하는 조건부 계약

인접해 있으므로 미래의 값어치는 기대되는 곳이다.

신도시의 특성상 처음에는 상권이 미약하고 통상 6~7년, 길게는 10년이 지나야 안정세로 돌아오는 이치를 우리는 이미 알고 있다.

따라서 경매가 진행 중이기도 하지만 빈 상가가 있었고 임대료는 최저가격을 형성하고 있었다.

처음 분양 시점에는 보증금 1억 원에 월세가 390만 원인 한우고기 전문 식당이었다고 같은 건물에 입주한 부동산을 통해서 들었다. 하기야 분양가격이 12억이 넘을 정도면 월세 390만 원도 싸다는 생각이 들었다. 하지만 현실적으로 지금은 보증금 3천만 원에 월세 180만 원이 가능하다는 것이다. 이 가격에 임대가 된다면 더할 나위 없이 성공하는 것이다. 왜냐하면 필자의 생각으로는 그야말로 바닥을 친 것이라 생각되었기 때문이다. 더 이상 임대료가 내려갈 걱정은 없고, 올라갈 일만 기대할 수 있기 때문이다.

드디어 매각기일이 다가왔다.

2014년 3월 19일. 사건번호 [2013타경21559] 감정가격 750,000,000원에 입찰최저가격은 257,250,000원이었다. 경매법정은 많은 사람들로 북적거렸다. 460,000,000원에 입찰표를 작성하여 입찰함에 넣고 기다리는 동안 온몸이 땀으로 흥건했다. 다름 아닌 차액약정보전금을 100%[20]로 정했기 때문에 차 순위의 금액이 궁금했던 것이다. 만약 차 순위가 459,000,000원이 된다면 채권매입원금인 370,000,000원과의 차액인 89,000,000원을 채권매입가격으로 더 지불해야 하기 때문에, 솔직히 말하자면 필자는 그 전날 밤 한숨도 이루지 못했다.

짧고도 긴 시간이 흘러서 개찰이 진행되었다. 집행관의 목소리가 투박한 음성으로 스피커를 통해서 나왔다. "2013타경21559에 입찰하신 아홉 분 법대 앞으로 나오세요." 정말 떨리는 순간이었다. 하나하나 개찰이 진행될 때마다 느닷없이 4억 몇 천만 원이 나올 것 같아 숨이 막힐 지경이었다.

결국 460,000,000원에 응찰한 P씨가 낙찰이 되었고 차 순위는 371,000,000원이였다. 따라서 차액약정보전금은 1,000,000원만 더 지불하면 되는 것이니 최종 채권매입금액은 371,000,000원이 된 것이고 유입에 성공한 것이다.

---

20) 차액약정보전금은 차순위가 응찰한 금액이 채권매입금액보다 높을 경우 그 차액만큼 더 지급하기로 약정한 것을 말함.

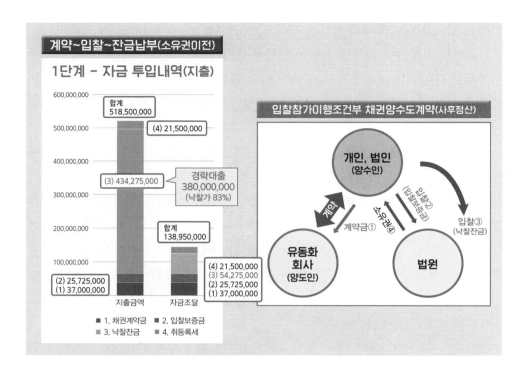

2014년 4월 30일 낙찰대금 460,000,000원 중 380,000,000원(채권최고금액 456,000,000원)의 대출을 ㄱ은행으로부터 받았고 낙찰대금 460,000,000원에서 입찰보증금 25,725,000원과 대출금 380,000,000원을 제외한 잔금 54,275,000원과 취·등록세(등기비용) 21,500,000원을 납부하고 소유권 이전등기를 마쳤다.

대금완납 후 **에이엠씨에서 배당받은 460,000,000원 중 채권매각을 370,000,000원에 하였으나 차 순위가 371,000,000원이라 이 금액이 매입금액이 되었다. 이 중에서 계약금으로 37,000,000원을 **에이엠씨에 지불하였으며 경매에 참여하여 낙찰대금 460,000,000(입찰보증금 25,725,000 + 낙찰잔금 434,275,0000)을 법원에 납부하였다. **에이엠씨가 배당으로 460,000,000원과 계약금 37,000,000원을 가져간 것이므로 여기에서 채권매입금액 371,000,000원을 제하고 나머지 126,000,000원을 P씨에게 돌려주고 정산을 마무리하였다.

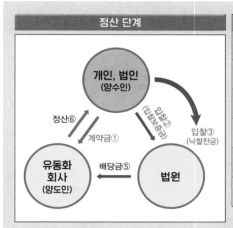

항 목	금 액	비 고
채권계약금액	371,000,000	차액약정보전금 포함
계약금①	37,000,000	계약금액 10%
입찰보증금②	25,725,000	낙찰가 4.6억
낙찰잔금③	434,275,000	
배당금⑤	460,000,000	집행비용, 선순위 무시한 금액
정산⑥(*1)	126,000,000	배당금⑤+계약금① −채권매입금액

(*1) 유동화회사로 부터 정산 후 돌려 받은 금액

결론으로 이 상가를 취득하는 데 있어서 채권매입대금 371,000,000원(채권계약+차액약정보전금)과 당해세 500,000원과 미납 관리비 1,500,000원 그리고 취·등록세 21,500,000원을 합하면 총 394,500,000원이 들어갔다.

이 중 대출을 이용하여 380,000,000원의 자금을 조달하였고, 임차인보증금으로 30,000,000원으로 추가로 자금을 조달했으니 자금 조달한 합계금액이 410,000,000원이 되었고 결과적으로 현금으로 15,500,000원이 남은 사례였다.

현재 보증금 30,000,000원에 월세 2,200,000원을 받으니 현금이 15,500,000원이 남았고 매월 2,200,000원을 받아서 이자조로 약 1,000,000원(연 3.1%가정)을 지출해도 매월 1,200,000원씩 남는다.

만약 대출을 437,000,000원[21]을 받았다면 더 많은 돈(72,500,000원)이 수중에 남았을 것이고 매월 약 1,000,000원의 수입이 발생 될 수 있다.

P씨는 입찰참가이행조건부채권양수도계약[22]으로 NPL을 매입하여 '내 돈 한 푼 안 들이고' 동탄신도시 중심상업지역 1층에 17평의 상가를 마련했다.

올림픽에서 금메달을 획득하면 평생 매월 1,000,000원을 받는다는데, P씨는 평생 임대료를 받으면서 물가의 상승률에 따라서 올려 받을 수도 있고, 사후에는 자식들에게 상속까지 시킬 수 있으니 메달을 여러 개 딴 것이나 다름없다.

---

21) 95%, 이 당시만 해도 가능한데 이자가 조금 높아서 3.8억으로 받았음.
22) 사후정산방식

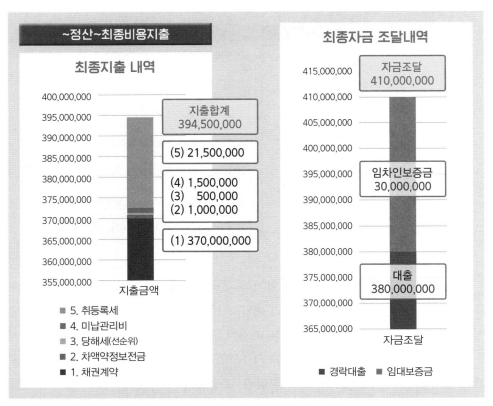

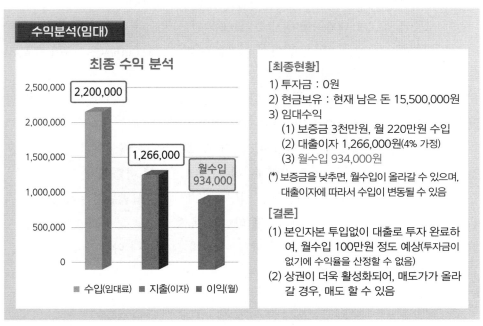

[최종현황]
1) 투자금 : 0원
2) 현금보유 : 현재 남은 돈 15,500,000원
3) 임대수익
   (1) 보증금 3천만원, 월 220만원 수입
   (2) 대출이자 1,266,000원(4% 가정)
   (3) 월수입 934,000원
(*) 보증금을 낮추면, 월수입이 올라갈 수 있으며,
   대출이자에 따라서 수입이 변동될 수 있음

[결론]
(1) 본인자본 투입없이 대출로 투자 완료하
   여, 월수입 100만원 정도 예상(투자금이
   없기에 수익율을 산정할 수 없음)
(2) 상권이 더욱 활성화되어, 매도가가 올라
   갈 경우, 매도 할 수 있음

채권매입의향서

사건번호: 2013타경21559
– 경기도 화성시 반송동 □□□□□프라자 □□□호

1. 채무자 겸 소유자 : 노 □ □
2. 채권자 : □□중앙회
3. 채권원금 : 380,000,000원 (채권최고금액 494,000,000원)
4. 채권매입희망금액 : 370,000,000원 (차액약정보전금 100%)
5. 채권매입형식 : (입찰참가이행조건부)채권양수도계약=사후정산
6. 계약체결일시 및 장소 : 승인 후, 귀사에서

귀사가 보유하고 있는 위 채권을 매수할 의사가 있으므로 채권매수의향서
를 제출합니다.

2014년 3월 10일

채권매수희망자
성 명 : 박 □□ (인) □   주민등록번호 : □□□□□□-*******
주 소 : 용인시 수지구 만현로 □□번길 □, □□□동 1302호

□□에이엠씨 백□□차장님 귀하

위 채권매입의향서의 내용대로 채권을 매입할 수 있었다.

채 권 양 수 도 계 약 서

채 권 양 수 도 계 약 서

제37차유동화전문유한회사 (이하 "양도인" 이라고 한다)와
박 (이하 "양수인" 이라고 한다)은 다음과 같은 조건으로 채권양수
도계약(이하 "본건 계약" 이라고 한다)을 체결한다.

제1조 (용어의 정의)

① "양도대상채권" 이라 함은 양도인이 채무자에 대하여 가지는 별지 목
록(1)에 기재된 채권의 원금과 그 이자 및 연체 이자를 말한다.

② "채무자" 라 함은 양도대상채권의 채무자인 노 (개명후 노)
을 말한다.

③ "담보권" 이라 함은 양도대상채권을 담보하기 위하여 채무자 소유의
별지 목록(2)에 기재된 담보권을 말한다.

④ "양도대상채권 및 담보권 관련 서류" 라 함은 여신거래약정서, 근저
당권설정계약서 등 양도대상채권 및 담보권의 발생과 관련된 서류를 말
한다.

⑤ "매매기준일" 은 매매계약의 효력이 발생하는 날을 의미하며, 2014년
3월 17일로 한다.

⑥ "계약일" 은 2014년 3월 18일로 한다.

⑦ "잔금지급기한" 본건 경매절차의 배당일로부터 5영업일을 의미한다.

⑧ "회수금" 은 양도대상채권과 관련하여, 매매기준일(당일 불포함)
이후 잔금지급일(당일 포함)까지의 기간 중에 양도인이 회수한 금액의
총액을 의미한다.

⑨ "경매절차" 는 수원지방법원 2013타경21559호 부동산임의경매를 의미
한다.

2

제2조 (채권의 양수도)

① 양도인은 양도대금을 지급받는 것을 대가로 계약일 현재 존재하는 양도 대상채권 및 담보권과 이에 부수하는 모든 권리, 권한, 이자와 이익을 양수인에게 매도하고, 이전하고, 전달하며, 양수인은 이를 양도인으로 부터 매수하고, 취득하고, 인수한다. 또한, 양수인은 양수인이 양도대 상채권 및 담보권과 관련된 모든 의무를 부담하며 양도대상채권 및 담 보권의 모든 조건들을 따를 것을 동의한다. <u>양도대상채권에 대한 양수 인의 모든 권리, 자격 및 이익은 잔금지급과 동시에 매매기준일에 효력 이 발생한다.</u>

② 양수인이 본건 계약의 체결 후 양도대상 채권 및 담보권의 양도에 대한 대금(이하 "양도 대금"이라고 한다) 전부를 양도인에게 지급하는 경우에 양도인은 지체 없이 양도대상채권 및 담보권 관련 서류의 원본 을 양수인에게 교부하며, 양수인은 양도인의 명의로 양도대상채권 및 담보권의 양도 사실을 채무자에게 지체 없이 내용 증명 우편 기타 확정 일자 있는 증서에 의하여 통지한다.

③ <u>본 계약의 양도인이 매매기준일까지 추심한 모든 금원은 양도인에게 귀 속되고, 잔금지급일 전 양도인이 채무자로부터 수령한 회수금은 양수인 에게 귀속한다.</u>

④ 양수인이 양도인에게 양도 대금 전부를 여하한 유보 없이 상계 기타 이 와 유사한 것에 의하지 아니하고 지급하고, 양도인이 양수인에게 본 계 약에 의한 의무를 이행하는 때에 본건 계약에 기한 거래는 종결되는 것 으로 한다.

제3조 (양도 대금, 대금지급기일의 연장)

① 양도 대금은 총, 금 삼억 칠천만원(₩370,000,000)으로 한다.
② 계약금은 금 삼천 칠백만 원(₩57,000,000)으로 하며 계약시 지급한다.

3

제3조 양도대금을 보면 총 370,000,000원에 매입한 내역을 알 수 있다.

③ 잔금은 금 삼억삼천삼백만원(₩333,000,000)으로 하며 잔금지급일까지 지급하도록 한다.

④ 양수인은 양도 대금을 양도인이 지정하는 은행 계좌(███은행, ███-902-██████)에 현금으로 입금하거나 양도인이 별도로 지정하는 방식으로 지급한다.

제4조 (양도대금의 정산)

① 양도인이 채권회수를 위하여 지출한 법적 절차 비용(경매집행비용확정액)은 양도대금과 별도로 양수인이 부담한다.

② 양도인은 잔금지급일에 양수인에게 양도대금 미지급금 및 법적 절차 비용(경매집행비용확정액)을 회수금과 정산한 후 정산금을 지급한다.

제5조 (승인 및 권리포기)

① 양수인은 자신이 직접 채무자, 양도대상채권, 담보권, 양도대상채권 및 담보권 관련 서류에 대하여 실사를 한 후 본 계약을 체결한다.

② 본 계약조항과 상치되는 여하한 것에도 불구하고, 양도인은 채무자의 재무 상태 및 변제 자력 또는 양도대상채권 및 담보권과 관련된 조건, 양도가능성, 집행가능성, 완전함, 대항요건, 양도대상채권 및 담보권 관련 문서의 정확성 및 그 양도가능성을 포함하여 양도대상채권에 대한 여하한 진술 및 보장도 하지 아니한다.

③ 양수인은 양도인이 현재의 형식과 상태대로 양도대상채권 및 담보권을 양도함을 확인한다.

④ 양도인은 양도대상채권 및 담보권의 양도와 관련하여 어떠한 보증 또는 담보 책임을 지지 아니한다.

제6조 (양도인의 면책)

4

양수인은 본건 계약 체결과 동시에 양도대상채권 및 담보권의 양수 및 보유와 관련하여 양도인에게 발생하는 모든 조치, 소송, 채무, 청구, 약정, 손해 또는 기타 청구로부터 양도인을 영구하게 면책시킨다.

제7조 (제3자 낙찰 등)

양수인이 본건 경매절차에서 입찰대금을 금 370,000,000원이상으로 정하여 입찰에 참가하였으나 제3자가 위 금액 이상으로 입찰에 참가하여 최고가매수인이 된 경우 및 채무자의 채무변제 등으로 경매절차가 취소된 경우, 양도인은 계약을 해제할 수 있다. 이 경우 양수인이 계약체결 시 양도인에게 지급한 금 삼천칠백만(37,000,000)원은 양수인에게 반환하여야 한다. 단, 양도인이 위 금원을 수령한 날로부터 반환하는 날까지의 이자는 지급하지 아니한다.

제8조 (계약의 해제 및 손해배상의 예정)

① 다음 각 호의 경우 양도인은 계약을 해제할 수 있다.

1. 양수인이 양도대금의 지급을 지체하는 경우

2. 양수인이 본 계약에서 약정한 본건 경매절차의 입찰에 참가하지 아니한 경우

3. 양수인이 본 계약에서 약정한 본건 경매절차의 입찰에 참가하였으나 입찰대금을 금 470,000,000원이상의 금액 또는 금 370,000,000원 이하의 금액으로 기재한 경우

4. 양수인이 본건 경매절차의 대금납부기일까지 낙찰대금을 납부하지 아니한 경우

② 전항 각 호의 사유로 양도인이 계약을 해제하는 경우 양도인은 양수인에 대한 별도의 통지 없이 본건 계약을 해제할 수 있다.

5

제8조 3항에서와 같이 입찰금액을 계약서에 명시한 조항을 살펴볼 수 있다.

③ 제①항의 사유로 계약을 해제하는 경우 ~~양수인이~~ 계약체결 시 양도인에게 지급한 계약금, 양수인이 본건 경매법원에 납부한 입찰보증금은 "위약벌"로서 전액 양도인에게 귀속되며 양수인은 위 금원의 반환을 청구할 수 없다.

④ 제①항의 사유에도 불구하고 양수인의 기한연장요청에 의해 계약을 해제하지 아니하는 경우 양수인은 사유발생일 다음 날부터 연장기한일까지의 잔금에 대하여 연17% 연체이율에 의하여 계산된 지연이자를 우선 지급하여야 한다.

제9조 (비용의 부담)

각 당사자는 본건 계약의 협상을 위하여 지출한 변호사보수 기타 일체의 비용을 각자 부담한다. 그 외에 양수인은 양도대상채권 및 담보권의 실사에 소요된 변호사보수 기타 일체의 비용, 양도대상채권 및 담보권을 양도인으로부터 이전받는 것과 관련된 모든 비용 일체를 부담하며, 어떠한 경우에도 양수인은 양도인에 대하여 그 비용의 부담 또는 상환을 청구하지 못한다.

제10조 (계약 당사자 변경 등)

① 양수인은 양도인의 사전 서면 동의를 얻어 본건 계약에 의한 양수인의 권리와 의무를 제3자에게 양도할 수 있다. 다만 이 경우에 그 계약 당사자 변경과 관련하여 지출되는 모든 비용은 양수인이 부담하며, 제3자로의 계약 당사자 변경으로 인해 양도인에게 발생하는 모든 불이익은 양수인의 책임으로 한다.

② 제1항의 규정에 따라 양수인의 지위를 승계하는 자(아래에서 "계약인수인"이라고 한다)가 다수인 경우에 양도대상채권 및 담보권의 양도는 양수인과 계약 인수인이 상호 합의하여 양도인에게 요청하는 방법으로 이루어진다.

6

제11조 (관할 법원)

본건 계약과 관련하여 발생하는 분쟁에 관한 소송의 제1심 관할 법원을 서울지방법원으로 정한다.

※특약사항

1. 양수인은 수원지방법원 2013타경21559호 부동산임의경매 절차("본건 경매절차" 라함.)에서 2014년 3월 19일로 예정된 매각기일에 입찰대금을 물건번호 금370,000,000원 이상 금470,000,000원 이하의 금액 으로 입찰에 참가하여야 한다.(만일, 매각기일이 변경될 경우 차회 매각기일에 참여하여야 한다.)

2. 양수인은 수원지방법원 2013 타경 21559 호 부동산 임의경매 사건에 대하여 충분히 인지하고 계약하는 것으로 임차인,유치권,등 기타 경매관련사항을 책임진다.

3. 선순위 조세 및 임금채권은 양수인이 전액 부담하며 (권■,최■ 임금 채권 제외)본 경매사건에 양도인이 지급한 집행비용확정액 및 법원지연납부금은 본 계약금액과 별도로 양수인이 부담하는 조건으로 잔금일에 정산한다.

4. 양도대상채권과 관련하여 경매법원의 배당기일에 배당이의가 있게 되는 경우 그 위험은 양수인이 부담하기로 하며 배당이의 된 금액을 제외한 나머지 회수금으로 정산한다.

5. 본건 경매절차에서 제 3 자가 신고한 매수가격이 금 삼억칠천만 (370,000,000)원 보다 높은 경우 양수인은 제 3 자가 신고한 매수가격과 금 삼억칠천만원(370,000,000)원과의 차액을 잔금지급일에 양도인에게 추가 지급한다

7

특약사항을 살펴보면 5항에 차액약정보전금에 대한 설명에서 차 순위 금액대로 차액을 추가로 지급한다는 내용을 살펴볼 수 있다. 여기에서 차액약정보전금은 100%를 지급하는 내용으로 특약을 정했다.

<u>본 계약의 양당사자는 계약서의 내용을 충분히 숙지하고 이에 합의하였으며</u>
본 계약의 체결을 증명하기 위하여 당사자들은 계약서 2통을 작성한다.

2014 년   3 월   18 일

양도인   제37차유동화전문유한회사 (-0130796)

서울특별시 종로구 서린동 번지   빌딩 층

이사 노   (인)

양수인   박   (   )

경기도 용인시 수지구   로 번길   동   호

8

(별 지)

1) 양도대상채권

(단위 : 원)

대출과목	대출일자	대출원금잔액	비 고
가계일반자금대출	2010.04.30	380,000,000	

● ㈜ 상기 대출원금 잔액은 2014.3.18 현재 잔액이며, 미수이자는 별도로 가산됨(매각대상 채권에 포함됨)

2) 담보권의 표시

담보물권 소재지	경기도 화성시 반송동 ████ ███프라자제1층107호
담보권의 종류	한정근담보
채 무 자	노██(개명후 노██)
근저당권 설정자	노██(개명후 노██)
관 할 등 기 소	수원지방법원 화성등기소
접 수 일	2010년 4월 30일
접 수 번 호	제 60940 호
근저당권 설정 금액	금 494,000,000원

9

부동산의 표시

1. 1동의 건물의 표시
   경기도 화성시 반송동 ▓▓▓▓
   ▓▓▓프라자

   철근콘크리트구조 (철근)콘크리트지붕 12층 제1,2종근린생활시설
   지하1층 1654.430㎡
   지하2층 1649.750㎡
   지하3층 1640.320㎡
    1층 1210.220㎡
    2층 1307.460㎡
    3층 1307.460㎡
    4층 1307.460㎡
    5층 1307.460㎡
    6층 1307.460㎡
    7층 1307.460㎡
    8층 1307.460㎡
    9층 1307.460㎡
   10층 1307.460㎡
   11층   981.480㎡
   12층   756.390㎡

   전유부분의 건물의 표시
    1층 107호
    철근콘크리트구조 56.97㎡

   대지권의 목적인 토지의 표시
    토지의 표시 :   1. 경기도 화성시 반송동 ▓▓▓▓
                        대 1838.7㎡
    대지권의종류 :   1. 소유권
    대지권의비율 :   1. 1,838.7분의 9.821

2013타경21559 매각 결과 9명 응찰에 채권양수인이 4.6억 원에 낙찰됨

▶ 수원지방법원

2013 타경 21559 (임의)		매각기일 : 2014-03-19 10:30~-(수)		경매9계 031-210-1269	
소재지	(445-160) 경기도 화성시 반송동 ■■-7 ■■프라자 1층 107호 [도로명주소] 경기도 화성시 메타폴리스로■■(반송동)				
물건종별	상가(점포)	채권자	제37차유동화전문 유한회사	감정가	750,000,000원
대지권	9.821㎡ (2.97평)	채무자	노■■	최저가	(34%) 257,250,000원
전용면적	56.97㎡ (17.23평)	소유자	노■■	보증금	(10%)25,725,000원
입찰방법	기일입찰	매각대상	토지/건물일괄매각	청구금액	386,044,554원
사건접수	2013-04-12	배당종기일	2013-06-28	개시결정	2013-04-15

기일현황 ▼전체보기

회차	매각기일	최저매각금액	결과
신건	2013-09-05	750,000,000원	유찰
4차	2013-12-10	257,250,000원	변경
4차	2014-01-09	257,250,000원	변경
4차	2014-03-19	257,250,000원	매각

박성택/입찰9명/낙찰460,000,000원(61%)

	2014-03-26	매각결정기일	허가
	2014-05-07	대금지급기한	납부
	2014-06-12	배당기일	완료

배당종결된 사건입니다.

▶물건현황/토지이용계획

한국토지주택공사 동탄직할사업단 서측 도로 월편에 위치

부근은 상업용 및 업무용 빌딩 아파트단지 근린생활시설 등이 혼재

인근에 노선버스정류장이 소재

대체로 인접도로 대비 등고 평탄 본건 동측 왕복 6차선 포장도로와 남측 왕복 5차선 포장도로와 서측 왕복 4차선 포장도로와 3면이 접함

중심상업지역

이용상태(제2종근린생활시설(일반음식점) 이나 현황 공실 상태)

공동 위생 및 급배수설비 화재탐지 및 옥내 소화전설비 스프링쿨러 승강기설비 지하주차장설비 등

철근콘크리트조

▶ 감정평가현황 선진감정

가격시점	2013-04-25
감정가	750,000,000원
토지	(20%) 150,000,000원
건물	(80%) 600,000,000원

▶면적(단위:㎡)

【대지권】

반송동 ■■-7
1838.7㎡ 분의 9.82㎡
대지권 9.82㎡ (2.97평)

【건물】

1층107호 근린시설
56.97㎡ 전용
(17.23평)
12층 건중 1층

보존등기일 : 2007-12-18

▶임차인/대항력여부

배당종기일: 2013-06-28
- 매각물건명세서상 조사된 임차내역이 없습니다

▶등기부현황/소멸여부

소유권	이전 집합
2007-12-18 ■■산업개발 보존	
소유권 2007-12-18 한국■■ 신탁	이전 집합
소유권 2008-08-28 ■■산업개발 신탁재산의 귀속	이전 집합
소유권 2009-06-03 노■■ (거래가) 740,000,000원 매매	이전 집합
(근)저당 2010-04-30 ■■중앙회 494,000,000원	소멸기준 집합
(근)저당 2011-08-18 오■ 150,000,000원	소멸 집합
압류 2013-03-18 국민건강보험공단 (징수부-1174)	소멸 집합
가압류 2013-04-01 권■ 51,522,951원	소멸 집합
가압류 2013-04-01 최■ 6,800,000원	소멸 집합

2014-08-26

이 경매 입찰에서도 채권을 매입하여 입찰에 참여함으로서 높은 금액으로 최고가매수신고인으로 선정될 수 있었다.

2014년 4월 30일 소유권이전을 함

순위번호	등 기 목 적	접 수	등 기 원 인	권 리 자 및 기 타 사 항
		제79055호	수원지방법원 순산사법원의 가압류 결정(2013카단510)	채권자 (선정당사자)김 D101-2***** 경기 화성시 동탄 로 10, 동 호(, 동탄 마을 아파트) 박 0612-2***** 경기 수원시 장안구 로 번길 (동) 장 0414-2***** 경기 수원시 권선구 로, 동 호(권선동, 아파트)
17	가압류	2013년11월22일 제177794호	2013년11월21일 수원지방법원 안양지원의 가압류결정(2013카단100 0927)	청구금액 금250,248,580 원 채권자 근로복지공단 107-82-05603 서울 영등포구 영등포동2가 근로복지공단
18	소유권이전	2014년4월30일 제69625호	2014년4월30일 임의경매로 인한 매각	소유자 박 0902-1***** 경기도 용인시 수지구 로 길 , 동 호 (동, 단 빌)
19	9번압류, 10번가압류, 11번가압류, 12번임의경매개시결정, 13번가압류, 14번압류, 15번가압류, 16번가압류, 17번가압류 등기말소	2014년4월30일 제69625호	2014년4월30일 임의경매로 인한 매각	

열람일시 : 2014년08월26일 14시19분37초

8/11

채권을 370,000,000원에 매입했는데 대출이 380,000,000원

(채권최고금액 456,000,000원)

순위번호	등 기 목 적	접 수	등 기 원 인	권 리 자 및 기 타 사 항
		제61911호	일부포기	
5	1번근저당권설정등기말소	2010년5월6일 제63359호	2010년5월6일 해지	
6	근저당권설정	2011년2월24일 제26890호	2011년2월24일 설정계약	채권최고액 금320,000,000원 채무자 노 경기도 안양시 동안구 동 7 아파트 근저당권자 중상화 0000014 서울특별시 송파구 동 6 (동판지권)
7	6번근저당권설정등기말소	2011년6월2일 제86466호	2011년6월2일 해지	
8	근저당권설정	2011년5월18일 제127981호	2011년5월17일 설정계약	채권최고액 금150,000,000원 채무자 노 경기도 안양시 동안구 동 7 아파트 근저당권자 오 1***** 경기도 안양시 동안구 동 타워
9	3번근저당권설정, 8번근저당권설정 등기말소	2014년4월30일 제69625호	2014년4월30일 임의경매로 인한 매각	
10	근저당권설정	2014년4월30일 제69626호	2014년4월30일 설정계약	채권최고액 금456,000,000원 채무자 박

열람일시 : 2014년08월26일 14시19분37초

10/11

※ 투자내역서

1) 채권 매입 : 370,000,000원
   + 차액 약정보전 1,000,000원
   + 당해세 500,000원
   + 미납 관리비 1,500,000원
   + 취·등록세 21,500,000원
   = 합계 394,500,000원

2) 초기자금 : (낙찰 460,000,000원)
   채권 계약금 37,000,000원
   + 입찰 보증금 25,725,000원
   + 잔금 54,275,000원 (434,275,000원 중 대출 380,000,000원)
   + 취·등록세 21,500,000원
   = 합계 138,500,000원

3) 유동화 회사로부터 : (정산한 금액)
   유동화 회사 배당 460,000,000원
   -채권 매입금 371,000,000원
   + 계약금 37,000,000원
   = 받은 돈 126,000,000원

4) 정산내역 :
   대출 380,000,000원
   + 보증금 30,000,000원
   = 합계 410,000,000원
   -실투자금 394,500,000원
   = 잉여금 15,500,000원
   월세 2,200,000원 - 이자 1,000,000원 = 매월 1,200,000원 수입

채무인수계약(채무자변경계약)으로 성공한 사례

1. 2020타경7110 (론세일로 매입하여 채무인수계약으로 유입한 사례)

　멀리 부산에서 아는 지인으로부터 문의가 왔다.

　본인이 평소 원하던 지역에 일반 매매로 부동산을 취득하기 위하여 공인중개사 사무실에 의뢰를 했고 그 지역에 나온 물건을 매입하기 위하여 흥정을 하던 중 할인하기는커녕 오히려 더 높은 금액을 제시해서 매입을 못했다는 사연이다.

　그런 지역에 마음에 드는 임야가 경매로 나왔다는 것이다.

　필자가 현장을 둘러보니 지목은 임야인데 대로변과 접해 있지만 경사면이 아주 가파른 터라 과연 진입도로를 개설할 수 있을지, 또 건축행위에 대한 인허가는 문제가 없는지? 의문투성이였다.

　딱 하나 좋은 점은 인허가 후 토목공사를 완성했을 때 바다가 보이는 수려한 경관은 일품이라는 것이다. 산 위에 올라가 보지는 않았으나 요즘은 스카이뷰나 경매정보지에 나와 있는 사진만으로도 그런 상상은 적중할 것이라 생각된다.

　이 지역에 관심을 갖게 된 것은 본인이 한의사에 한의원 겸 요양원을 운영하고 있는데 부산과 가깝고 풍광이 수려한 곳에 요양원을 짓기 위해서 오래전부터 이곳에 토지를 매입하고자 물건을 찾고 있었다는 것이다. 그러던 차에 딱 마음에 드는 토지가 경매로 나온 것이다. 지목이 임야이고 자연녹지지역이며 원하던 지역이고 면적도 사업을 계획하고 있는 부지로 적합한 18,299㎡(5,335평)면적이며 감정가격도 매수인이 생각하는 적절한 1,448,920,000원이었다.

　이미 인근에 일반 매매로 취득하기 위한 흥정도 해봤고 인허가문제도 검토한바 경매로 나온 물건에 대하여 100% 이상 입찰에 망설일 이유가 없었다는 것이다.

　2021년 01월 19일 신건으로 매각기일을 앞두고 갑작스레 세무조사가 있었다고 필자가 전해 들었다. 대부분 경사도가 높은 임야는 수요자가 그리 많은 편이 아니다. 실수요자에게는 무엇보다 중요하겠지만 일반인들은 환금성과 수익성을 고려하기 때문에 감정가격 대비 많은 저감이 된다. 이 물건의 특징을 고려하여 5차까지 유찰이 되었고 감정가격 대비 24%인 347,886,000원까지 저감이 되었다.

[2020 타경 7110 입찰 전 경매정보지]

이 채권을 NPL로 의뢰한 오**님은 5차까지 저감 된 시점에서 2020타경7110사
건의 매각기일을 새로 알게 된 것이고 이 물건을 애초 생각한 대로 100%에 입찰을
하기 위해서 준비 중이었다. 특히 전문직에 종사할수록 경매와는 거리가 멀다는
것을 어찌 보면 사회의 특성이기도 하다는 판단이 필자는 여러 번 느낀 바가 있다.
이 물건을 경매로 입찰받기 위하여 인근 부동산에 입찰 대리 의뢰를 했고 그 공인
중개사에서 필자에게 NPL로 채권을 매입할 수 있겠느냐고 문의가 온 것이다.

　　2021년 05월 14일 아래와 같이 **협동조합자산관리회사 부산지사에 채권매입
의향서를 제출했다.

[채권매수의향서]

채권매수의향서

사건번호 : 2020타경7110
주　　　소 : 경남 거제시 연초면 오비리 산142-3

소 유 자 : 정▋호 외
채 무 자 : 정▋호

채 권 자 : ▋▋협동조합자산관리회사
채권원금 : 950,000,000원(채권최고금액1,235,000,000원)

매입금액 : 500,000,000원(경매신청비용포함, 당해세10만원포함)
계 약 금 : 50,000,000원
잔　　금 : 계약일로부터 30일 이내
매입방식 : 채권양수도계약(Loan Sale)
계약일자 : 2021.5.24.

귀사의 채권을 위 내용대로 매수할 의사가 있음으로 매수의향서를 제출합니다.

2021. 5. 14.

분당엔피엘대부주식회사 어영화 010-▮▮▮▮▮

첨부서류 : 금감원등록증, 사업자등록증, 인감증명서, 등기부등본 각 1부

▋▋협동조합자산관리회사 육▋호대리님 귀중

채권자 입장에서는 가뭄에 단비나 다름없다. 애물단지였는데 참으로 반가운 고객으로부터 채권매입에 대한 문의가 채권매각으로 연결될 수 있기 때문이다.

채권의 원금이 950,000,000원이고 채권최고금액이 1,235,000,000원인데 감정가격 1,448,920,000원의 금액이 24%인 최저금액 347,886,000원까지 저감되었으니 일고의 여지가 없는 상태이었다.

채권매입의향서에 기재된 매입금액 500,000,000원은 채권자나 채무자 입장에서 서로에게 이상적인 금액으로 결정이 되었다.

다만 실수요자가 채권을 매입할 경우 개인이라도 입찰참가이행조건부채권양수도계약(사후정산)이나 채무인수계약(채무자변경)으로 체결하면 좋은데 오직 론세일 외에는 취급을 안 하는 기관들이 있다. 과거에 유입할 물건에 한하여 사후정산이나 채무인수 방식에 대하여 설득을 한 적이 있었는데 결과적으로 다른 고객을 찾아서 더 좋은 조건으로 매각을 한 사례가 생각나서 론세일로 금융감독원에 등록된 분당엔피엘대부㈜로 매입한 후 NPL을 의뢰한 고객이 채무인수로 유입하기로 결정한 것이다.

이 채권은 부산에서 한의원을 운영하는 오**님이 분당엔피엘대부㈜를 통해서 NPL로 론세일 매입을 하고 의뢰인 오**님은 채무인수계약으로 입찰해서 유입을 하는 것으로 당사자간 컨설팅 계약서를 작성하였다.

2021년 5월 25일 위임장을 첨부한 대리인 최**사무장을 통하여 농자산 부산지사를 방문하여 채권양수도 계약을 체결하였다. 당연히 채권의뢰인 오**님으로부터 채권매입계약금 50,000,000원을 받아서 계약금으로 지불을 하고 잔금은 2021년 6월 24일로 정하였으나 매각기일 변경 없이 2021년 6월 9일에 지불하고 근저당권을 분당엔피엘대부㈜로 이전하였다.

[채권 매입 후 등기부등본]

[토지] 경상남도 거제시 연초면 오비리 산142-3

순위번호	등 기 목 적	접 수	등 기 원 인	권리자 및 기타사항
23	공유자전원지분전부이전	2021년8월2일 제30391호	2021년7월28일 임의경매로 인한 매각	소유자 오■근 ■0222-******* 부산광역시 해운대구 ■■■■■■ 15, ■■동 ■호 (좌동, ■■■아파트)
24	22번임의경매개시결정등기말소	2021년8월2일 제30391호	2021년7월28일 임의경매로 인한 매각	

【 을 구 】	(소유권 이외의 권리에 관한 사항)

순위번호	등 기 목 적	접 수	등 기 원 인	권리자 및 기타사항
~~1~~	~~근저당권설정~~	~~2015년6월1일~~ ~~제36929호~~	~~2015년6월1일~~ ~~설정계약~~	~~채권최고액 금1,235,000,000원~~ ~~채무자 정■호~~ ~~경상남도 거제시 ■■■■■, ■■동~~ ~~■호 (장평동, ■■■■■아파트)~~ ~~근저당권자 ■■농업협동조합 ■■■6-■■■■03~~ ~~경상남도 거제시 ■■■■길 23(고현동)~~ ~~(■■지점)~~

순위번호	등 기 목 적	접 수	등 기 원 인	권리자 및 기타사항
~~1-1~~	~~1번근저당권이전~~	~~2017년11월2일~~ ~~제45599호~~	~~2017년9월28일~~ ~~확정채권양도~~	~~근저당권자 농업협동조합자산관리회사~~ ~~244171-■■■30~~ ~~서울특별시 영등포구 국제금융로8길 2, 3층~~ ~~4층(여의도동,농협재단)~~
~~1-2~~	~~1번근저당권이전~~	~~2021년6월9일~~ ~~제23074호~~	~~2021년6월9일~~ ~~확정채권양도~~	~~근저당권자 분당엔피엘대부주식회사~~ ~~134811-0170291~~ ~~경기도 성남시 분당구 돌마로 87,~~ ~~801호(금곡동,골드프라자)~~
2	지상권설정	2015년6월1일 제36930호	2015년6월1일 설정계약	목 적 건물 기타 공작물이나 수목의 소유 범 위 토지의 전부 존속기간 설정등기일부터 30년 지상권자 ■■농업협동조합 ■■■36-■■■93 경상남도 거제시 ■■■■길 23(고현동)
3	2번지상권설정등기말소	2021년8월2일 제30391호	2021년7월28일 임의경매로 인한 매각	
4	1번근저당권설정등기말소	2021년8월5일 제30925호	2021년8월4일 해지	

-- 이 하 여 백 --

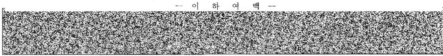

발행번호 19420219409191089010961120000018992 9KHY58405UN1112 　　발급확인번호 AAKB-JVIM-9840 　　발행일 2021/08/12

채 권 양 도 통 지 서

○ 채무자 : 정■호 귀하
○ 주 소 : 경상남도 거제시 장평■■■, ■동 ■호(장평동, ■■타운)
　　　　　(우편번호 ■269)

채권자 ■■협동조합자산관리회사는 채무자에 대하여 가지고 있는 기재채권 일체를 분당엔피엘대부 주식회사와 체결한 「채권 양도·양수 계약」에 의하여 2021.06.09.자로 분당엔피엘대부 주식회사에 양도함을 통지합니다.

　아울러 본 통지와 관련하여 문의할 사항이 있으면 분당엔피엘대부 주식회사로 연락하여 주시기 바랍니다.
　　　　　　· 연락처 : ☎ 010-■■■■■■ (담당자 : 어영화)

양도채권 명세
(2021.06.09.기준)

채무자명 : 정■호

(단위: 원)

계좌번호	대출일	대출잔액(원금)	이자	기타비용	합계	연체금리
061-1706 -4078-13	2015.06.01.	950,000,000	341,747,488	19,449,499	1,311,196,987	7.38%
합계		950,000,000	341,747,488	19,449,499	1,311,196,987	-

○ 연체이자, 연체금리, 기타비용은 변동될 수 있음
○ 법적절차 현황 : 부동산임의경매사건(통영지원 2020타경7110) 진행 중

※ 소멸시효 완성여부 : 여 / 부

　"해당 소멸시효는 기한이익 상실일 등을 기준으로 기산한 것으로 실제 시효완성 여부와 일치하지 않을 수 있고, 시효완성의 이익을 누리고자 하는 경우의 입증책임은 채무자에게 있습니다."

2021.06.09.

양도인(발송인) ■■협동조합자산관리회사
　　　　　서울시 영등포구 국제■■■ 2 층, ■층(■■동, 농협재단)
　　　　　대표이사 송■일

채권자 변경신고서

사　　건　　2020타경 7110 부동산임의경매

채권자　　████협동조합자산관리회사

채무자　　정█호

소유자　　정█호 외4

채권양수인　분당엔피엘대부 주식회사

　　위 사건은 채권자가 2021년 6월 9일 확정채권양도의 사유로 ████협동조합
자산관리회사에서 분당엔피엘대부 주식회사로 변경되었기에 신고하오니 이후 경
매절차의 모든 송달 등을 변경된 채권자(근저당권자)에게 송달하여 주시기 바랍
니다.

첨부서류

부동산등기부등본　　　1부

채권양도통지서　　　　1부

2021. 6. 11.

위 신고인　분당엔피엘대부 주식회사

대표이사　어█영

창원지방법원 통영지원　경매7계　귀중

송달장소 신고서

사   건   2020타경 7110 부동산임의경매

채권자   분당엔피엘대부 주식회사

채무자   정 ■ 호

소유자   정 ■ 호 외4

위 사건에 관하여 채권자는 민사소송법 제184조에 따라 다음과 같이 송달장소를 신고합니다.

다   음

○채권자 송달장소

송달장소 : 경기도 성남시 분당구 돌마로 87, 801호(금곡동, 골드프라자)

분당엔피엘대부 주식회사

대표이사 어 영 화

2021. 6. 11.

위 채권자 분당엔피엘대부 주식회사

대표이사 어 영화

창원지방법원 통영지원   경매7계   귀중

론세일로 채권을 매입하면 대개는 1순위로 저축은행에 근저당권부질권 대출을 받고 등기부등본에 근질권이 설정되며 채권의뢰인에게도 2순위로 근질권설정을 함으로써 권리가 확보되는 것인데 사건번호 2020타경7110 사건은 채권의뢰인이 채권매입금액을 근질권 대출 없이 전액 현금으로 매입하였다.

채무인수계약으로 유입을 하기 위한 목적이라면 근저당권이 안전해야 한다. 즉 근저당권부질권이 설정되면 채무인수를 위한 상계신청을 할 수가 없다. 최고가매수신고인으로 선정된 후 채권자가 채무인수에 관한 승낙서를 발급하여 주고 최고가매수신고인은 낙찰대금상계신청서를 해당 경매계에 제출하여 민사집행법 제143조에 해당하는 특별한 대금 지급 방법으로 허가를 받아야 한다. 그런 사정을 사전에 알고 있음으로 채권의뢰인 오**님의 양해를 받아서 근저당권만 분당엔피엘대부㈜로 이전하고 매각기일인 2021년 6월 14일 오**님의 위임장을 받아서 창원지방법원 통영지원에서 필자가 입찰에 참가하여 최고가매수신고인으로 선정된 후 해당 경매계에 미리 준비해간 채무인수에 관한 승낙서와 최고가매수신고인 오**님의 낙찰대금상계신청서를 제출하였다. 입찰은 감정가격1,448,920,000원의 24%인 최저금액 347,886,000원인데 채권최고금액 1,235,000,000원(채권행사권리금액 초과)인 85%에 입찰을 하였으니 당연히 최고가매수신고인으로 선정이 될 수밖에 없었다. 총 4명이 경합하여 4등이 430,000,000원에 입찰한 걸 보면 물건의 가치를 알아보는 사람은 따로 있다 할 것이다. 7일 후 매각결정기일에 허가를 받음으로써 2021년 07월 28일 대금 지급 및 배당기일이 같은 날 정해졌다.

[통영지원 낙찰 영수증]

영 수 증

오█근의 대리인 어영화 귀 하

사건번호	물건번호	부동산 매각 보증금액	비 고
2020타경7110	1	34,788,600원	

위 금액을 틀림없이 영수 하였습니다.

2021.06.14

창원지방법원 통영지원 집행관사무소

집 행 관   설█환

※ 사건에 대한 문의는 민사 집행과 담당 경매계에 문의하십시오.

< 2 / 3 >

[낙찰 후 정보지]

2021. 8. 7.

대한민국 No.1 법원경매정보 스피드옥션

청원지방법원 통영지원

대한민국 No.1 법원경매정보 스피드옥션 (speedauction.co.kr) SPEED auction

2020 타경 7110 (임의)	매각기일 : 2021-06-14 10:00~ (월)	경매7계 055-■■-8512

소재지	경상남도 거제시 연초면 오비리 산142-3				
용도	임야	채권자	농OOOOOOOOO	감정가	1,448,920,000원
토지면적	18299㎡ (5535.42평)	채무자	정OO	최저가	(24%) 347,886,000원
건물면적		소유자	정OOOO	보증금	(10%) 34,788,600원
제시외		매각대상	토지매각	청구금액	1,235,000,000원
입찰방법	기일입찰	배당종기일	2020-09-25	개시결정	2020-07-16

기일현황 [전체보기]

회차	매각기일	최저매각금액	결과
신건	2021-01-19	1,448,920,000원	유찰
2차	2021-02-23	1,014,244,000원	유찰
3차	2021-03-30	709,971,000원	변경
3차	2021-04-05	709,971,000원	유찰
4차	2021-05-10	496,980,000원	유찰
5차	2021-06-14	347,886,000원	매각
	낙찰 1,235,000,000원(85%)		
	2021-06-21	매각결정기일	허가
	2021-07-28	대금지급및 배당기일	
	배당종결된 사건입니다.		

물건현황/토지이용계획

거제오비일반산업단지 남동측 인근에 위치

부근으로는 공장, 근린생활시설, 순수임야 등이 혼재

본건 앞까지 차량 접근은 가능하며, 제반 교통사정은 보통

부정형의 토지로서, 북서하향으로 경사한 순수임야로 이용 중임

지적도상 본건 남서측으로 왕복 4차선의 포장도로와 접하나 차량의 진.출입은 불가능함

자연녹지지역(오비리 산142-3)

※ 제시외분묘가영향을받지않는감정가 (1,463,920,000원)

감정평가현황 (주)■■감정

가격시점	2020-07-22
감정가	1,448,920,000원
토지	(100%) 1,448,920,000원

면적(단위:㎡)

[토지]

오비리 산142-3 임야
자연녹지지역
18299㎡ (5535.42평)
입목 등 포함 제시외분묘로 인한 감안감정

임차인/대항력여부

배당종기일: 2020-09-25

- 매각물건명세서상 조사된 임차내역이 없습니다

등기사항/소멸여부

소유권(지분)	이전
2015-06-01	토지
황OO	
(거래가) 524,000,000원	
매매	
박미숙지분	

소유권(지분)	이전
2015-06-01	토지
이OOOOO	
(거래가) 524,000,000원	
매매	
임정자지분	

(근)저당	토지소멸기준
2015-06-01	토지
농OOOOOOOOOOO	
1,235,000,000원	

지상권	소멸
2015-06-01	토지
신OOOOOOO	

임의경매	소멸
2020-07-17	토지
농OOOOOOOOOOO	
청구 : 1,235,000,000원	

▷ 채권총액 :
1,235,000,000원

토지열람 : 2020-07-27

명세서 요약사항 ▸ 최선순위 설정일자 2015. 6. 1.[근저당]

소멸되지 않는 등기부권리	해당사항 없음
설정된 것으로 보는 지상권	지상소재 분묘를 위하여 분묘기지권이 성립할 여지가 있음.
주의사항 / 법원문건접수 요약	지상에 분묘 소재. 최저매각가격은 분묘기지권의 성립으로 인한 부담을 감안한 토지가격임.

부동산종합공부 요약

지번	142-3	지목/면적	임야 (18,299㎡)	공시지가	기준일 : 2020/01 → 4,150원 / ㎡

★ 자연녹지지역 ★ 가축사육제한구역

www.speedauction.co.kr/v3/M_view/printpage.php

1/2

[낙찰인의 채무인수에 의한 낙찰대금 상계신청서]

낙찰인의 채무인수에 의한 낙찰대금 상계신청서

사　　건	2020타경7110 부동산임의경매
채　권　자	분당엔피엘대부 주식회사
채　무　자	정　호
소　유　자	정　호 外

위 사건에 관하여 매수인은 귀 법원으로부터 2021.06.14 매각기일에 최고가 매수신고인이 된 바.

매수인은 제1순위 근저당권자인 분당엔피엘대부㈜의 별지 채무인수 승낙서와 같이 매각대금 중 제1순위 근저당권자인 분당엔피엘대부㈜가 지급받을 금1,235,000,000원(채권의 최고액) 한도에서 지급에 갈음하여 채무자에 대한 채무를 인수하여 인수한 채무에 상당하는 매각대금의 지급의무를 면하고자 신청을 하오니 허가하여 주시기 바랍니다.

첨 부 서 류

1. 채무인수에 관한 승낙서	1통
1. 인감 증명서	1통

2021년　　월　　일

최고가 매수인　　　　　（인）

주소 : 부산광역시 해운대구 　　　　15, 　동　호

창원지방법원 통영지원 경매7계 귀중

[채무인수에 관한 승낙서]

채무인수에 관한 승낙서

창원지방법원 통영지원 귀중

채권자 분당엔피엘대부㈜, 채무자 정█호 간의 창원지방법원 통영지원 2020타경7110 부동산임의경매사건에 관하여 최고가매수인이 된 귀하가 그 경락대금을 채권자 분당엔피엘대부㈜에 대하여 채무자가 부담하고 있는 다음 채무를 인수하여 경락대금의 일부지급에 대신하는 것을 승낙합니다.

– 다 음 –

1. 채권의 표시
   원채무자 : 정█호

(단위 : 원)

대출과목	대출일자	대출원금(잔액)	미수이자
		950,000,000	285,000,000
합 계		1,235,000,000	

상기 금액은 2021. 06 . 14 기준이며 미수이자 별도 계산됩니다.

2. 채무인수의 조건
   창원지방법원 통영지원 2020타경7110 부동산임의경매사건의 배당절차에서 채권자 분당엔피엘대부㈜에 배당되는 현금 배당금 및 경매집행비용 등 일체의 금원은 채권자가 배당받아 위 채권의 변제에 충당한다.

첨부 : 인감증명서 1부

2021년   월   일

승낙인(채권자) 분당엔피엘대부 주식회사

경매는 절차법이므로 상계신청 허가를 받았다 하더라도 절차에 의한 채권계산서를 제출해야 한다. 채권자가 배당기일까지 받아야 할 금액과 상계해야 할 금액의 차액에 대한 부분은 납부 내지는 배당을 받아야 하기 때문이다.

경매계에서는 경매 예납금과 추가 납부금액이 있다면 그 금액을 포함하여 낙찰대금에서 0순위로 배당을 하고 나머지는 순위배당을 함으로 경매신청채권에 대한 채권계산서는 필히 제출해야 한다. 배당기일까지 원인 서류(대출거래약정서)를 참고하여 정확한 금액을 제출해야 그에 대한 보정명령 없이 배당이 진행되기 때문이다.

[대출거래약정서]

[채권 계산서]

<h2 style="text-align:center">채권 계산서</h2>

사건번호 : 2020타경7110

(2021.07.28.기준)

대출원금	대출일자	이자	기타+추납	합계
950,000,000	2015.06.01.	359,289,953	23,193,699	1,332,483,652
950,000,000		359,289,953	23,193,699	1,332,483,652

위와 같이 채권계산서를 제출합니다.
첨부서류 : 원리금 계산서 및 대출거래약정서

2021.07.19.

분당엔피엘대부주식회사 대표자 어 영 화 010-▮▮▮▮

통영지원 경매 7계 귀중

2021년 7월 28일 2021타경7110에 대하여 대금지급기일 및 배당기일이다. 경매계에 직접 소유권이전등기신청서를 제출했다. 배당을 받기 위해서는 원인 서류를 지참하여 경매계에 제출을 해야 한다. 원인 서류라 함은 대출거래약정서, 근저당권등기신청서, 근저당권권리증 등 채권자가 가지고 있는 서류를 말한다.

[등기필증 – 신협농업협동조합]

등기필정보 및 등기완료통지서

접수번호 : 36929   대리인 : 법무사 강■열

권 리 자 : ■농업협동조합 (■지점) (전■■)
(주민)등록번호 : 19■■-000■
주   소 : 경상남도 거제시 ■■길 ■■■동)

부동산고유번호 : 1949-1996-■■84
부 동 산 소 재 : [토지] 경상남도 거제시 연초면 오비리 산142-3

접 수 일 자 : 2015년6월1일   접 수 번 호 : 36■
등 기 목 적 : 근저당권설정
등기원인및일자 : 2015년06월01일 설정계약

부착기준선 ┌ 일련번호 ■■■■■■
비밀번호 (기재순서 순번-비밀번호)

01-75	11-47	21-■5	31-■3	41-■6
02-0■	12-42	22-■3	32-■5	42-■0
03-7■	13-61	23-■1	33-■0	43-■7
04-74	14-33	24-■7	34-■1	44-■6
05-30	15-07	25-■6	35-■0	45-■6
06-32	16-71	26-■0	36-■2	46-■4
07-04	17-03	27-■4	37-■1	47-■8
08-80	18-23	28-■5	38-■7	48-■8
09-1■	19-63	29-■3	39-■0	49-■7
10-57	20-33	30-■5	40-■7	50-■6

2015년 6월 8일

창원지방법원 거제등기소
등기관

※ 등기필정보 사용방법 및 주의사항

◆ 보안스티커 안에는 다음 번 등기신청시에 필요한 일련번호와 50개의 비밀번호가 기재되어 있습니다.
◆ 등기신청시 보안스티커를 떼어내고 일련번호와 비밀번호 1개를 임의로 선택하여 해당 순번과 함께
   신청서에 기재하면 종래의 등기필증을 첨부한 것과 동일한 효력이 있으며, 등기필정보 및 등기완료
   통지서면 자체를 첨부하는 것이 아님에 유의하시기 바랍니다.
◆ 따라서 등기신청시 등기필정보 및 등기완료통지서면을 거래상대방이나 대리인에게 줄 필요가 없고,
   대리인에게 위임한 경우에는 일련번호와 비밀번호 50개 중 1개와 해당 순번만 알려주시면 됩니다.
◆ 만일 등기필정보의 비밀번호 등을 다른 사람이 안 경우에는 종래의 등기필증을 분실한 것과 마찬가
   지의 위험이 발생하므로 관리에 철저를 기하시기 바랍니다.

☞ 등기필정보 및 등기완료통지서는 종래의 등기필증을 대신하여 발행된 것으로 분실시 재
   발급되지 아니하니 보관에 각별히 유의하시기 바랍니다.

배당은 본인이 수령할 경우에는 신분증과 도장을 지참하면 되지만 대리로 가는 경우에는 위임장을 2통 작성하여 배당법정에서 경매계에 1부 보관계에 1부를 제출해야 한다. 이로써 채무인수계약을 성공적으로 마무리하고 촉탁으로 소유권이전 등기와 배당을 마무리하게 되었다. 배당은 분당엔피엘대부㈜가 근저당권을 이전하고 해당 경매계에 경매신청채권자로 권리신고가 되었으니 당연히 입찰보증금 및 경매 예납금 중 남은 금액을 배당받아 채권의뢰인 오**님에게 통영지원 SC은행에서 즉시 입금을 하여준 것이다.

[2020타경7110 배당표]

창원지방법원 통영지원
배 당 표

사 론

사 건		2020타경7110 부동산임의경매 (경매7계)		
배 당 할 금 액	금	1,235,003,563		
명세	매 각 대 금	금	1,235,000,000	
	지연이자 및 절차비용	금	0	
	전경매보증금	금	0	
	매각대금이자	금	3,563	
	항고보증금	금	0	
집 행 비 용	금	10,787,710		
실제배당할 금액	금	1,224,215,853		
매 각 부 동 산	1. 경상남도 거제시 연초면 오비리 산142-3 임야 18299㎡			
채 권 자	▨시장	분당엔피엘대부 주식회사 (양도 전: 농업협동조합 자산관리회사)		
채권금액	원 금	18,790	950,000,000	0
	이 자	0	359,289,953	0
	비 용	0	0	0
	계	18,790	1,309,289,953	0
배 당 순 위	1	2		
이 유	교부권자 (당해세, 정▨봉)	신청채권자(근15-▨▨26, 매수인 오▨근 채무인수)		
채 권 최 고 액	0	1,235,000,000		0
배 당 액	18,790	1,224,197,063		0
잔 여 액	1,224,197,063	0		0
배 당 비 율	100 %	99.13 %		
공 탁 번 호 (공 탁 일)	금제 호 (. . .)	금제 호 (. . .)	금제 호 (. . .)	

2021. 7. 28.

사법보좌관   조▨균   相㊞

1-1

[법원 보관금 출급 명령서 – 보관계 제출용]

법원보관금 출급(환급)명령서

법원코드	과 코 드	재판부번호
000422		1007

	사 건 번 호	2020타경7110				
법 원 보 관 금	진행번호	2021-800739-[1]	출급금액	원천징수세 금액		세금공제후 지급액
	종 류			소득세	주민세	
	납부자		34,769,810	0	0	34,769,810
	출 급 금 종 류	배당금[36]				
	환 급 사 유					
	출 급 청 구 일	2021.07.28				
청 구 자	성 명	분당엔피엘대부 주식회사(양도 전: 농업협동조합자산관리회사)		전 화		
	주민등록번호 (사업자등록번호)	124-86-●●●●		우편번호	13618	
	주 소	성남시 분당구 돌마로 87,801호(금곡동, 골드프라자)				
	납부자(배당권자)와 상이한 이유					
대 리 인	성 명			전 화		
	주민등록번호 (사업자등록번호)			우편번호		
	주 소					
	출 급 구 분	○ 원금만 지급　　　　● 원금 및 이자지급 ○ 원금 및 전체이자 지급　　○ 이자만 지급				
	입금은행·계좌번호·계좌명의	해당없음				
	비 고					

위의 보관금을 출급(환급)하시기 바랍니다.

2021 년 07 월 28 일

창원지방법원 통영지원

법원주사보 장 ● 진

※ 법원보관금 출급(환급) 시 실명확인을 위하여 필요하오니 주민등록증과 인장을 지참하시기 바랍니다.

위번조 방지용 바코드 입니다.　　　　　　　　　　　　1 / 1

[법원 보관금 출급 명령서 – 보관계 제출용]

법원보관금 출급(환급)명령서

법원코드	파 코 드	재판부번호
000422		1007

	사 건 번 호		2020타경7110			
법원보관금	진행번호	2021-900739-[7001]	출 급 금 액	원천징수세 금액		세금공제후 지 급 액
				소득세	주민세	
	종 류					
	납 부 자		3,563	0	0	3,563
	출 급 금 종 류	배당금[36]				
	환 급 사 유					
	출 급 청 구 일	2021.07.28				

청구자	성 명	분당엔피엘대부 주식회사(양도 전: 농업협동조합자산관리회사)	전 화	
	주민등록번호 (사업자등록번호)	124-86-	우편번호	13618
	주 소	성남시 분당구 돌마로 87,801호(금곡동, 골드프라자)		
	납부자(배당권자)와 상이한 이유			
대리인	성 명		전 화	
	주민등록번호 (사업자등록번호)		우편번호	
	주 소			

출 급 구 분	○ 원금만 지급	○ 원금 및 이자지급
	○ 원금 및 전체이자 지급	● 이자만 지급

입금은행 · 계좌번호 · 계좌명의	해당없음
비 고	

위의 보관금을 출급(환급)하시기 바랍니다.

2021 년 07 월 28 일

창원지방법원 통영지원

법원주사보 장 █ 진 ㊞

※ 법원보관금 출급(환급) 시 실명확인을 위하여 필요하오니 주민등록증과 인장을 지참하시기 바랍니다.

위변조 방지용 바코드 입니다.

1 / 1

[법원 보관금 출급 지시서 – 은행 제출용]

[제8호 서식]

법원 보관금 출급(환급) 지시서 (은행제출용)

법원코드	과 코 드	재판부번호
000422		1007

사 건 번 호	진 행 번 호	출 급 금 액	원천징수세금액		세금 공제후
			소 득 세	주 민 세	지 급 액
2020타경7110	2021-800739[1]	₩34,769,810	₩0	₩0	₩34,769,810

출 급 금 종 류	(36)배당금			
출 급 청 구 일	2021년 07월 28일			
청구자	성 명	분당엔피엘대부 주식회사	전 화	010-
	주민등록번호 (사업자등록번호)	124-86-	우 편 번 호	13618
	주 소	성남시 분당구 돌마로 87, 801호(금곡동, 골드프라자)		
대리인	성 명	최■미	전 화	010
	주민등록번호 (사업자등록번호)	■0423-	우 편 번 호	16515
	주 소	수원시 영통구 광교■■■, ■■■(원천동, ■■■샵)		
출 급 구 분	(02)원금및이자지급			
입 금 계 좌 번 호	(000)해당없음			
비 고				

위의 보관금(이자)을 SC은행 통영출장소에서 출급(환급)할 것을
인가합니다.

2021 년 07 월 28 일

창원지방법원 통영지원

세입세출외 현금출납공무원 ■■■■ 장

위와 같이 보관금(이자)을 수령하였습니다.

년   월   일

청구인 성명   (인)

대리인 성명   (인)

	실명 확인	(인)

※ 법원보관금 출급(환급)시 실명확인을 위하여 필요하오니 주민등록증과 인장을 지참하시기
바랍니다.

[제8호 서식]

법원 보관금 출급(환급) 지시서 (은행제출용)

법원코드	과 코 드	재판부번호
000422		1007

사 건 번 호	진 행 번 호	출 급 금 액	원천징수세금액		세금 공제후
			소 득 세	주 민 세	지 급 액
2020타경7110	2021-800739[7001]	₩3,563	₩0	₩0	₩3,563

출 급 금 종 류	(36)배당금
출 급 청 구 일	2021년 07월 28일

청구자	성 명	분당엔피엘대부 주식회사	전 화	010-
	주민등록번호 (사업자등록번호)	124-86-	우 편 번 호	13618
	주 소	성남시 분당구 돌마로 87, 801호(금곡동, 골드프라자)		

대리인	성 명	최 미	전 화	010
	주민등록번호 (사업자등록번호)	0423-	우 편 번 호	16515
	주 소	수원시 영통구 광교호수로 (원천동, 샵)		

출 급 구 분	(04)이자만지급
입 금 계 좌 번 호	(000)해당없음
비 고	

위의 보관금(이자)을 SC은행 통영출장소에서 출급(환급)할 것을
인가합니다.

2021 년 07 월 28 일

창원지방법원 통영지원

세입세출외 현금출납공무원 김창

위와 같이 보관금(이자)을 수령하였습니다.

년 월 일

청구인 성명 　　　　　　　　　　　　　　　　(인)

대리인 성명 　　　　　　　　　　　　　　　　(인)

실명 확인	(인)

※ 법원보관금 출급(환급)시 실명확인을 위하여 필요하오니 주민등록증과 인장을 지참하시기
바랍니다.

[입금 영수증 – 배당금 입금 영수증]

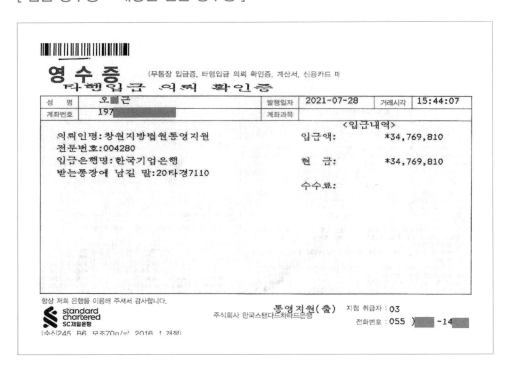

채무인수계약은 말 그대로 최고가매수신고인이 낙찰받은 금액으로 상계신청을 하여 채무를 인수하여 채무자가 변경되는 방식이다. 채무인수계약으로 유동화회사내지는 대부법인의 채권을 매입하였다면 양도인과 채무인수에 관한 계약을 체결하고 낙찰을 받은 후 상계신청을 하여 허가를 받고 촉탁 등기 후 계약서의 약정대로 양도인에게 잔금을 지불하고 동시에 근저당권을 말소할 수 있는 서류를 받아서 근저당권을 소멸시키면 되는데 여기서는 최초부터 의뢰인 오**님이 대금을 완납하였으므로 촉탁등기가 완료되면 근저당권이 말소되지 않는 상태에서 소유권이 이전된다. 완불로 인한 잔금 납부가 없어도 되는 계약이니 채권자는 즉시 근저당권을 말소함으로써 채권의뢰인과 분당엔피엘대부㈜는 모든 사건이 종결되는 것이다.

배당 시에 원인 서류 일체를 해당 경매계에 원본으로 제출을 해야 하는데 이때 최초에 설정된 근저당권의 권리증에 나와있는 등기필정보는 복사를 하고 원본을 제출해야만이 소유권이전 후 근저당권을 말소할 수 있다.

[근저당권말소 후 등기부등본]

[토지] 경상남도 거제시 연초면 오비리 산142-3

순위번호	등 기 목 적	접 수	등 기 원 인	권리자 및 기타사항
23	공유자전원지분전부이전	2021년8월2일 제30391호	2021년7월28일 임의경매로 인한 매각	소유자 오■근 ■222-******* 부산광역시 해운대구 ■■■■ 15, ■■동 ■호 (좌동, ■■아파트)
24	22번임의경매개시결정등기말소	2021년8월2일 제30391호	2021년7월28일 임의경매로 인한 매각	

【 을 구 】	(소유권 이외의 권리에 관한 사항)			
순위번호	등 기 목 적	접 수	등 기 원 인	권리자 및 기타사항
1	근저당권설정	2015년6월1일 제36929호	2015년6월1일 설정계약	채권최고액 금1,235,000,000원 채무자 장■호 경상남도 거제시 ■■■■■■■, ■동 ■호 (장평동, ■■■■아파트) 근저당권자 ■■농업협동조합 ■■■6-■■■■03 경상남도 거제시 ■■■■ 길 23(고현동) (■■■지점)

순위번호	등 기 목 적	접 수	등 기 원 인	권리자 및 기타사항
1-1	1번근저당권이전	2017년11월2일 제45599호	2017년9월28일 확정채권양도	근저당권자 농업협동조합자산관리회사 244171-■■■■30 서울특별시 영등포구 국제금융로8길 2, 3층 4층(여의도동, 농협재단)
1-2	1번근저당권이전	2021년6월9일 제23074호	2021년6월9일 확정채권양도	근저당권자 분당엔파엘대부주식회사 134811-0170291 경기도 성남시 분당구 돌마로 87, 801호(금곡동, 골드프라자)
2	지상권설정	2015년6월1일 제36930호	2015년6월1일 설정계약	목 적 건물 기타 공작물이나 수목의 소유 범 위 토지의 전부 존속기간 설정등기일부터 30년 지상권자 ■■농업협동조합 ■■■36-■■■93 경상남도 거제시 ■■■■ 23(고현동)
3	2번지상권설정등기말소	2021년8월2일 제30391호	2021년7월28일 임의경매로 인한 매각	
4	1번근저당권설정등기말소	2021년8월5일 제30925호	2021년8월4일 해지	

-- 이 하 여 백 --

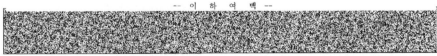

발행번호 194202194091910890109611200000189929KHY58405UN1112   발급확인번호 AAKB-JVIM-9840   발행일 2021/08/12

[최초 설정된 근저당 권리증]

등기필정보 및 등기완료통지서

접수번호 : 36929 　　　　　대리인 : 법무사 강▩열

권 리 자 : ▩농업협동조합 (▩지점) (제▩호)
(주민)등록번호 : 19▩-000▩
주 　　　 소 : 경상남도 거제시 ▩길 ▩동)

부동산고유번호 : 1949-1996-▩84
부동산소재 : [토지] 경상남도 거제시 연초면 오비리 산142-3

접 수 일 자 : 2015년6월1일　　접 수 번 호 : 36▩
등 기 목 적 : 근저당권설정
등기원인및일자 : 2015년06월01일 설정계약

부착기준선

일련번호 : ▩
비밀번호 (기재순서 순번-비밀번호)

01-75	11-47	21-▩	31-▩	▩3	41-▩	6
02-0▩	12-42	22-▩	32-▩	▩5	42-▩	0
03-7▩	13-61	23-▩	33-▩	▩0	43-▩	7
04-74	14-33	24-▩	34-▩	1	44-▩	6
05-3▩	15-07	25-▩	35-▩	5	45-▩	6
06-32	16-71	26-▩	36-▩	2	46-▩	4
07-04	17-03	27-▩	37-▩	1	47-▩	8
08-80	18-23	28-▩	38-▩	8	48-▩	8
09-10	19-63	29-▩	39-▩	0	49-▩	7
10-57	20-33	30-▩	40-▩	7	50-▩	6

2015년 6월 8일

창원지방법원 거제등기소
등기관

※ 등기필정보 사용방법 및 주의사항

◆ 보안스티커 안에는 다음 번 등기신청서에 필요한 일련번호와 50개의 비밀번호가 기재되어 있습니다.
◆ 등기신청시 보안스티커를 떼어내고 일련번호와 비밀번호 1개를 임의로 선택하여 해당 순번과 함께 신청서에 기재하면 종래의 등기필증을 첨부한 것과 동일한 효력이 있으며, 등기필정보 및 등기완료 통지서면 자체를 첨부하는 것이 아님에 유의하시기 바랍니다.
◆ 따라서 등기신청시 등기필정보 및 등기완료통지서면을 거래상대방이나 대리인에게 줄 필요가 없고, 대리인에게 위임한 경우에는 일련번호와 비밀번호 50개 중 1개와 해당 순번만 알려주시면 됩니다.
◆ 만일 등기필정보의 비밀번호 등을 다른 사람이 안 경우에는 종래의 등기필증을 분실한 것과 마찬가지의 위험이 발생하므로 관리에 철저를 기하시기 바랍니다.

☞ 등기필정보 및 등기완료통지서는 종래의 등기필증을 대신하여 발행된 것으로 분실시 재발급되지 아니하니 보관에 각별히 유의하시기 바랍니다.

2. 2013타경6980 (채무인수로 유입한 상가)

2014년 2월경 필자의 지인 허모씨가 NPL로 매입할 적당한 상가를 찾고 있다고 연락이 왔다.

당시만 해도 상가뿐만 아니라 아파트도 NPL 물건을 골라서 할 만큼 NPL 시장이 잘 알려지지도 않았고 낙찰률도 저조하여 매수인에게는 아주 좋은 기회였다.

필자는 그에게 채무인수계약으로 괜찮은 상가를 하나 추천해주었다.

사건번호 2013타경6980 경기도 성남시 분당구 수내동 **프라자 201호이며 면적은 199.08㎡(60평)이었다.

감정가격 900,0000,000원에 채권원리금[23]이 최고금액인 910,000,000원이었다.

허모씨에게 이 사건의 내용과 매입방법, 절차, 사후처리 등 방법을 자세하게 설명을 하니 즉시 매입을 해달라는 요청을 해왔다.

2014년 2월 5일 채권매수의향서를 **에이엠씨에 제출했다.

2014년 2월 10일 채권원리금을 900,000,000원으로 정하고 733,000,000원에 채권을 매입하기로 했다. 계약금조로 70,000,000원을 지불했고 차액약정보전금은 없는 것으로 계약을 체결했다.

계약서의 첨부 서류로 낙찰대금상계신청서[24] 및 채무인수에 관한 승낙서[25]와 유동화회사의 인감증명서를 첨부하여 교부받았다.

채무인수계약은 낙찰 후 해당 경매계에 첨부 받은 서류를 제출하고 낙찰 허가를 받아야 대금을 납부하지 않고 상계처리로 촉탁등기를 할 수 있기 때문이다.

---

23) 채권의 원금 및 이자
24) 낙찰대금상계신청서 : 민사집행법 제143조(특별한 지급방법)매각대금의 한도에서 채권자의 승낙이 있으면 대금의 지급에 갈음하여 채무를 인수할 수 있다.
25) 채무인수에 관한 승낙서 : 경락대금의 일부지급에 대신하는 것을 승낙한다는 뜻.

〈그림 11〉

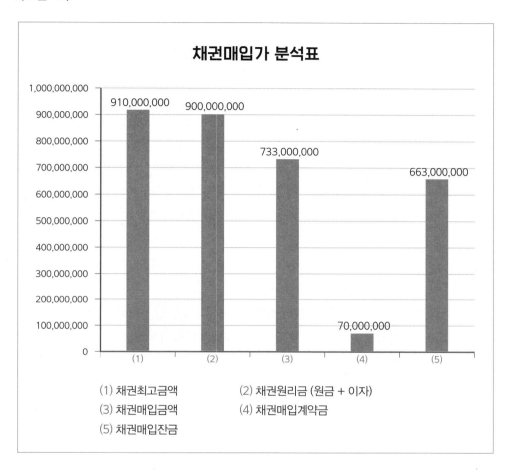

이 채권의 매입가격이 결정되게 된 동기는 두 번 유찰이 되어서 최저가격이 576,000,000원이라는 점도 있지만 미납관리비가 80,000,000원이라는 점도 입찰에 참가하는 입장에서는 부담스러운 일이었다.

그러나 상가의 위치와 면적, 시세, 상권 등을 고려할 때 감정가격이 무척 낮게 잡혔다는 것이 필자의 오랜 경험으로 보아 눈에 띈 장점 중 장점이었다.

2014년 2월 24일 매각기일이었다. 성남지원 경매법정에는 이른 아침부터 많은 사람들이 북적거렸다. 필자는 채권매수자인 허모씨의 부인 채모씨 명의로 입찰표 작성을 도와주었다.

과연 오늘 사건번호 2013타경6980의 입찰에 몇 명이나 참가하여 차 순위가 얼마에 응찰했는지에 대하여 나름 입찰금액을 점쳐보기로 했다.

감정가격 900,000,000원, 입찰최저가격 576,000,000원 개찰이 진행되고 참가한 5명이 법대 앞으로 나갔다.

당연히 900,000,000원에 응찰한 채모씨가 낙찰을 받았고 차 순위는 채권매입원가인 733,000,000원이 훨씬 넘는 금액으로 사건은 종결되었다.

낙찰받는 순간 경매법정을 술렁거렸다. 64%의 최저가격에 미납 관리비가 80,000,000원인데 100%인 900,000,000원에 낙찰받아 태연히 웃으면서 영수증을 받고 법정을 퇴장했으니 말이다. (이 당시만 해도 NPL을 대부분 몰랐다.)

경매계로 가서 낙찰대금상계신청서와 채무인수에 관한 승낙서를 제출했다.

원래는 경매로 낙찰을 받게 되면 약 30일 후 매각대금을 납부하고 대금이 완납되면 약 30일 후 배당을 하여준다. 하지만 채무인수계약은 대금납부기일과 배당일이 같다.

2014년 4월 28일 성남지원 제31085호[26]로 낙찰자 채모씨는 촉탁등기를 했다.

당연히 유동화회사는 입찰보증금과 남은 경매신청비용을 배당받았다.

채무인수계약[27]은 낙찰자가 소유권이전을 해도 근저당권은 그대로 남아있다. 만약 채권매수인(낙찰자인 채모씨)이 채권매입금액과 입찰보증금만으로 소유권을 이전받았기 때문에 잔금을 이행하지 않으면 채권자인 유동화회사로서는 권리를 확보가 되지 않기 때문에 근저당권은 말소되지 않고 소유권만 이전되는 것이다. 다음날 정산을 했다.(채권매입 잔금 정산)

---

26) 분당등기소 접수번호
27) 채무인수계약은 채권매입자가 소유권이전을 해도 근저당권은 말소되지 않고 그대로 남아있다.
    유동화회사와 채권매입대금 정산을 한 후 해지서류를 받아서 말소하면 된다.

〈그림 12〉

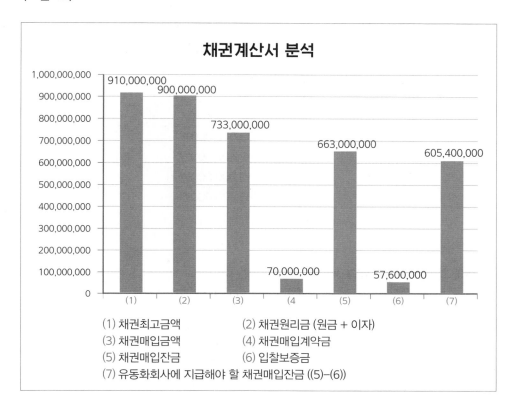

정산내역

채권최고금액 910,000,000원

채권원리금 900,000,000원

채권매입금액이 733,000,000원이었고

계약금으로 70,000,000원을 지불하였으니

잔금으로 663,000,000원만 지불하면 되는데

입찰보증금 57,600,000원을 유동화회사가 받아갔으므로 잔금에서 공제하면 605,400,000원을 다음날 유동화회사에 납부하고 910,000,000원의 근저당권 말소서류를 받아 2014년 4월 29일 해지하였다.

※ 〈그림 12〉 중 (4)채권매입계약금 + (6)입찰보증금 그리고 나중에 취·등록세(43,400,000원) 가 포함될 경우 총 171,000,000원이 초기 투자금액이 된다.

■ 투자내역 분석

1) 유동화 회사와 정산 : 채권매입금액 733,000,000원에서 채권계약금 70,000,000원과 입찰보증금 57,600,000원을 제하고 나면 605,400,000원을 지급하고 910,000,000원의 근저당권 말소서류를 받아 해지하였다.

2) 총 들어간 금액

채권매입금액	733,000,000원
취·등록세	43,400,000원
미납관리비[28]	9,500,000원
합계	785,900,000원

■ 수익률 분석(가정)

1) 매매의 경우 시세 차익 :

(예상) 매매가격 (①) − 총 투자비용 (②+③+④) = 시세차익 (⑤)

① 예상 매매 가격	1,550,000,000원
② 채권매입가	733,000,000원
③ 취·등록세	43,400,000원
④ 미납 관리비	9,500,000원
⑤ 시세 차익	764,100,000원

2) 임대의 경우 예상 수입 : 총 투자금 (①) − 대출금 (②) − 임대보증금 (③) − 상가를 취득하고 현금으로 남는 금액④

총 투자금	785,900,000원
대출※	810,000,000원 (당시 예상 이자 3.6%=2,430,000원)
임대 보증금	100,000,000원 (당시 예상 월세 6,000,000원)
취득 후 남는 금액	124,000,000원

※ 대출 : 당시 낙찰금액 (900,000,000원)의 90%까지 대출이 가능.
이 경우 현금 124,000,000원 남고, 매월 3,570,000원씩 수입으로 들어온다.
(월세수익 6,000,000원 − 이자 2,430,000원 = 매월 3,570,000원)

---

28) 미납관리비는 80,000,000원을 9,500,000원에 해결하였음.

■ 다음은 위 사건의 미납 관리비 해결 사례이다.

채모씨가 소유권을 이전하고 필자가 위임장을 받아서 관리사무소를 방문했다. 관리소장은 새로운 매수인이 낙찰 후 왜 여태까지 방문이 없었느냐며 언짢은 표정이었고 매수인이 죄인이나 되는 것처럼 미납 관리비를 납부할 것을 종용하였다. 관리소장은 매수인의 이야기도 듣기 전에 만약 미납관리비가 납부가 되지 않으면 문도 잠그고 전기도 끊는다고 으름장을 놓는 것이다. 참으로 어처구니가 없고 협박 투의 어조에 기분이 좋지 않았다.

필자는 분명하게 말했다. "지금 미납 관리비를 납부하기 위하여 협상을 하러 왔습니다. 문을 잠그고 전기를 끊는다고 말씀하셨는데 그렇게 할 수 있으면 해보시죠."

관리소장이 관리단 회장이라는 사람을 불렀다. 그 회장 또한 불같은 성격으로 큰소리를 치는 터라 더이상 협상을 못하고 돌아왔다.

참으로 기가 막힌 일이다. 경매로 소유권을 취득한 소유자에게 관리소장이나 관리단회장이 윽박지르고 협박을 하는 것이 도대체 무슨 배짱이란 말인가?

전 소유자와 명도는 두 번째 치고 관리사무소와 대화가 안 되니 고민이 되었다.

내용증명을 보냈다.

관리소장이 분명히 문을 잠그고 전기를 끊는다고 큰소리를 쳤으니 우선 그런 조치를 하라고 적었고 소송을 통하여 관리비를 납부하겠다는 의사표시를 했으며 동시에 형사고소도 하겠다는 취지의 내용이었다.

며칠 후 관리사무소로부터 전화가 왔다. 사과를 받았다. 관리비의 내역도 받았다. 미납관리비 80,000,000원 중 약 27,000,000원이 공용 관리비라는 것이었다.

결론은 미납 관리비를 9,500,000원에 종결하였다. 어렵게 풀리려던 일이 상상외로 쉽게 해결 되었다.

■ 다음은 위 사건의 명도 사례이다.

2014년 4월 28일 촉탁등기를 하면서 인도명령 신청을 같이 했다. 아직 결정 본을 받지는 못했지만, 인도명령결정을 받았다고 199.08㎡(60평)의 면적에 가게집기와 주방설비 등을 집행할 수는 없는 노릇이다.

더구나 상대가 변호사의 도움을 받는 중이어서 방어를 한다면 몇 개월이 걸릴지 예측을 할 수 없는 상황이었다.

일단 전 소유자를 만났다.

필자는 낙찰받은 매수인의 대리인으로서 명함을 건넸다. 본인도 회생 절차 등의 이유로 변호사를 선임했다며 다음날 같이 만날 것을 약속했다.

권리금이 1억 원도 넘는 상가여서 전 소유자는 임대를 해줄 것을 요청해 왔다. 필자는 매수인이 직접 사용하기 위해서 낙찰을 받았음을 분명하게 이야기했다. 전 소유자와 변호사사무장과의 협상 끝에 한 달이라는 시간과 이사비용 5백만 원을 주기로 하고 합의서를 작성했다.

모든 일이 순조롭게 진행되었다.

만약 인도명령결정을 받아서 강제집행을 한다고 가정을 하면 3개월에서 길게는 12개월이 걸린다. 비용으로 계산하면 우선 한 달에 최소한 월세를 5백만 원 정도 받을 수 있고 강제집행비용으로 3천만 원 정도 들어간다는 견적이 나왔다. 여기에다가 미납 관리비는 쌓이고 가스 요금이며 재산세까지 매수인이 납부해야 하고 정신적으로 그리고 물질적으로 실제로 감당해야 할 부담감은 돈으로 예측할 수가 없다.

협상을 하는 과정에서 소유자에게 연민의 정을 느꼈다. 그는 사실 바로 나가라고 하면 이사 비용을 주지 않아도 어쩔 수 없다며 마치 죄인처럼 미안해했다.

심심한 위로를 건네며 이사 비용을 주었고, 전 소유자는 정확히 한 달 후 짐을 빼고 이사를 갔다. 모든 일이 종결되었다.

NPL의 위력에 또 한 번 놀랐던 사건이다.

그 후 허씨 부부는 그곳에 ㅂ순두부라는 간판을 내고 개업을 했다.

주변의 높은 빌딩들은 S기업 등의 회사 건물들이며 상권이 잘 형성되어 있다. 특히 맞은편 건물이 최근 리모델링을 마치고 입주를 했다. 상주인구만 8,000여명이나 된다고 들었다.

이 집은 분당 수내동에서는 대박집으로 소문이 났다. 줄을 서지 않고서는 자리를 잡기 어렵다.

채 권 매 입 의 향 서

1.사건번호: 2013타경6980
-주소: 경기도 성남시 분당구 수내동　　　　프라자 2층　호

2.근저당설정액:910,000,000원

3.채권매입금액:733,000,000원(경매신청비용 제외)

4.채무인수방식
-차액약정보전: 없음

5.-계약일자:2014년2월10일 오전10시　　에이엠씨

　귀사가 보유중인 채권을 위의 내용대로 매입할 의사가 있기에 의향서를
제출합니다.

2014년 2월 15일

매수　희망자:　채　
주　　　　소:　경기도 용인시 수지구　　동　　　　동　호
주민등록번호:　******-*******
전　　　화: 010-　　-3663　펙스:031-　　-2225

**　　에이엠시　　차장님 귀하**

위와 같은 내용으로 채권을 매입할 수 있었다.

채 무 인 수 계 약 서

□□□□□제15차유동화전문유한회사(주소: 서울시 종로구 □□□로 □□,22층, 이하 "갑" 이라고 한다.)와 채□숙(주소: 경기도 용인시 수지구 □□동 837 엘지자 이1차 □□□동 □□□호, 이하 "을" 이라고 한다.)은 다음과 같은 조건으로 계약 (이하 "본건 계약" 이라고 한다.)을 체결한다.

제1조 (용어의 정의)

① "채무인수대상채권" 이라 함은 갑이 채무자에 대하여 가지는 별지 목록(1)에 기재된 채권의 원금과 그 이자 및 연체 이자를 말한다.

② "채무자" 라 함은 채무인수대상채권의 채무자인 "이□숙(□□□□29-2024413)"을 말한다.

③ "담보권" 이라 함은 채무인수대상채권을 담보하기 위하여 "이□숙(□□□□29-2024413)" 소유의 별지 목록(2)에 기재된 담보권을 말한다.

④ "채무인수대상채권 및 담보권 관련 서류" 라 함은 여신거래약정서 등 및 근저당권설정계약서 등 채무인수대상채권 및 담보권의 발생과 관련된 서류를 말한다.

⑤ "채무인수금액" 이라 함은 민사집행법 제143조 제1항의 규정(특별한 지급방법)에 의하여 확정된 금액, 즉 을이 본건 경매절차에 있어서 위 규정에 의하여 매각대금의 지급에 갈음한 금액을 말한다.

제2조 (합의내용)

① 을은 수원지방법원 성남지원 2013타경6980호(이하 "본건 경매절차" 라고 한다.)에서 예정된 매각기일에 입찰대금을 금구억원(₩900,000,000)으로 정하여 참가하기로 한다.(만약 매각기일이 변경 될 경우 차회 매각기일에 위 조건으로 참가하기로 한다.)

② 을의 채무인수대상채권의 채무인수인이 되어 채무자가 부담하고 있는 채무에 대하여 다음의 조건에 따라 갑에게 채무이행의 책임을 부담한다.

  가. 약정지급액 : 금 칠억삼천삼백만원(₩733,000,000)

  나. 지급시기

    a. 을은 갑에게 본건 계약 체결시 금칠천만원(₩70,000,000)을 지급하기로 한다.

    b. 을은 본건 경매절차의 배당기일로부터 14일 이내(이하 "잔금지급일" 이라 한다.)에 금칠억삼천삼백만원(₩733,000,000)에서 금칠천만원(₩70,000,000) 및 갑이 본건 경매절차의 배당기일에서 갑보다 선순위 금

액을 공제하고 실제 현금으로 배당받은 금액(선순위 금액이 입찰보증금보다 많을 경우 을이 경매법원에 납부한 금액)을 차감한 금액(이하 "잔금" 이라 한다.)을 갑에게 지급하기로 한다.

③ 갑은 을이 민사집행법 제143조 제1항의 규정(특별한 지급방법) 또는 경매법원에서 허가하지 않을 경우 법원에서 허가한 납부방법에 따라 대금을 납부하기로 한다.

④ 갑은 제2항에서 정한 약정지급액(이자 포함) 전액 수령 시 을에게 담보권 해지에 필요한 서류를 교부하기로 하며, 이 경우 담보권의 해지 등에 관련하여 발생되는 모든 책임 및 비용은 을이 부담한다.

⑤ 을은 갑에게 제2항에서 정한 약정금액(이자 포함) 전부를 여하한 유보 없이 상계 기타 이와 유사한 것에 의하지 아니하고 현금으로 지급하고, 을은 갑에게 본건 계약에 의한 의무를 모두 이행하는 때에 본건 계약에 기한 거래는 종결되는 것으로 하기로 한다.

⑥ 을은 본건 경매절차의 소유권이전등기촉탁일로부터 5일 내에 근저당권변경(채무자변경)등기를 경료하기로 하며, 갑의 요청 시 위 변경등기에 필요한 서류 일체를 교부하며 이 경우 변경등기 등에 관련하여 발생되는 모든 책임 및 비용은 을이 부담한다.

⑦ 을은 본건 경매절차의 소유권이전등기촉탁에 있어서 본건 계약상 담보권에 대하여 말소촉탁을 하여서는 아니 된다.

제3조 (지연손해금 및 경매신청)

① 을이 제2조 제2항에서 정한 잔금(이자 포함) 지급을 지연하는 경우, 이에 대하여 잔금지급일이 경과한 날로부터 실제 납부일까지 연19%의 비율에 의한 지연손해금을 가산하여 납부하도록 하되, 그 납부기한은 잔금지급일로부터 14일을 초과하지 못한다.

② 제1항에서 정한 기한이 경과하도록 을이 잔금(이자 포함)을 납부하지 못할 경우 갑은 을에게 별도의 통보 없이 채무인수금액 및 이에 대하여 배당기일로부터 연19%의 비율에 의한 지연손해금을 청구금액으로 정하여 경매신청을 할 수 있고, 이러한 경우 을은 본건 계약체결 시 갑에게 지급한 금칠천만원(₩70,000,000) 및 갑이 본건 경매절차의 배당기일에서 갑보다 선순위 금액을 공제하고 실제 현금으로 배당받은 금액의 전액 갑에게 위약금으로 귀속하며, 을은 갑에게 위 금원의 반환을 요구하지 못한다.

제4조 (위약금)

① 다음 각 호의 경우 갑은 본건 계약을 해제할 수 있다.

    a. 을이 제2조 제1항의 본건 경매절차에서 입찰대금을 금구억원(₩900,000,000)으로 정하여 참가하였으나 제3자가 위 금액 이상으로 입찰에 참가하여 최고가 매수인이 된 경우.

    b. 을이 제2조 제1항에서 정한 본건 경매절차의 입찰에 참가하지 않은 경우.

    c. 을이 위 입찰에 참가하였으나 입찰대금을 금구억원(₩900,000,000) 미만으로 기재한 경우.

    d. 본건 경매절차에서 갑보다 선순위 금액이 입찰보증금보다 많음에도 불구하고 을이 이를 납부하지 않은 경우.

② 제1항 b호 내지 d, 호의 사유로 인하여 갑이 본건 계약을 해제한 경우 을이 본건 계약 체결 시 갑에게 지급한 금칠천만원(₩70,000,000)은 전액 갑에게 위약금으로 귀속하며, 을은 어떠한 사유로든 갑에게 위 금원의 반환을 요구하지 못한다.

③ 한편, 제1항 a, 호의 사유로 인하여 갑이 본건 계약을 해제한 경우 갑은 본건 계약 체결 시 을이 갑에게 지급한 금칠천만원(₩700,000,000)을 을에게 반환하기로 하되, 다만 갑이 위 금원을 수령한 날로부터 반환하는 날까지의 이자는 그러하지 아니하다.

제5조 (면책)

을은 본건 계약체결과 동시에 채무인수대상채권 및 담보권의 해지 및 보유와 관련하여 갑에게 발생하는 모든 조치, 소송, 청구, 약정, 손해 또는 기타 청구로부터 갑을 영구하게 면책시킨다.

제6조 (비용 부담)

각 당사자는 본건 계약의 협상을 위하여 지출한 변호사보수 기타 일체의 비용은 각자 부담한다. 그 외에 을은 채무인수대상채권 및 담보권의 실사에 소모된 변호사보수 기타 일체의 비용, 갑으로부터 채무인수 받는 것과 관련된 모든 비용 일체를 부담하며 어떠한 경우에도 을은 갑에 대하여 그 비용의 부담 또는 상환을 청구하지 못한다.

제7조 (계약 당사자의 변경 등)

① 을은 갑의 사전 서면 동의를 얻어 본건 계약에 의한 을의 권리와 의무를 제3자에게 양도할 수 있다. 다만 이 경우에 그 계약 당사자 변경과 관련하여 지출되는 모든 비용은 을이 부담하며, 제3자로의 계약 당사자 변경으로 인해 갑에게 발생되는 모든 불이익은 을의 책임으로 한다.

② 제1항의 규정에 따라 을의 지위를 승계하는 자(아래에서 "계약 인수인" 이라고 한다)가 다수인 경우에는 채무인수대상채권 및 담보권의 해지 등은 을과 계약 인수인이 상호 합의하여 갑에게 요청하는 방법으로 이루어진다.

제8조 (관할 법원)

본건 계약과 관련하여 발생하는 분쟁에 관한 소송의 제1심 관할 법원을 갑의 본점 소재지 관할법원인 서울중앙지방법원으로 정한다.

※특약사항

1. 을은 본건 경매사건 관련 선순위 금액 및 기타 권리관계 등을 모두 확인하였으며, 본건 계약체결 전에 인지한 선순위 금액 및 기타 권리관계는 물론 본건 계약 이후에 새로이 발생 또는 인지하는 법률적, 물리적 하자 등에 대한 일체의 책임을 을의 부담으로 한다.
2. 채무인수계약서 제2조 3항의 낙찰대금을 현금납부 했을 경우 약정된 금원을 제외한 금원을 을이 지정하는 계좌로 반환한다.

본건 계약의 체결을 증명하기 위하여 당사자들은 계약서 2통을 작성한다.

2014년 02월 10일

갑   □□□□□제15차유동화전문유한회사
　　　서울특별시 종로구 □□□로 □□. 22층(□□동, □□빌딩)
　　　대표이사 노 □ □   (인)

을   채 □ 숙   (인)
　　　경기도 용인시 수지구 □□동 873 엘지자이1차 □□□동 □□□호

특약사항에 차액약정에 관한 보전금이 없었다.

별지목록 1 : 채무인수대상채권

(단위: 원)

대출과목	대출일자	대출원금(잔액)	미수이자
기업운전일반자금대출	2011-04-18	74,257,451	별도계산
기업운전일반자금대출	2011-04-18	650,000,000	별도계산
기업운전일반자금대출	2011-04-18	249,099,887	별도계산
가지급금		5,912,130	
합계		979,269,468	

상기 금액은 2014.02.10. 기준이며 미수이자 별도 계산에 의하여 포함됨.

별지 목록 2

▣ 담보권의 표시

담보물건 소재지	경기도 성남시 분당구 수내동 □□□□프라자 제201호
담보권의 종류	포괄근담보
채무자	이□숙
근저당권 설정자	이□숙
관할 등기소	수원지방법원 성남지원 등기소
등기일	2007년 10월 17일
등기번호	제 61706호
근저당권 설정금액	금구억일천만원(₩910,000,000)

▣ 부동산의 표시

1동의 건물의 표시
경기도 성남시 분당구 수내동 □□□
□□프라자

전유부분의 건물 표시
건물의 번호 : 2-201
구   조 : 철근콘크리트조
면   적 : 2층201호 199.08㎡

대지권의 목적인 토지의 표시
토지의   표시 : 경기도 성남시 분당구 수내동 □□□ 대741㎡
대지권의 종류 : 소유권
대지권의 비율 : 741분의 63.95

낙찰인의 채무인수에 의한 낙찰대금 상계신청서

사   건   2013타경6980 부동산임의경매

채 권 자   □□□□□제15차유동화전문유한회사

채 무 자   이□숙

소 유 자   이□숙

위 사건에 관하여 매수인은 귀 법원으로부터 2014   .   .매각기일에 최고가 매수신고인이 된 바, 매수인은 제1순위 근저당권자인 □□□□□제15차유동화전문유한회사의 별지 채무인수 승낙서와 같이 매각대금 중 제1순위 근저당권자인 □□□□□제15차유동화전문유한회사가 지급받을 금 910,000,000원(채권의 최고액) 한도에서 지급에 갈음하여 채무자에대한 채무를 인수하여 인수한 채무에 상당하는 매각대금의 지급의무를 면하고자 신청을 하오니 허가하여 주시기 바랍니다.

첨부서유

1.채무인수에 관한 승낙서   1통
1.인감증명서   1통

2014년   월   일

최고가 매수인   채 □ 숙   (인)□

                    경기도 용인시 수지구 □□동 873 엘지자이1차 □□□동 □□□호

수원지방법원 성남지원 경매 4계   귀중

채무인수계약에서는 위 상계신청 동의서를 반드시 첨부하여 최고가매수신고인으로 선정되면 해당 경매계에 제출하여야 한다.

채무인수에 관한 승낙서

수원지방법원 성남지원　귀중

채권자 □□□□□제15차유동화전문유한회사, 채무자 이□숙 간의 수원지방법원 성남지원 2013타경6980 부동산임의경매사건에 관하여 낙찰인이 된 귀하가 그 경락대금을 채권자 □□□□□제15차유동화전문유한회사에 대하여 채무자가 부담하고 있는 다음 채무를 인수하여 경락대의 일부지급에 대신하는 것을 승낙합니다.

= 다　음 =

1. 채권의 표시
   원채무자 : □□□□□산업개발(주)

(단위: 원)

대출과목	대출일자	대출원금(잔액)	미수이자
기업운전일반자금대출	2011-04-18	74,257,451	별도계산
기업운전일반자금대출	2011-04-18	650,000,000	별도계산
기업운전일반자금대출	2011-04-18	249,099,887	별도계산
가지급금		5,912,130	
합계		979,269,468	

상기 금액은 2014.02.10. 기준이며 미수이자 별도 계산됩니다.

2. 채무인수의 조건
수원지방법원 성남지원 2013타경6980 부동산임의경매사건의 배당절차에서 채권자 □□□□□제15차유동화전문유한회사에 배당되는 현금 배당금 및 경매집행비용 등 일체의 금원은 채권자가 배당받아 위 채권의 변제에 충당한다.
첨부 : 인감증명서 1부.

2014년　　월　　일

승낙인(채권자) □□□□□제15차유동화전문유한회사
대표이사 노　□　□

채무인수계약에서는 위 채무인수에 관한 승낙서를 반드시 첨부하여 최고가매수신고인으로 선정되면 해당 경매계에 제출하여야 한다.

■ 수원지방법원 성남지원

나의관심매물 ★★★ 채권 가능

2013 타경 6980 (임의)		매각기일 : 2014-02-24 10:00~ (월)		경매4계 031-737-1324	
소재지	(463-825) 경기도 성남시 분당구 수내동 □□□□프라자 2층 □호				
	[도로명주소] 경기도 성남시 분당구 □□□로 □길 -7 (수내동)				
물건종별	상가(점포)	채권자	우리이에이제15차유동화전문유한회사	감정가	900,000,000원
대지권	63.95㎡ (19.34평)	채무자	이□□	최저가	(64%) 576,000,000원
전용면적	199.08㎡ (60.22평)	소유자	이□□	보증금	(10%)57,600,000원
입찰방법	기일입찰	매각대상	토지/건물일괄매각	청구금액	910,000,000원
사건접수	2013-03-18	배당종기일	2013-05-24	개시결정	2013-03-19

기일현황 ▽전체보기

회차	매각기일	최저매각금액	결과
신건	2013-06-24	800,000,000원	변경
신건	2013-10-28	900,000,000원	유찰
2차	2013-11-25	720,000,000원	유찰
3차	2013-12-23	576,000,000원	변경
3차	2014-02-24	576,000,000원	매각
최□□/입찰5명/낙찰900,000,000원(100%)			
	2014-03-03	매각결정기일	허가
	2014-04-17	대금지급및 배당기일	
배당종결된 사건입니다.			

정정공고 ▶ 정정일자 : 2013-06-20

정정내용	관리사무소로부터 연체된 관리비가 약 8천만 원이라는 신고서 제출 됨

물건현황/토지이용계획

지하철 수내역 북동측 인근에 위치

부근은 상업용·업무용 부동산이 밀집하는 지하철 역세권상업지대 상가 의 제반 주위환경 양호함

시내버스정류장 및 지하철 수내역이 인근에 위치 제반교통상황 양호

북서측 폭 약 15m의 도로 남동측 폭 약 20m의 보행자도로에 접함

중심상업지역

이용상태(근린생활시설(음식점))

위생설비 및 급배수설비 화재탐지 및 발신설비 옥내소화전 엘리베이터 지하 주차장 철근콘크리트조

※-최초-감정시점 변경으로 금액이 변경되어 진행합니다.

감정평가현황 두림감정

가격시점	2013-09-12
감정가	900,000,000원
토지	(50%) 450,000,000원
건물	(50%) 450,000,000원

면적(단위:㎡)

[대지권]

수내동 □□□
741㎡ 분의 63.95㎡
대지권 63.95㎡ (19.34평)

[건물]

2층201호 근린시설
199.08㎡ 전용
(60.22평)
5층 건중 2층

보존등기일 : 2003-09-08

임차인/대항력여부

배당종기일 : 2013-05-24

- 채무자(소유자)점유

등기부현황/소멸여부

소유권	이전집합
2003-09-08 임□언외 1명	
보존	
소유권	이전집합
2003-09-22 이□□	
매매	
(근)저당	소멸기준집합
2007-10-17 □은행	
910,000,000원	
가압류	소멸집합
2011-11-10 경기□□	
9,984,000원	
임의경매	소멸집합
2013-03-19 □□제15차유동화	
전문유한회사	
청구 : 910,000,000원	
2013타경6980(배당종결)	
└ 채권총액 :	
919,984,000원	
건물열람 : 2013-04-01	

명세서 요약사항 ▶ 최선순위 설정일자 2007.10.17.(근저당권)

매각으로 소멸되지 않는 등기부권리	해당사항 없음
매각으로 설정된 것으로 보는 지상권	해당사항 없음

http://www.speedauction.co.kr/v3/M_view/printpage.php   2014-08-26

채무인수계약으로 채권을 매입하고 입찰에 참여하여 5명과 경쟁을 하였는데 최저금액 64% 대비 100%에 낙찰받았음을 알 수 있다.

부실채권을 매입하여 100%에 입찰할 수 있다는 사실로 다시 한번 NPL의 위력을 실감할 수 있는 좋은 자료이다.

[2014년4월28일 낙찰로 이한 소유권이전]

[집합건물] 경기도 성남시 분당구 수내동 ▒▒▒프라자 제2층 제▒호 　　　　　　　　고유번호 1356-2003-▒▒▒▒

순위번호	등 기 목 적	접 수	등 기 원 인	권 리 자 및 기 타 사 항
			성남지원의 임의경매개시결정(2013 타경6980)	서울 종로구 ▒▒로 22층 (▒▒동, ▒▒빌딩)
8	소유권이전	2014년4월28일 제31085호	2014년4월17일 임의경매로 인한 매각	소유자 채▒▒▒▒▒-2▒▒▒▒▒▒ 경기도 용인시 수지구 ▒▒로 ▒, ▒▒동 ▒▒▒호(▒▒동, ▒▒마을 ▒▒▒1차아파트)
9	3번보전처분, 4번가압류, 5번회생절차개시, 6번회생계획인가, 7번임의경매개시결정 등기말소	2014년4월28일 제31085호	2014년4월17일 임의경매로 인한 매각	

【　　을　　　구　　　】			（ 소유권 이외의 권리에 관한 사항 ）	
순위번호	등 기 목 적	접 수	등 기 원 인	권 리 자 및 기 타 사 항
1	근저당권설정	2003년9월22일 제68398호	2003년9월22일 설정계약	채권최고액 금432,000,000원 채무자 이▒▒ 성남시 분당구 ▒▒동 ▒▒마을 ▒▒▒ 근저당권자 주식회사 ▒▒은행 ▒▒▒▒-0023393 서울 중구 ▒▒동▒가 ▒ （ 분당지점 ）
2	근저당권설정	2004년3월3일 제17142호	2004년3월3일 설정계약	채권최고액 금60,000,000원 채무자 이▒▒ 성남시 분당구 ▒▒동 ▒▒▒마을 ▒▒▒ 근저당권자 주식회사 ▒▒은행 ▒▒▒▒-0023393

열람일시 : 2014년08월26일 14시20분02초

4/7

순위번호 12번에 보면 2014년 4월 29일 **은행 근저당권이 말소되었다. 소유권이
전은 하루 전인 4월 28일이었고 다음날 채권매입 정산 절차를 그치고 근저당권 해
지 서류를 받아서 말소하였다.

[집합건물] 경기도 성남시 분당구 수내동 □□□ □□프라자 제2층 제201호

고유번호 1356-2003-□□□□□□

순위번호	등기목적	접 수	등기원인	권리자 및 기타사항

7	근저당권설정	2007년10월17일 제61706호	2007년10월17일 설정계약	채권최고액 금910,000,000원
				채무자 아□숙
				  경기도 성남시 분당구 수내동 36 양지마을 □□□-□□□
				근저당권자 주식회사하나은행 □□□
				111-□□□5671
				  서울특별시 중구 을지로1가 □□□-1 (□□지점)

8	근저당권설정	2008년2월29일 제10551호	2008년2월29일 설정계약	채권최고액 금130,000,000원
				채무자 양□승
				  성남시 분당구 수내동 36 양지마을 □ □□-□□□
				근저당권자 주식회사한국씨티은행 □□ □111-□□□3539
				  서울특별시 중구 다동 □□(□□)
				공동담보 건물 경기도 성남시 분당구
				  수내동 36 양지마을 제□□□동 제□층 제□□□호

9	근저당권설정	2009년7월29일 제60984호	2009년7월29일 설정계약	채권최고액 금260,000,000원
				채무자 양□승
				  경기도 성남시 분당구 수내동36 양지마을 □□□-□□□
				근저당권자
				오□섭 □□□□□□-1******
				  서울특별시 성북구 장위동 □□□-□□

10	9번근저당권 설정등기말소	2010년3월8일 제13410호	2010년3월8일 해지	
11	8번근저당권 설정등기말소	2010년4월12일 제20757호	2010년4월12일 해지	
12	7번근저당권 설정등기말소	2014년4월29일 제31761호	2014년4월29일 해지	소유권은 2014년4월28일에 이전하고, 근저당권은 4월29일에 해지하였음

-- 이 하 여 백 --

열람일시 : 2014년08월26일 14시20분02초

입찰대리계약(혼합방식) 사례

1. 2020타경8706 (입찰 대리 계약)

규정은 없으나 특수한 물건이나 금액이 높을 경우에는 유동화 회사에서 NPL로 입찰대리계약을 권유하는 경우를 종종 볼 수 있다. 이 물건도 안성에 있는 병원으로 특수물건에 해당이 되어 수요자 적으면 유찰이 거듭될 수 있는 경우에 해당되어 양수인 입장을 최대한 고려하여 채권자가 계약 방식을 제시한 경우라고 봄이 타당할 것이다.

채권최고금액이 3,360,000,000원이며 원금은 2,800,000,000원이다. 감정가격 4,484,368,200원에서 1차 유찰된 3,139,058,000원일 때 최**수강생이 채권자와 직접 협상을 하여 입찰대리(채무인수)로 채권을 매입하여 유입한 사례이다.

[경매정보지]

이 NPL 채권은 매각기일을 이틀 앞두고 채권매수의향서를 보낸 다음 메일로 계약서를 받아서 최**수강생이 필자에게 계약서 분석을 의뢰한 것이다.

보안상 계약서의 전부를 스캔할 수 없고 인적 사항을 지나칠 정도로 모자이크를 해야 하는 부분을 이해하기 바라면서 몇 가지 특이한 점을 기술해 보고자 한다.

채 무 인 수 계 약 서

████████████████████**회사**(대표자 ██████████████████████, ██████
██████████**은행**), 이하 **"당사"**라고 한다)와 ████████ (███████████████████████████
█████████████, 이하 **"인수인"**이라고 한다)는 다음과 같은 조건으로 계약(이하 **'본건 계약'**이라
고 한다)을 체결한다.

- 다 음 -

제1조(용어의 정의) 본건 계약에서 사용하고 있는 용어의 정의는 다음 각 호와 같다.

1. **'채무인수대상채권'**이라 함은 "당사"가 채무자에 대하여 가지는 [별지] 목록에 기재된 채권의 원
금과 그 이자 및 지연손해금(연체이자) 등을 말한다.

2. **'채무자'**라 함은 채무인수대상채권의 채무자인 '████████**재단'**을 말한다.

3. **'담보권'**이라 함은 채무인수대상채권을 담보하기 위하여 '████████**재단'** 소유의 [별지] 목록
에 기재된 담보권을 말한다.

4. **'채무인수대상채권 및 담보권 관련 서류'**라 함은 여신거래약정서, 근저당권설정계약서 등 채무
인수대상채권 및 담보권의 발생과 관련된 서류를 말한다.

5. **'채무인수금액'**이라 함은 **"인수인"**이 **수원지방법원 평택지원 2020타경**████ 부동산 임의(강제)경
매사건의 경매절차(이하 **'본건 경매절차'**라고 한다)와 관련하여, 본건 계약에 의하여 **"당사"**에게
채무이행의 책임을 중첩적으로 부담하고 지급하기로 한 약정지급액을 말한다.

제2조(합의내용) ① **"인수인"**은 본건 경매절차의 2회차 매각기일에 입찰대금을 ████████████
█████████████████████)을 한도로 정하여 본건 경매절차에 참가하기로 한다. <u>단, 매각 기일이 변
경된 경우에는 변경된 매각기일에 위와 같은 조건으로 본건 경매절차에 참가하기로 한다.</u>

② **"인수인"**은 채무인수대상채권의 중첩적 채무인수인이 되어 채무자가 **"당사"**에게 부담하고 있는
채무를 다음 각 호의 방식으로 이행한다.

1. **약정지급액(채무인수금액)** : ████████████████████**원)**

2. 지급시기

가. "인수인"은 "당사"에게 본건 계약체결시 **계약금 금 삼억일천삼백구십만오천팔백원(금 313,905,800원)**을 "당사"가 지정하는 계좌(▓▓▓▓▓▓▓▓▓▓▓▓▓▓▓▓▓, ▓▓▓, ▓▓▓▓▓▓▓▓▓▓▓)에 지급하되, 당사는 "인수인"의 요청이 있을 경우, 위 계약금을 본건 경매절차의 입찰보증금으로 "인수인"에게 대여할 수 있다. 단, **계약금이 입찰보증금에 미달한 경우, 부족분은 인수인이 준비하기로 한다.**

나. "인수인"은 본건 경매절차의 **배당기일로부터 5영업일 이내**에 제2조 제2항에서 약정한 ▓▓▓▓▓ ▓▓▓▓▓▓▓▓▓▓▓)에서 **계약금(입찰보증금)**을 차감한 금액 ▓▓▓▓▓▓▓▓▓ ▓▓▓▓▓▓▓▓▓▓▓▓)을 "당사"에게 지급한다.

다. 본 건 경매절차에서 경매비용(집행비용) 및 배당기일에 당사 보다 배당순위에 우선하는 권리 (당해세, 임차보증금(매각물건명세서에 한함), 최우선임금채권 등)는 "당사"가 부담하기로 한다.

라. 본 건 경매절차에서 "당사" 보다 우선하는 선순위 권리자 금액이 입찰보증금보다 많은 경우에는, 인수인이 법원에서 허가한 납부 방법에 따라 부족한 차액 대금을 납부하기로 한다.

③ 당사는 "인수인"에게 민사집행법 제143조(특별한 지급방법) 제1항에 따라 매각대금을 납부할 수 있도록 '채무인수에 관한 승낙서'를 교부하고, "인수인"은 본건 경매절차의 매각대금을 민사집행법 제143조 제1항 또는 경매법원이 허가한 납부방법에 따라 납부하기로 한다. 다만, 인수인이 매각대금의 납부를 완료하여 당사가 배당기일에 선순위 금액을 공제하고 실제 현금으로 배당 받은 금액이 인수인의 약정지급액을 초과할 경우, 그 초과 금액(이하 "반환금액"이라고 한다)을 **배당 기일로부터 5 영업일 이내**에 인수인에게 반환한다.

반환금액은 계산의 편의를 위해 **'입찰대금'에서 '약정지급액'**을 차감한 금액으로 한다.

④ "인수인"은 본건 계약 체결시에 근저당권변경(채무자변경)등기에 필요한 서류 일체를 "당사"에게 교부하여야 하며, 이 경우 "인수인"으로 변경등기 등에 관련하여 발생되는 모든 책임 및 비용은 "인수인"이 부담한다.

⑤ "인수인"은 본건 경매절차의 **배당기일로부터 5영업일 이내**에 소유권이전등기촉탁을 하여야 하고, 촉탁을 함에 있어서 본건 계약상 담보권에 대하여 말소촉탁을 하여서는 아니 된다. 다만, "인수인"이 소유권이전등기 촉탁과 동시에 약정한 지급액 전액을 완제한 경우에는 담보권에 대하여 말소촉탁을 할 수 있다.

⑥ "인수인"은 약정지급액 전액을 지급하기 전까지 담보물건(경매목적물)에 대한 임의처분, 개축, 증축, 리모델링, 철거 및 신축 등 행위를 할 수 없다. (단, 상호 협의에 의한 경우에는 그러지 아니

페이지 **2 / 7**

"채무인수계약서" 라고 기재된 7페이지의 NPL 양도 계약서이다. 제1조 중에서 사건번호 및 매입금액 등을 모자이크 하는 점을 양해 바라며 제1조 2의 지급 시기 가. 항에 대한 계약금이 금 삼억일천삼백구십만오천팔백원이라는 것과 계약금을 본 건 경매 절차의 입찰보증금으로 "인수인"에게 대여할 수 있다.

제1조 2. ③항에 "채무인수에 관한 승낙서"를 교부하고 마지막 부분에 인수인에게 반환한다. 라고 된 부분은 채무인수계약과 사후정산계약이 혼합된 내용이라는 특이점이기에 간략히 기술하고 학원 강의 시에 자세한 설명을 추가하기로 한다.

이어서 ④⑤⑥항에 대한 내용도 독자들이 연구하기를 바라는 바이다.

이와 같이 특수물건이나 수요자가 적은 물건은 채권자 입장에서 다양한 고객을 찾기 위하여 입찰대리계약(혼합방식)을 제시하기도 한다. 여기에서 입찰대리계약을 채권양도인이 양수인의 위임장을 받아서 대리로 하지 않고 채권양수인에게 받은 계약금(입찰보증금과 동일한 금액)을 "인수인"에게 대여한다. 라는 조항은 처음 보는 경우이다.

2. 2019타경25447 (혼합방식으로 NPL을 권유한 사례)

1. 입찰대리계약은 채권양도인이 다양한 고객을 확보하기 위해서 입찰최저금액의 10%를 채권양도 계약금으로 정하고 채권양수도계약을 체결한다.
2. 채권양도계약서를 작성하면서 양수인 명의로 입찰위임장을 양도인에게 양수인이 인감증명서를 첨부하여 발급하여 준다.
3. 양도인은 매각기일에 양수인에게 채권매입계약금으로 받은 입찰최저금액의 10%를 입찰보증금으로 양수인 명의로 입찰에 참여한다.
4. 채권을 매입하여 채권행사권리금액이나 양도인과 양수인이 채권양도 시 약정한 금액으로 입찰을 할 경우에는 99% 최고가매수신고인으로 선정된다.
5. 만약 최고가매수신고인으로 선정되지 못하고 제3자가 낙찰 되었을 경우에는 채권양도계약금 반환과 동시에 채권양수도계약서는 무효로 한다는 약관에 따라서 이자 없이 계약금만 돌려받는다.
6. 채권양수인이 최고가매수신고인으로 선정되면 채권양수도계약서 체결 시의 매

각방식에 따라서 사후정산이나 채무인수계약으로 계약서에 정해진 약관으로 이행을 하면 된다.

7. 배당기일에 촉탁으로 소유권을 이전하면 근저당권이 말소되지 않는 상태로 소유자만 변경됨으로 채무자 변경이라고도 한다.

8. 근저당권을 승계하고 소유권을 이전한 경우 계약서의 내용에 따라서 통상 15~30일 안에 약정한 채권금액을 상환하고 근저당권을 말소하여야 한다.

9. 최고가매수신고인으로 선정이 되고 채권양수인이 채무인수계약으로 소유권을 취득한 후 정해진 기한에 인수한 채무를 상환하지 못하게 되면 채권양도인은 채권자의 지위이므로 다시 임의경매를 신청하여 채권을 회수하게 된다.

10. 대금지급일에 채권양수인은 입찰보증금만으로 소유권을 취득했지만 채권양도인으로서는 권리확보가 된 상태이기 때문에 양수인의 불이행에도 말소되지 않은 근저당권으로 권리는 보장받을 수 있다.

11. 입찰대리계약은 특이한 경우에 성립되지만 당사자의 약정에 따라서 최저입찰보증금을 채권매입계약금으로 정한 금액을 채권양도인이 양수인에게 대여하는 방법으로 양수인이 직접 입찰에 참여할 수도 있다.

12. 2019타경25447 경매사건의 경우 채권담당자가 위에서 열거한 다양한 방식으로 채권양도를 위해서 적극적으로 상담을 해준 사례에 속한다.

[경매정보지]

대한민국 NO.1 법원경매정보 스피드옥션

▶ 수원지방법원

대한민국 No.1 법원경매정보 **스피드옥션** (speedauction.co.kr) **SPEED** auction

2019 타경 25447 (임의)	매각기일 : 2021-09-03 10:30~ (금)		경매15계 031-■■■■

소재지	(18577) 경기도 화성시 팔탄면 덕우리 233-1 외2필지 [도로명] 경기도 화성시 팔탄면 온천로 29 [덕우리 233-1]					
용도	병원	채권자	수OOO	감정가	7,750,320,140원
토지면적	4696㎡ (1420.53평)	채무자	의OOOOO	최저가	(34%) 2,658,360,000원
건물면적	4842.13㎡ (1464.74평)	소유자	의OOOOO	보증금	(20%) 531,672,000원
제시외	포함 : 90.5㎡ (27.38평) 제외 : 37.5㎡ (11.34??)	매각대상	토지/건물일괄매각	청구금액	4,236,207,344원
입찰방법	기일입찰	배당종기일	2020-01-22	개시결정	2019-11-07

기일현황 ▣전체보기

회차	매각기일	최저매각금액	결과
신건	2020-09-02	7,750,320,140원	변경
신건	2020-10-13	7,750,320,140원	유찰
2차	2020-11-12	5,425,224,000원	유찰
	2020-12-15	3,797,657,000원	변경
2차	2021-01-26	3,797,657,000원	매각
(행OO/입찰5명/낙찰5,300,000,000원(68%) 2등 입찰가 : 4,370,000,000원			
	2021-02-02	매각결정기일	허가
	2021-03-15	대금지급기한	미납
3차	2021-04-07	3,797,657,000원	유찰
	2021-05-11	2,658,360,000원	변경
	2021-07-21	2,658,360,000원	변경
4차	2021-09-03	2,658,360,000원	매각
유OOOO/입찰6명/낙찰4,131,700,000원(53%) 2등 입찰가 : 4,060,000,000원			
	2021-09-10	매각결정기일	허가
	2021-10-22	대금지급기한 납부 (2021.10.08)	납부
	2021-11-25	배당기일	완료
배당종결된 사건입니다.			

본건

변경공고 ▶ 변경일자 : 2021-07-12

변경내용	2021.07.12. 변경 후 추후지정

🏠 물건현황/토지이용계획	📐 면적(단위:㎡)	🏠 임차인/대항력여부	📋 등기사항/소멸여부
월문테크노단지 북서측 인근에 위치	**[토지]**	배당종기일: 2020-01-22	소유권 이전 2004-01-20 건물
부근은 중소규모의 공장들이 산재하는 지방도변 소규모 공장지대임	덕우리 233-1 대지 계획관리지역 3698㎡ (1118.64평)	김OO 없음 전입 : 2017-06-26 확정 : 없음 배당 : 없음	코OOO 매각 소유권 이전 2010-04-23 건물/토지
본건까지 제차량의 출입이 용이하며 대중교통사정은 다소 불편함	덕우리 233 주차장 계획관리지역	점유 : 현황조사 권리내역	의OOOOO 증여
전체토지를 일단지로 사정할때 남동측으로 포장된 소로1류(폭10~12미터)에 접함	791㎡ (239.28평) 덕우리 233-2 도로	박O 없음 전입 : 2018-08-09	(근)저당 소멸기준 2010-09-24 건물/토지
이용상태(의료시설(화성제일병원)) 및 단독주택(6층)이며 조사일현재 폐업상태	계획관리지역 207㎡ (62.62평)	확정 : 없음 배당 : 없음	수OOOOO 3,840,000,000원
1층 : 의료시설(각종진료실, 원무과, 대기실, 식당, 화장실, E.V 등), 2층 : 의료시설(입원실, 간호사실, 휴게실, 화장실, E.V 등)	**[건물]** 온천로 29 지1층 병원 1,440.16㎡ (435.65평) 철근콘크리트라멘조평슬라브	점유 : 현황조사 권리내역 - 페문부재로 소유자나 점유자를 만나지 못하여 구체적	(근)저당 소멸 2013-04-23 건물/토지 수OOOOO 960,000,000원
3층 : 의료시설(입원실, 휴게실, 화장실, E.V 등), 4층 : 의료시설(입원실, 휴게실, 화장실, E.V 등)		인 임대차관계는 확인할 수 없었는바, 전입세대열람내역 서 등에 기재된 내용을 임대	(근)저당 소멸 2018-04-02 건물/토지 수OO
5층 : 의료시설(입원실, 휴게실, 화장실, E.V 등), 6층 : 단독주택(방3, 서재, 거실,	온천로 29	차내용으로 입력함.	240,000,000원

NPL이론과 실무, 생생 사례

경매를 이기는 NPL 투자

제 4 장

부실채권(NPL)에서
숙지해야 할 사항과
투자 범위 넓히기

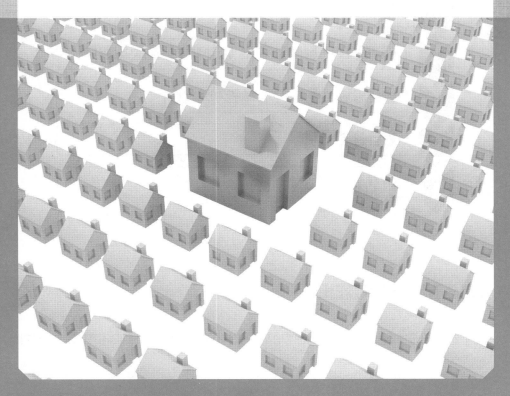

법원의 배당절차

■ 부실채권으로 매입한 경매사건에 대해서 최고가 매수신고인이 결정되어 낙찰 허가가 나면 최고가매수신고인이 낙찰대금을 완납한다. 그러면 배당이 확정되고, 경매계에서는 채권자에게 배당기일통지서를 송달한다. 배당을 받을 채권자(근저당자)는 아래와 같은 절차로 배당에 참여하여 배당금을 수령한다.

1	• 채권계산서를 제출한다
2	• 배당표를 점검하고 배당금액이 맞는지 확인해 본다
3	• 원인서류를 준비한다
4	• 대리인으로 참석할 경우 위임장 2통을 준비한다
5	• 출금명령서를 가지고 보관계로 간다
6	• 환급을 받는다
7	• 부기 한부신청을 한다.

1. 채권계산서를 제출한다.

① 낙찰이 되고 대금을 납부하면, 배당일이 정해진다. 법원으로부터 배당통지서가

송달되는데, 채권의 원금 및 연체료, 그 밖의 부대비용을 계산하여 제출하라는 내용과 배당일이 적혀 있다. 통상 송달받은 날부터 7일 이내에 제출할 것을 요한다.

② 채권계산서는 채권매입 시 여신거래약정서(대출계약서)의 내용대로 연체금리를 적용한 배당일까지의 총 연체이자 및 채권의 원금을 합하고 여기에 경매신청비용으로 가지급한 금액을 합한 금액을 말한다.

③ 채권계산서에는 채권계산의 기준이 되는 채권계산서 명세표나 채권계산서를 뒷 받침 해줄 수 있는 연체이율에 대한 첨부서류가 필요하다.

2. 배당표를 점검하여 배당금액이 맞는지 확인해 본다.

① 배당표는 배당기일 3일 전에 해당 경매계에서 확인해 볼 수 있다. 통상은 배당일에 경매법정에서 배당표를 받아보는데 제출한 채권계산서와 비교하여 금액이 같지 않으면 배당 전 경매계장에게 이의를 제기하고 상담을 한다. 배당 도중, 금액이 맞지 않거나 배당의 순위가 틀렸다고 생각되면 '배당이의신청'을 하면 된다.

② 배당이의신청을 한 경우, 당사자는 7일 이내로 본안소송을 제기해야 소제기증명원을 경매계에 제출하여야 한다. 소(訴)의 제기가 없을 경우 배당이의신청을 철회한 것으로 본다. 이 때 배당 권리자(채권자)는 해당 경매계를 찾아가 배당절차를 거치면 된다.

3. 원인서류를 준비한다.

① 배당을 받는 사람은 기본적으로 신분증과 도장을 준비해야 한다.

② 배당을 받을 수 있는 원인서류를 준비해서 함께 제출한다.

③ 원인서류란 채무자와 채권자 간의 금전거래에 대한 증명서를 말하여, 대출계약서, 근저당권권리증, 질권계약서, 질권권리증, 차용증서 등이 있다.

4. 대리인으로 참석할 경우 위임장을 2통 준비해야 한다.

① 본인을 대리하여 배당을 받을 경우 위임장과 인감증명서 각 2통이 필요하다.
② 만약 위임장 1통만 준비했다면 위임장과 인감증명서를 대신 발급 받을 수 있는
   방법이 있다. 위임자 본인의 신분증과 인감도장을 가지고 인근 주민 센터나 구
   청, 시청등을 방문하여 인감증명서를 대리인으로 발급받아 위임장을 1통 더 준
   비하면 된다.
③ 배당 당일 경매법정에서 출급명령서를 받을 때 경매계에 1통을 제출해야 하고
   출급명령서를 가지고 보관계에 가면 위임장과 인감증명서를 또 제출해야 하기
   때문이다.

5. 출급명령서를 가지고 보관계로 간다.

① 경매법정, 경매계로부터 받은 출급명령서를 가지고 법원에 있는 보관계로 간다.
② 보관계에 출급내용을 기재하여 출급명령서를 제출한다. 이때 대리인일 경우는
   위임장과 대리인의 신분증을 제출한다.
③ 출급명령서에 하자가 없음이 확인되면 환급명령서를 발급하여 준다.

6. 환급을 받는다.

① 보관계에서 받은 환급명령서에 출급 받고자 하는 인적사항과 계좌번호를 기재
   한 후 법원에 있는 지점은행에 제출한다.
② 배당금의 수령은 본인 또는 위임받은 대리인이 받을 수 있다.
③ 배당금은 본인이나 대리인이 지정하는 계좌로 입금할 수 있고, 현금이나 수표
   로 수령할 수도 있다.

7. 부기 환부신청을 한다.(잔존채권이 있는 경우에만 해당)

① 채권계산서에 제출한 배당받을 금액보다 실제로 배당받은 금액이 미달될 경우 나머지 금액에 대하여 잔존채권 확인을 받아야 한다.

② 민사신청과에 비치된 '부기 및 환부신청서'에 사건번호와 채권자 채무자를 기재하고 신청인에 서명날인한 후 해당경매계에 제출하고 경매계장으로부터 '여신거래약정서'에 '부기문' 도장을 받는다.

③ 부기문이란 근저당권부담보대출이 경매로 인하여 근저당권이 소멸되고 남은 잔존채권이 담보부채권에서 무담보부채권으로 전환된 것을 말한다. 이 잔존채권을 '전환무담보부채권'이라고 한다.

④ 부기문은 담보부채권에서 전환무담보부채권으로 채권을 추심할 수 있는 권리인데 일반 무담보부채권에서 차용증서와 같은 효력이 있다.

⑤ 채권자가 명도를 할 때 점유자가 거부할 경우 잔존채권을 추심한다는 사실을 설명하고 명도에 협조할 경우 잔존채권 일정액 또는 전부를 감면하여 준다는 조건을 제시하여 명도합의용으로 요긴하게 활용할 수 있다.

⑥ 명도합의용으로 잔존채권금액의 일부를 감면해주는 경우는 나머지 금액에 대해서 후일 채무자의 재무구조가 좋아졌을 경우 추심을 하면 된다.

⑦ 추심을 할 때에는 '대여금 반환청구 소송'을 통하여 판결을 받아야 한다.

⑧ 전환무담보채권은 판결을 받기가 용이하다.(사실관계가 명확하기 때문)

⑨ 판결받은 후 판결문으로 채무자에게 추심을 할 수 있다. 이 채권은 일반채권으로 소멸시효는 10년이다. 소멸시효까지 회수를 못한 채권은 다시 판결을 통하여 소멸시효를 연장할 수 있다.

⑩ 부실채권 양도 양수시 잔존채권에 대한 권리행사를 포기 한다는 전제하에 채권을 매각하는 경우도 있다. 이런 경우에는 협상시에 채권양수도계약서상의 조건으로 제시하여 유효하게 하는 계약을 체결할 수도 있다.

대위변제

1. 대위변제란?

① 채권자의 채무를 제3자 또는 공동채무자 중 1명이 변제하면 그 변제자는 채무자 및 공동채무자에게 대하여 구상권을 취득하게 된다.
② 민법(480조, 481조)에서 변제자는 채권자가 가지고 있는 권리에 대하여 대위하여 행사할 수 있다. 이를 대위변제 또는 변제에 의한 대위라고 한다.
③ 대위변제에는 법정대위와 임의대위가 있다.

> ● NPL 협상이 가능한 물건은 대위변제를 할 필요가 없다. 왜냐하면, NPL은 할인해서 매입을 할 수 있는 채권인데 대위변제는 채권자의 채권 전액을 변제해주는 것이기 때문이다.
> ● 먼저 NPL 접촉 후 협상이 불가능 할 때 대위변제로 접근해야 한다.

2. 변제자 대위란?

① 채무자를 대신하여 제3자 또는 공동채무자 1명이 채무를 변제함으로써 구상권을 취득한다.
② 변제자의 구상권 확보를 위하여 채권자가 가지고 있던 (근)저당권을 변제자 에게 이전하는 것을 말한다.

3. 대위변제의 요건

① 법정대위는 변제할 정당한 이익이 있어야 한다. 변제할 정당한 이익이 있는 사

람이라 함은 변제를 하지 않으면 채권자로부터 집행을 받게 되거나 또는 채무자에 대한 자기의 권리를 잃게 되는 지위에 있기 때문에 변제함으로써 당연히 대위의 보호를 받아야 할 법률상의 이익을 가지는 사람을 말한다. 불가분채무자, 연대채무자, 보증인, 물상보증인, 담보물의 제3취득자, 후순위담보권자 등이 이에 속한다. [출처;두산백과]

② 임의대위는 채권자 및 채무자의 승낙이 있어야 한다. 변제에 정당한 이익을 가지지 않는 자가 변제 시 채권자나 채무자의 승낙을 얻지 못하면 대위의 효과가 생기지 않는다. 따라서 채권양도의 경우와 동일한 대항요건(對抗要件)을 즉 채무자에의 통지와 승낙을 요한다.(출처:법무북서 저자:이병태)

4. 구상권이란?

① 채무를 대신 변제해 준 사람이 채권자를 대신하여 채무당사자에게 반환을 청구할 수 있는 권리를 말한다. 타인이 부담하여야 할 것을 자기의 출재(出財)로써 변제하여 타인에게 재산상의 이익을 부여한 경우 그 타인에게 상환을 청구할 수 있는 권리이다. 일종의 반환청구권(返還請求權)이다. [출처;법률용어사전]

② 변제자가 채무자에게 원 채권 및 그에 따른 부속된 권리를 청구할 수 있는 권리이다.

5. 법정대위

(1) 법정대위란?

① '변제할 정당한 이익이 있는 자는 변제로 당연히 채권자를 대위 한다'(민법 제481조)

② 채무자와 이해관계 있는 자는 채권자와 채무자의 동의 없이 채무를 변제할 수 있다.

③ 채권을 변제함으로써 정당한 이익이 있는 이해관계인은 채권자나 채무자가 변제를 거부하여도 합법적으로 채무를 변제할 수 있는데 이를 법정대위에 의한 대위변제라고 한다.

(2) 법정대위 이해관계인은?

① 법정대위에서 이해관계인은 불가분채무자, 연대채무자, 보증인, 물상보증인, 담보물의 제3취득자, 후순위담보권자 등이 이에 속한다. NPL에서는 후순위 근저당권자, 후순위 담보가등기, 후순위 가압류권자, 후순위 전세권자, 후순위 임차인 등이 이해관계인이다.

② 이해관계인은 당연히 대위변제를 할 수 있으며 채권자 및 채무자가 대위변제를 거부할 경우 변제공탁을 한 후 대위변제를 하고 이에 따른 손해배상을 청구할 수 있다.

③ 대위변제로 수익을 발생시키기 위해서 후순위 권리를 매입하여 법정대위 지위를 갖는 방법도 있다.

④ 합법적인 법적절차로 법정대위의 지위를 취득할 수 있는 관계 설정을 하여 법정대위변제의 권리를 획득할 수도 있다.

6. 임의대위

(1) 임의대위란?

① 이해관계 없는 제3자가 채무자의 채권을 대신 변제하는 것을 말한다.

② 그러나 채무의 성질 또는 당사자의 의사표시로 제3자의 변제를 허용하지 않는 경우는 대위변제를 할 수 없다. '이해관계 없는 제3자가 채무자의 의사에 반하여 변제하지 못한다'(민법 제469조 1.2항)

(2) 임의대위가 성립하려면?

① 임의대위에 있어서 변제기 전에 이해관계인(채권자, 채무자)의 동의를 얻어 대위변제 승낙을 받은 다음 채무를 변제하면 임의대위가 성립[29]된다.

② 이 경우 임의대위지만 채무자의 승낙이 있는 경우는 법정대위와 같은 성격으로 채권자는 근저당권을 이전해 줄 의무가 발생된다.

---

29) 임의대위변제에 대한 서식 참고

③ 임의대위 변제 승낙 시 '채무자 및 소유자'가 동일인이어야 한다. 채무자나 소유자가 동일인이 아닐 경우, 채권자[30]는 소유자의 동의서(인감증명서포함)를 요구할 수 있기 때문이다.

7. 대위변제의 효과

① 변제할 정당한 이익이 있는 이해관계인이 법정대위 변제를 하면 채권자의 채권(근저당권 등)은 동일한 조건으로 변제자에게 이전(승계) 된다.
② 채무자의 승낙을 받았고, 채권원금 및 연체이자가 100%로 충족된 금액을 상환하는 경우 채권자는 임의대위변제의 승낙을 거부할 수 없다.
③ 반면에 채무자는 채무자에 대한 이익[31]이 있는 경우 이해관계 없는 제3자가 임의대위 승낙을 요구할 경우 승낙을 할 수 있다. 즉, 이해관계 없는 제3자가 채무자의 1순위 근저당권을 대위변제하고 그에 따른 연체이자가 연 18% 발생된다고 가정할 때 1억 원에 대하여 1년이면 1,800만 원의 연체이자 수입 중 일부를 채무자에게 사례한다면 채무자는 대위변제 승낙에 응할 수도 있다.

8. 대위변제 대상 물건

(1) 대위변제 대상물건은?
① 경매 진행 중인 물건이라면, 감정가격 대비 채권총액이 많아야 한다. 즉, 채무자가 채권을 상환하여 경매를 취하시킬 수 없는 상태를 말한다.
② 1순위 근저당권 및 후 순위 근저당권, 전세권, 가압류, 의료보험 가압류, 신용카드 가압류 등을 합한 금액이 감정가격보다 월등히 많은 경우가 대위변제 대상 물건이 된다.

---

30) 이 경우는 대위변제를 받은 채권자
31) 채무자에게 임의대위변제 승낙서를 받을 대 일부를 사례금으로 지불함

(2) 대위변제로 배당이 가능한 물건은?

① 채권최고액 전액 배당이 확실한 물건이 좋다.

② 1순위 (근)저당권이며 채무자와 소유주가 동일인이어야 좋다.

③ 채무자와 소유자가 다를 경우 채권자는 소유자의 동의서를 요구할 수 있다.

④ 일반적으로 1순위 (근)저당권이라도 100%로 배당이 가능한 것이 아니다. 낙찰 시 채권최고금액이하로 최고가금액이 결정되면 손실이 발생된다.

⑤ 법정대위변제는 채권자를 만족시켜야 하므로 회수할 수 있는 낙찰가를 정확히 예측해야 한다. 다시 말하면 채권최고금액이 잠식당하면 위험하다.

⑥ 낙찰률이 높다 하더라도 대위변제할 채권액과 채권최고액과의 차액이 적으면 손실이 올 수도 있다.

⑦ 임의대위변제 시 채무자의 승낙을 얻는데 사례비용과 근저당 이전 비용, 근질 권 이자 등을 감안하여 배당표를 작성해보고 수익률이 맞아야 한다.

⑧ 예상회수금액에서 총 투자한 금액을 비교하여 적절한 이윤이 나와야 한다.

⑨ 대위변제는 채권자의 연체이자 수익률로 발생하기 때문에 변경신청이 가능한 지를 점검해야 한다. 특히 연체이자율이 낮은 경우에는 지출에 비해서 수익이 나지 않을 수 있기에 반드시 사전에 이를 확인하여야 한다.

⑩ 대위변제 시점과 채권회수 시점의 시간적 차이가 많으므로 상승과 하락의 추이 가 문제이다. 이점을 혼돈하면 손실이 날 수 있음을 강조하는 바이다.

(3) 대위변제로 가장 좋은 물건은 어떤 것인가?

① 1순위 채권으로 원금 중 채권의 일부금액을 채무자가 상환한 (근)저당권이 좋다.

> 가령 원금이 1억 원이고 채권최고액이 1.2억 원인데 채무자가 이중에서 2천만 원을 상환 하여 원금이 8천만 원으로 줄어들었다고 가정해 보자. 이 때 상환한 채권에 대한 감액등기 가 되지 않고 채권최고금액이 그대로 1.2억 원으로 남아 있는 물건이 대위변제로 좋다.
> 원금이 8천만 원 인데 채권최고액이 1.2억 원이니까 4천만 원까지 수익을 발생시킬 수 있다.

② 1순위인 경우 저축은행, 새마을금고, 신협 등 제2금융권은 130%를 채권최고금 액으로 근저당권을 설정하고 연체이자가 상대적으로 많이 발생하므로 수익률이 높다. 특히 P2P 대출, 대부업체로부터의 대출은 연체이자율이 높은 편이다.

③ 1금융권은 120% 설정에 연체이자율이 상대적으로 낮다.

(4) 대위변제 대상에서 피해야 할 물건은?

① 앞서 부실채권(NPL)은 3개월 이상 이자가 미납되면 NPL로 분류하고 채권을 매각한다고 했는데 대위변제에 있어서 경매신청 전 채권이나 경매예정물건 중 배당요구종기일이 도래되지 않은 채권은 매입하면 위험성이 높다. 주거용 건물이 경매개시결정 전이라면 최우선변제권[32]으로 가장한 임차인이 전입을 할 수 있기 때문이다. 경매개시결정 후 배당요구종기일 전에 대위변제를 하게 되면 임금채권이나 퇴직금 등으로 배당요구를 신청할 수 있다

② 임금채권이나 퇴직금은 경매개시 결정 후 배당요구종기일 전에 배당신청을 하면 (근)저당권인 우선변제권보다 우선하여 최우선변제권이 성립되기 때문에 배당 순위가 달라지므로 반드시 배당요구종기일이 지난 (근)저당권을 대위변제해야한다.

③ 대위변제 시에는 항상 선순위 채권을 확인해야 한다. 법인이나 개인사업자는 특히 조심해야 한다.

9. 대위변제한 채권도 근저당권부 질권 대출이 가능한가?

① 부실채권(NPL)을 매입하면 근저당권부 질권 대출을 받을 수 있다.

② 대위변제도 근저당권을 이전해 옴으로 근저당권부 질권 대출을 받을 수 있다.

③ 통상 채권매입금의 80%에서 90%까지 질권 대출을 받을 수 있고 이를 이용하여 레버리지 효과를 극대화할 수 있다.

④ 개인채권은 개인에게만 가능하지만 금융권의 채권은 NPL과 같은 조건으로 대출을 받을 수 있다.

⑤ 대출은 소득과 신용에 따라서 차이가 있으므로 사전에 대출금액과 금리에 대하여 승인을 받은 후 대위변제를 하는 것이 좋다.

---

32) 주택임대차보호법 8조1항. 임차인은 보증금 중 일정액을 다른 담보물권자보다 우선하여 변제받을 권리가 있다.

10. 대위변제 시 주의사항

① 대위변제 전 채권의 원금, 연체이자율, 선순위채권 등을 알아보아야 한다.
② 임의대위나 법정대위도 대위변제 전에 법원경매사건기록을 열람해야 한다.
③ 임의대위의 경우 대위변제승낙서와 법원열람위임장에 인감증명서를 첨부하여 받고 대위변제 전에 법원경매물건매각명세서를 열람하여 선순위채권(당해세, 임금채권, 최우선변제권 등)을 계산하여 대위변제금이 배당에서 손실이 없음을 확인해야 한다.
④ 법정대위의 경우에도 이해관계인으로서 경매사건을 열람하여 ③에서처럼 배당표를 작성해 보고 수익과 손실 여부를 점검하여야 한다.
⑤ 예상 낙찰가에서 선순위 채권을 공제하고 변제대상 채권금액이 배당에서 손실되지 않는가를 정확히 계산하여야 손실이 없다.(배당순위 참조)

11. 대위변제 수익률은 얼마나 될까?

① 1순위 1금융 채권으로 원금이 3억 원이고 연체이자가 연 18%라고 가정을 할 때 채무자의 승낙을 얻어 대위변제를 하고 (근)저당권을 이전하였다.
② 3억 원 중 80%인 2.4억 원을 근저당권부질권 대출을 받았다. 6개월 후 배당을 받는다고 할 때 수익률은 얼마나 될까?
③ 대위변제 채권에 실제 투자한 금액 6천만 원[33]과 (근)저당권 이전 비용(약0.5%) 180만원과 근질권 이자 6개월분 720만원을 합하면 6,900만원이 투자되었다.
④ 3억 원에 대한 연체이자가 연 18%(월 1.5%)이므로 6개월간 연체료는 2,700만원이 된다. 이 중 (근)저당권 이전비용과 근질권 이자를 합하면 900만원이므로 실제 수입은 1,800만원이다.(세전 수익)
⑤ 채무자에게 사례비로 300만 원정도를 지출했다고 가정해도 1,500만 원의 이익이 발생한다. 연 수익률로 따지면 42%이다.

---

33) 3억 원을 대위변제하였으나 80%를 근질권 대출 받았으므로 실제 투자금은 6천만원
34) 근저당권 이전비용을 0.5%로 가정함.

지출(투자비)		수입	
질권대출이자(6%)	7,200,000	연체이자(18%)	27,000,000
근저당이전비용[34]	1,800,000	–	–
채무자사례비	3,000,000	–	–
소계(ⓐ)	12,000,000	소계 (ⓑ)	27,000,000
		순수익(ⓑ–ⓐ)	15,000,000
실투자금 : 6천+1.2천 = 7.2천만원		수익률(년)	41.67%

※ 위 내용은 예상으로 작성한 것임.

　2019년 6월 25일 대통령령으로 연체이자 3% 동결된 이자로는 수익률 실현이 불가능함.

　연체이자에 따라서 수익률이 달라질 수 있음.

[대위변제 실제사례 2016 타경 7394]

아래 사건은 대위변제를 하고 근저당권을 이전한 후 입찰에 참여하여 낙찰도 받고 배당도 받은 사례이며 대위변제한 근저당권을 담보로 근저당권부질권 대출을 받은 사례이다.

3번 근저당권을 대위변제하였음. 등기원인이 '대위변제'라고 나와야 되는데 '확정채권양도'라도 나오는 경우도 있음

【 을 구 】				
순위번호	등 기 목 적	접 수	등 기 원 인	권리자 및 기타사항
3	근저당권설정	2011년8월29일	2011년8월29일	채권최고액 금432,000,000원
		제130306호	설정계약	채무자 정□기 경기도 용인시 기흥구 □□동952, □□마을□□단지 경남아너스빌 □□□□동 1304호 근저당권자 주식회사한국□□은행 1101□□-□□□□539 서울특별시 중구 □동39 (□□지점)
3-1	3번근저당권 이전	2016년5월30일 제78652호	2016년5월30일 확정채권양도	근저당권자 김□수 □□0419-******* 경기도 용인시 수지구 □□로73, □ □□동 1402호(□□□동, □□마을)
3-2	3번근저당권 부질권	2016년5월30일 제78653호	2016년5월30일 설정계약	채권액 금225,000,000원 변제기 2016년12월31일 채무자 김□수 경기도 용인시 수지구 □□로73, □□□동 1402호(□□동, □□마을) 채권자 박□옥 □□1225-******* 경기도 화성시 □□□로8, □□□동 1203호(□□동, □□□□□아파트)
3-3	3번근저당권 부질권	2016년5월30일 제78654호	2016년5월30일 설정계약	채권액 금125,000,000원 변제기 2016년12월31일 채무자 김□수 경기도 용인시 수지구 □□로73, □□□동 1402호(□□동, □□마을) 채권자 이□무 □□0803-******* 경기도 광주시 □□로112-7, 1층 (□동)

위 등기부등본의 3-2, 3-3은 3-1번이 대위변제로 근저당권을 이전 받고 근저당권을 담보로 질권 대출을 개인한테 받은 사례이다.

12. 대위변제 물건 찾은 후 실행 단계

① 법원경매정보 → 경매공고 → 배당요구종기공고

② 배당요구종기일이 지난 물건을 검색한다.

③ 대위변제가 가능한 물건으로 판단되면 협상을 위해 직접 이해관계인을 찾아간다.

④ 이해관계인에게 충분히 내용을 설명한 후 승낙할 경우

⑤ 대위변제하고 근저당권 이전과 동시에 사례금 지급을 한다.

대위변제 승낙서

2021년 0월 0일자 대출거래약정서에 의하여 **은행에서 차용한 대출금액에 대하여 아래 변제자가 채무자 및 소유자를 대신하여 **은행에 대위변제를 하고 채무자 및 소유자에 대한 채권 및 별지목록 기제 부동산에 대한 근저당권(**지방법원 **등기소 2020년 7월 8일 제 12345접수)을 **은행에서 변제자로 양수하는 것에 대하여 소유자 겸 채무자로서 일체의 행위를 승낙하며 대위변제를 해 줄 것을 확인합니다.

2021년 9월 22일

(변제자)

성명 :　　　　　(인)　　주민등록번호 :

주소 :

(채무자 및 소유자)

성명 :　　　　　(인)　　주민등록번호 :

주소 :　　　　　　　　　연락처 :

※ 첨부서류 : 채무자 인감증명서 1부

**은행 귀중

별 지 목 록

부동산의 표시
경기도 성남시 분당구 구미동 123, 000동 000호
대 지 권 : 12.123㎡
전용면적 : 123.45㎡

위 임 장

사건번호 : 2021타경1234

소유자 : 홍□동
채무자 : 홍□동

채권자 : **은행(채권최고액 360,000,000원)

위 사건에 대하여 채무자 겸 소유자는 아래 사람을 대리인으로 정하고 대위 변제 및 경매 취하에 관한 일체의 사항을 위임합니다.

2021년 9월 22일

(대리인)
성명 :   (인)   주민등록번호 :
주소 :

(위임인)
성명 :   (인)   주민등록번호 :
주소 :

※ 첨부서류 : 위임인 인감증명서 1부

**은행 귀중

약 정 서

사건번호 : 2021타경1234

소유자 : 홍□동
채무자 : 홍□동

상기인의 채무를 대위변제 하는 조건으로 아래와 같이 약정한다.

- 아 래 -

1. 소유자 겸 채무자는 임의대위변제를 승낙한다.
2. 대위변제자가 경매사건을 열람, 복사할 수 있도록 위임장에 인감증명서를 첨부하여 발급해주기로 한다.
3. 채무자는 해당 은행의 대위변제 시 참석하여 대위변제에 의한 근저당권 이전행위에 동의하고 서명하며 대위변제에 관한 모든 업무를 협조한다.
4. 채무자는 변제자가 매각기일을 변경함을 승낙한다.
5. 변제자는 근저당권 이전과 동시에 금삼백만원(₩3,000,000)을 채무자에게 즉시 지급한다.
6. 대위변제 불능 시 본 약정서는 무효로 한다.

2021년 9월 22일

(대위변제 지급 예정인)

성명 :   (인)   주민등록번호 :

주소 :

(채무자 및 소유자)

성명 :   (인)   주민등록번호 :

주소 :

채무자 홍□동 귀하

위 임 장

사건번호 : 2021타경1234

소유자 : 홍□동
채무자 : 홍□동

채권자 : **은행(채권최고액 360,000,000원)

위 사건에 대하여 열람 및 복사에 관한 행위를 아래 사람을 대리인으로 정하여 위임합니다.

2021년 9월 22일

(대리인)
성명 :   (인)   주민등록번호 :
주소 :

(위임인)
성명 :   (인)   주민등록번호 :
주소 :

※ 첨부서류 : 위임인 인감증명서 1부

**지방법원 경매1계 귀중

파생상품투자(GPL)

1. 개인 근저당권 할인해서 매입할 경우

① 1순위나 2순위도 개인 근저당권이 있다. 개인 근저당권(채권)도 채권자의 사정에 의해서 채권양도를 원하는 사람이 있을 수 있다. 개인 채권은 채권자의 연락처를 알기 어렵기 때문에 접촉이 어렵다. 우편발송과 전보를 통하여 전달할 수는 있으나 적극적인 방법으로 채권자의 주소지를 방문하여 채권협상을 하는 방법이 가장 효과적이다.

② 개인 채권도 채권자와 협상이 진행 될 경우 담보가치를 정확히 평가해야 한다. 경매 입찰금액이 채권최고금액에 미달하게 되면 자본 잠식이 되어 손실을 초래할 수 있다.

③ 근저당권은 우선변제권은 있으나 우선변제권보다 먼저 배당을 받는 최우선 변제권은 등기부등본만으로는 확인을 할 수 없으니 채권자로부터 위임장을 받아서 해당경매계에 선순위 채권의 유무를 파악해야 한다.

④ 경매가 진행되지 않는 개인 채권일 경우, 국세 및 지방세 완납증명서, 과세증명서, 세목별과세증명서 등 세금 체납이 없음을 확인해야 선순위 채권이 없다는 것을 파악할 수 있다.

⑤ 개인 채권은 할인 기준이 없는 만큼 채권양도인과 양수인간에 협상이 중요한데, 할인이 많이 되더라도 채권최고액이 자본잠식 당하면 손실이 발생될 수 있다.

⑥ 모든 채권은 원인서류가 명확해야 한다. 원인서류란 채무자가 채권자에게 발급한 차용증서나 공증증서, 금전소비대차계약서 등을 말한다. 이 원인서류는 채권양수인에게 동일한 조건으로 승계되기 때문에 원본이 필요하다.

⑦ 개인 채권이 양도 양수가 이루어질 경우 채무자의 '부채확인증명서'가 있어야한다. 최초의 대출금에서 채무자가 일부 상환을 했을 수도 있기 때문에 원인서

류의 금액을 인정하고 양수를 받았을 경우 사실이 아니라면 경매 배당시 배당이의 신청이나 채권상환시 금액의 변동이 있을 수 있다.

⑧ 부채확인증명서는 채무자가 채권양도양수 시점에 잔고에 대한 채무자의 확인과 신분증을 첨부하여 서명 날인하는 것을 말한다.

⑨ 근저당권이 이전되면 채권양도통지서를 발송하고 경매가 진행 중인 물건이면 해당경매계에 권리신고를 한다.

⑩ 개인 채권은 개인에게는 근저당권부질권 대출을 받을 수 있으나 금융기관으로부터는 받지 못한다.

아래 내용은 아파트 후순위 개인 근저당권을 개인이 할인하여 공동으로 매입한 후 배당을 받은 사례

채권 및 근저당권 양도 증서

1. 근저당권에 설정된 부동산의 표시
   집합건물 ˙ 고유번호(1356-1996-046940)
   경기도 성남시 분당구 ▨▨동 100외 1필지 ▨▨▨▨▨▨아파트
   제▨▨동 제4층 제402호

1. 양도할 근저당권의 표시
   2016년 11월 8일 접수 제61240호 을구 순위 9번으로 경료한 채권최고
   액195,000,000원의 근저당권 이전

아래 당사자간에 다음과 같이 근저당권양도계약을 체결합니다.

제 1조 양도인은 위 근저당권의 채무자에 대하여 채권최고액 195,000,000원의
　　　근저당권을 취득하고 있는바, 2018년 2월 6일 양도계약에 의하여 현
　　　제까지 발생한 채권최고액 195,000,000원의 채권을 위 근저당권과 함
　　　께 양수인에게 전부 양도하기로 약정한다.

제 2조 양수인은 위 이전받은 부분에 대하여 근저당권을 취득하며 채무자는
　　　이에 대한 채무를 양수인에게 이행하여야 하며, 원계약에 따른 각 조
　　　항을 준수하고 채무를 이행한다.

제 3조 양도인은 위 양도한 채권에 대하여 양수인을 근저당권자로 하는 근저
　　　당권 이전 등기를 이행하여야 한다.

2018년 2월 6일

양도인 : 허▨행　(인)
　　　　 경기도 용인시 기흥구 ▨▨▨로 2394번길27. ▨동602호
　　　　 (▨▨동. ▨▨▨▨▨▨▨1차아파트)

양수인 : 안▨룡 외 9명 별지에 기제함

채무자 :김▨식

채권 양도·양수 계약서

< 채무자 : 김■식 >

2018년 2월 6일

채권양도인(갑) : 허 ■ 행

채권양수인(을) : 안 ■ 룡

채권 양도·양수 계약서

이 계약은 다음 당사자들 사이에 2018년 2월 6일 체결 되었으며, 양도인이 양도대상채권을 양수인에게 양도함에 있어 다음과 같이 계약을 체결한다.

전 문

허 ■행(이하 "양도인" 이라 한다)는 기준일 현재 차주(이하, "채무자"라 한다) 김■식에 대하여 대출 채권을 보유하고 있다.

이에 양도인은 위 채권과 이자채권, 지연손해금 채권 기타 부수되는 일체의 채권 및 보증인에 대한 보증채권, 가압류채권, 위 채권을 담보하기 위한 저당권 등 담보권 일체(이하 "채권" 이라 한다)를 ___안■룡_____(이하 "양수인" 이라 함)에게 양도하기로 하고, 양수인은 제4조의 대금을 양도인에게 지급하기로 하고, 당사자들은 아래와 같은 내용으로 채권의 양도양수에 관해 합의한다.

본 문

제 1 조 (기준일)
"기준일"이라 함은 본 계약의 양도대상 채권 등의 자료 작성 기준일로서, 계약자료 및 전산자료의 작성, 본 계약에 의하여 양도, 양수할 채권 등(이하 "대상채권"이하 한다)을 확정하는 기준일을 말하고 이는 본 계약 체결일인 2018년 2월 6일로 한다.

제 2 조 (대상채권)
양도인과 양수인이 양도, 양수할 대상 채권은 기준일 현재 채권 원리금(연체이자포함) 전액을 기준으로 하며 [붙임]1. 대상채권 총괄명세표에 따른다.

제 3 조 (대상채권의 적격)
① 대상채권이 기준일 현재 적법, 유효하게 존속하며 무효, 취소, 해제등의 사유가 없을 것.

② 대상채권이 기준일 현재 제3자에게 질권, 기타 담보권의 목적이 되어 있거나 상계적상에 있지 아니하며, 대상채권의 양도를 제한하는 특약이나 법적인 제한이 존재 하지 아니할 것.

③ 대상채권이 제3자에 의한 압류, 가압류, 가처분등과 강제집행 또는 체납처분의 대상이 되지 아니하였을 것.

④ 대상채권에 관하여 양도인과 채무자 또는 제3자 사이에 소송 등 법적 분쟁이 없을 것.

제 4 조 (대금 및 지급방법)
① 제2조 양도대상 채권의 매매대금은 **금일억사천육백구십만원정(₩146,900,000)**으로 한다.

② 양수인은 양도대상 채권의 매매대금의 일억사천육백구십만원을 채권양수인 통장으로 입금한다

단, 채권양도인 "갑"의 명의의 예금계좌(**계좌번호356-■■■-8979-53** ■■)에 입금한다.

③ 양수인이 양도인에게 본조 제2항의 금원을 모두 지급함과 동시에 대상채권은 양수인에게 귀속한다.

제 5 조 (원인서류 등의 교부)
① 양도인은 매매대금을 전부 수령함과 동시에 양도인이 보유하고 있는 본건 양도대상 채권과 관련된 원인서류의 원본을 양수인에게 교부한다.

제 6 조 (담보권의 이전 및 채권양도에 관한 대항요건 구비 절차)
① 양도인 "갑"은 본 계약서상의 이전과 관련하여 본 계약 제4조에서 정하고 있는 양수대금을 전액 수령 받은 당일 양수인 "을"에게 즉시 저당권 이전의 부기등기가 경료 될 수 있도록 협조한다. 단, 부기등기 지체로 인한 책임은 양수인 "을"이 부담한다.

② 제4조 제 2항에 따른 대금지급과 동시에, 양도인은 양도대상 채권에 대한 확정일자부 내용증명에 의한 채권양도통지를 채무자에게 발송하여야 하며, 양수인 "을"역시 채권 양수인으로서 채권양도 받은 사실을 채무자에게 통지 하여야 한다. 다만, 본문의 채권양도통지는 양수인에게 위임할 수 있고, 이 경우 본문의 채권양도통지서를 양수인에게 교부함으로써 채권양도통지 권한 위임에 갈음한다.

제 7 조 (양도,양수 효력 발생일)
대상 채권의 양도 · 양수는 본 계약의 체결일로부터 그 효력을 발생하고, 양수
대금(잔금지급시) 정산 완료시 양수인에게 귀속 확정되어 추후 사후정산은 요
하지 않는다.

제 8 조 (기타)
① 본 채권 양도 · 양수와 관련하여, 이 계약은 양 당사자 사이의 완전한 합의
를 구성하며, 이 계약의 체결 이전에 행하여진 양 당사자 사이의 구두 또는 서
면에 의한 일체의 합의는 그 효력을 상실한다.
② 이 계약은 양 당사자의 서면 합의에 의하여만 수정될 수 있다.
③ 양도인 및 양수인은 본건 계약과 관련하여 얻은 자료 및 정보는 비밀을 유
지 하여야 한다.

[특약사항]
① 양도인은 이 양수대금 수령과 동시에 근저당권 이전 및 채무자를 비롯한
이해관계인(보증인, 담보제공자)에게 채권양도통지서를 발송함으로써 본 계약
상의 모든 의무를 이행한 것으로 본다. 그 이후부터는 양수인이 본 계약과 관
련한 모든 법적책임 및 위험을 부담한다.
②경매신청비용은 양수인이 양도인에게 별도 지급하고 승계받기로 한다.

본 계약 체결을 증명하고 이를 엄수하기 위하여 본 계약서를 2부 작성하여
"갑"과 "을"이 서명 또는 기명, 날인한 후 각각 1부씩 보관 한다.

붙임 : 1.인감증명서 각 1부

2018년   2월   6일

["갑"채권양도인]
경기도용인시기흥구 ██ 로2394번길27
██ 동-602호
██ 0415-
허 ██ 행
#.별지(담보목록)

["을"채권양수인]
서울시영등포구 ██ 로 43라길9,
██ 동 1504호
██ 0424-
안 ██ 룡

#.별지(담보목록)

[1] 경기도 성남시 분당구 ▨▨동 100외 1필지 ▨▨▨▨아파트

제 ▨▨동 제4층 제402호

전유부분 : 127.83㎡ 대지권 : 72511분의70.898

#.채권계산서(2018년2월6일 기준)

[1] 차용증서에 내용대로 계산하여 기제함.

채권원금	연체이율	연체일수	총연체료	합계
130,000,000원	년24%	447日	37,867,397	167,867,397원

2018년 2월 6일 김 ▨ 식

#. 채무자 김▨식의 이자납부 및 총연체료에 대한 확인서

[1] 2018년2월6일 기준

"부채 증명서"

합계 167,867,397원의 채권을

채무자에게 확인받고

146,900,000원에 매입하였음

앞장에서도 채무자에게 '부채확인증명서'를 받은바 있지만 채권회수가 지연될 것을 우려하여 채무자에게 이중으로 채권 상환에 관한 확약서를 받은 사례

확 약 서

주소 : 성남시 분당구 ▇▇동 100외 1필지 ▇▇▇▇아파트 제▇동 제402호

상기 부동산에 대하여 2018년 2월 6일부로 채권(9번. 근저당권)이 변경되고, 채권자(김▇식)이 확인하였으며, 변경된 채권자(안▇룡)에게 2018년 6월30일까지 원금 및 이자를 한꺼번에 지불할 것을 각서하며 확약서를 제출합니다
단 : 위 내용을 이행하지 못할 경우 채권회수를 위한 경매신청 및 연대보증인에게 추심을 하여도 아무런 이의를 제기하지 않을 것을 서약한다.

첨부서류 : 인감증명서 1부

2018년 2월 6일

채무자
성 명 : 김 ▇   주민등록번호 : ▇41▇-▇▇628

주 소 : 경기도 성남시 분당구 ▇▇▇로 220 ▇▇▇ 402호

전 화 : ▇▇-▇▇-1▇22 (010-▇▇▇-3074)

채권자 안▇룡외 9명

채권양수도 계약 및 '부채확인증명서' 확인용으로 첨부된 인감증명서, 부채확인증명서에 채무자의 직접 서명 날인과 인감증명서가 첨부되지 않을 경우 후일 채권관계를 부인하거나 법원 배당 시 이의 신청을 배제하기 위한 것임

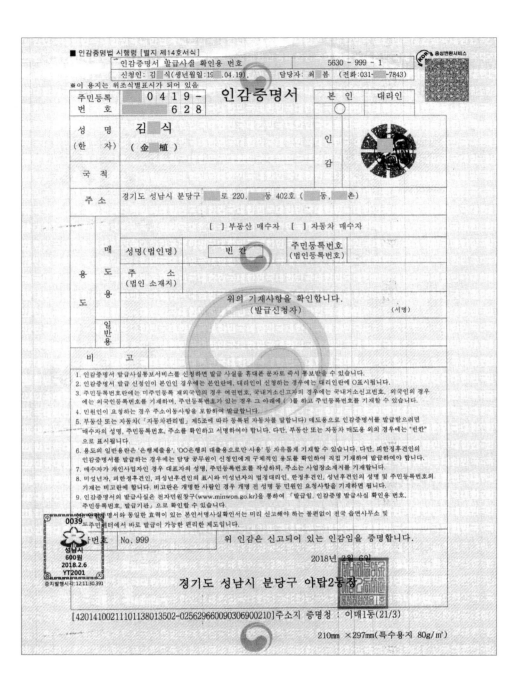

다음은 투자자 전원이 계약서를 작성하고 등기부등본에 공동순위로 근저당권이 이전됨으로써 원인서류와 권리확보를 할 수 있는 사례이다.

근저당권 공동투자 계약서

2018년 2월 6일

근저당권 공동투자 계약서

아래 표시 부동산에 대하여 안□룡외 9명은 공동투자와 관련하여 아래와 같이 계약을 체결한다.

1.부동산의 표시 : 경기도 성남시 분당구 □□동 100외 1필지 □□□아파트
　　　　　　　제□□□동 제4층 제402호

제 1 조 (목적)

본 계약은 상기 부동산의 근저당권자 허 ■ 행의 채권최고액 금 195,000,000 원에 대한 근저당권 매입 투자를 공동으로 함을 목적으로 한다.

제 2 조 (투자금액 및 납입방법)

1. 근저당권 투자금액은 150,000,000원으로 한다.
3. 투자금액은 1구좌당 15,000,000원으로 하고 총 10구좌로 한다.
4. 투자자 각자 명의로 근저당권 설정을 하기로 한다.
5. 투자금 납입은 2018년 2월 6일까지 투자자 중 대표자 안□룡의 통장으로 입금한다.
(□□□은행 034-□□-068926 안□룡)

제 3 조 (상환방법및 처분)

1. 제2조의 투자금 원금 및 수익금은 투자지분 비율로 투자자 통장으로 입금 상환한다.
2. 투자금과 관련된 이자는 따로 발생하지 않으며 제3자가 낙찰 받을 경우 원금과 배당금을 투자지분 비율로 투자자 통장으로 입금한다.

제 4 조 (전용금지)

투자자중 대표로 선임된 자는 투자금에 대하여 표시부동산의 취득을 위한 대금지급의 목적 및 부대비용으로만 사용이 가능하며 기타의 부동산 구입이나 그밖에 개인적 용도 등의 목적으로 사용할 수 없다.

제 5 조 (토의사항)

1. 부동산 유입 시 투자자들은 정기모임을 통하여 관련사항을 토의하고, 의

견이 양분될 시 과반 수 이상으로 결정한다.

2. 유입하여 운영할 경우 운영자는 회계와 운영에 관한사항을 투자자들에게 월 모임 시 보고하여야 한다.

제 6 조 (관련비용 및 수수료)

근저당권 투자와 관련하여 지출되는 비용은 투자지분 비율대로 균등하게 부담한다.

제 7 조 (기타사항)

1. 계약의 당사자는 본 계약의 내용을 신의성실에 의거하여 준수하여야 한다.
2. 계약 기간 중 계약의 변경은 당사자의 서면 합의에 의해서만 변경될 수 있으며, 서명날인 된 문서를 본 계약서의 말미에 첨부한다.
3. 본 계약서에서 명시되지 않은 부분에 대하여는 관련법규 및 상관습에 따르기로 한다.
4. 총투자금액 중 남은 금액은 투자자 대표가 관리하거나, 투자지분의 과반 수 이상으로 제3자를 지정하여 관리하기로 한다.

제 8 조 (분쟁해결)

1. 본 계약과 관련하여 양 투자자들 간의 분쟁이 발생한 경우, 원칙적으로 상호간의 합의에 의해 해결한다.
2. 제1항에도 불구하고 분쟁이 해결되지 않을 경우 수원지방법원 성남지원을 그 관할로 하여 재판함으로써 해결한다.

제 9 조 (특약사항)

상기 계약일반사항 이외에 투자자들은 아래 내용을 특약사항으로 정하며, 특약사항이 본문과 상충되는 경우에는 특약사항이 우선하여 적용된다.

1. 투자자 전원이 확인하고 승낙하였으며, 향후 수익과 손실에 대하여 투자자들이 책임진다.
2. 본 계약의 원인서류는 안ㅁ룡이 보관하고 대표로 위임한다.

위와 같이 본 계약이 유효하게 성립하였음을 각 당사자는 증명하면서 본 계약서 2통을 작성하여, 투자자 전원이 서명(또는 기명)날인 후 대표자와 총무가 원본을 보관하고 투자자들은 복사본으로 보관한다.

별첨
1. 투자자 명부와 투자금액

2018년 2월 6일

투자자 명부와 투자금액
-이하 생략-

[개인채권 할인하여 공동으로 매입한 등기부등본]

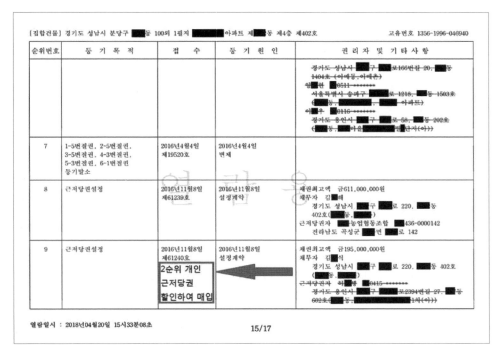

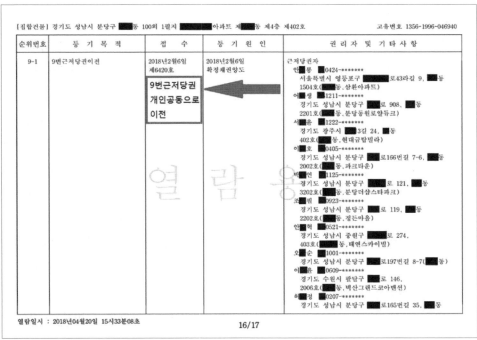

2. 후 순위 근저당권투자

① 가계대출이 증가되면서 대출의 규제가 심해졌다. 2018년 3월 26일에는 기존 LTV나 DTI보다 더 강력한 규제책인 DSR(Debt Service Ratio=총체적상환능력비율)이 적용되었다.

② 부동산의 담보가치보다는 채무자의 수익과 상환능력이 우선인 것이다. 현재는 주거용에 대하여 전국 어디에든 대출을 받은 적이 있는 채무자는 대출을 받을 수 없다.

③ 가령 10억 원짜리 아파트를 소유한 사람이 1금융권으로부터 3억 원을 대출받았는데 추가로 2억 원이 필요할 때 제도권으로부터는 추가 대출이 어렵다는 것이다. 개인의 사정상 부동산을 처분할 수는 없고 급히 금전이 필요하다면 대부업체를 찾을 수밖에 없다.

④ 일반적으로 담보가치만 평가하고 대출을 해주었다가 불측의 피해를 보는 사례가 많다. 그 중에서도 '우선변제권'이 유지되느냐가 쟁점인데 현재의 주택임대차보호법과 근저당권설정과는 차이가 있기 때문에 전문가 입장에서도 정확한 체크를 하지 않으면 근저당권 앞에 대항력이나 최우선변제권이 발생할 수 있기 때문이다.

⑤ 개인 대출은 차용증서를 작성하고 근저당권을 설정하기 전에 반드시 채무자의 '국세, 지방세 완납증명서, 세목별과세증명서, 납세증명서, 금융거래 확인서, 소득증명서, 전입세대열람내역, 확정일자 확인서'의 내용을 확인한다. 이때 중요한 것이 전입세대 열람은 당일 발급한 것 이어야 한다. 만약 하루나 이틀 전에 발급받았다면 당일 재발급을 받아야 하고 오늘 검토한 것으로 내일 근저당권을 설정하게 된다면 위임장을 받아서 내일 아침 9시에 전입세대 열람을 새로 발급을 받아야 한다. 그 이유는 주택임대차보호법 제3조 1항에 의해서 대항력 유무를 따져야 하기 때문이다. 만약 어제 발급받은 전입세대 열람에서 이상이 없었는데 전입세대 열람 발급 후에 전입자가 있다면 전입자의 대항력은 익일 0시가 되고 다음날 근저당권을 설정하는 것은 앞서 대항력이 발생되어 채권이 보호가 되지 않기 때문이다.

⑥ ⑤번이 이상 없을 경우에는 근저당권 설정에 필요한 서류를 준비해야 하는데

채무자가 제공하는 담보 부동산의 등기권리증, 인감증명서, 인감도장, 주민등록초본, 등기부등본 등을 확인해야 한다.

⑦ 차용증서(공증, 금전소비대차)가 작성되고 근저당권설정에 필요한 준비서류가 갖추어지면 법률사무소의 직원이나 당사자는 당일 업무가 마감되기 전까지 해당 등기소에 접수를 하고 접수증명서를 받아야 한다. 접수 시 다른 등기 변동이 없음을 확인하고 대출금을 채무자의 지정계좌로 송금한다. 보통은 채무자가 차용증에 서명 날인한 것을 받고 대출금을 송금하는 경우가 있는데, 대출금을 담보로 하는 근저당권이 설정되기 전에 '가압류' 등 선순위 채권이나 심지어 근저당권이 먼저 설정되거나 소유권이전 등기가 변동될 수 있기 때문에 채권자가 취득할 지위가 확보되기 전에(등기소에 접수 시 이상 없을 때)는 대출금을 지급하는 것은 '동시이행의 항변권'을 포기하는 것이나 마찬가지이다

⑧ 채무자의 부동산에 '임차인'이 있다면 반드시 '임대차보증금확인서'가 있어야 한다. 보통은 임대인이 임차인에게 대출을 받는 것을 꺼려 해서 '임대차보증금확인서' 첨부를 거부하지만 채권자 입장에서는 틀림없이 확인해야 하는 사항이 임차인의 보증금액이다.

임대인이 제시하는 임대차계약서나 확정일자를 받은 계약서는 나중에 임차인이 제시하는 계약서와 차이가 있을 수 있기 때문이다. 임대차계약서는 허위로 작성하기도 쉽고 임대인과 임차인간에 여러 번 변경이 되는 수도 있을 수 있기 때문이다. 처음에는 보증금 1천만 원에 월세 100만원을 지불하는 계약서를 작성하고 입주를 했다가 얼마 후 임대인과 임차인이 합의하여 전세 2억 원으로 새로운 계약서가 작성되었을 경우 사실관계가 분명하다면 임차인은 2억 원이라는 대항력을 가지고 있는 것이다. 이럴 경우 채권자는 1억9천만 원이라는 대항력 있는 선순위 채권이 있기 때문에 그 금액만큼 손해를 볼 수도 있다.

⑨ '임대차보증금확인서'는 반드시 임차인에게 확인이 필요하고 전입세대 열람과 신분증을 확인하고 임차인이 틀림없을 경우에는 별지나 임대차계약서에 사실과 틀림없음을 직접 서명날인하게 하고 신분증을 사진으로 촬영하여 보관하여야 한다.

⑩ 후 순위 담보대출이 완벽하게 이루어져도 채무자가 이자 지급을 이행하지 않거나 만기가 도래되었는데도 채권을 상환하지 않는 경우에는 채권자 입장에서 추

심을 해야 하는데 채권을 양도하는 방법과 저당권 실현으로 임의경매신청을 하는 방법이 있다.

⑪ 후순위 근저당권이 수익이 높은 이유는 보통 사금융은 년 12%~20%까지 임으로 상가 임대업과 비교하면 월등히 수입이 높다.

⑫ 원래는 대부업체에서 대출을 해야 하지만 일반인들도 가능하다. 불특정 다수인을 상대로 업으로 하지 않은 경우는 대부업법 위반이 되지 않는다.

⑬ 후순위 근저당권이나 1순위 근저당권은 별제권이기 때문에 채무자가 파산선고 또는 성년후견 또는 한정후견인이 되었다고 하더라도 근저당권이 소멸되거나 감소되지 않는다. 다만 채권최고금액의 손실은 없어야 한다.

⑭ 선순위나 후순위 근저당권도 경매 개시 전에 대항력을 갖춘 소액임차인은 최우선변제권에 해당됨을 주의하여야 한다.

차 용 증 서

금 액 오억원정 (₩500,000,000)

상기 금액을 정히 차용하고 아래와 같이 약정한다.

- 아 래 -

1. 차용금의 담보물은 경기도 부천시 내동 ██████5 원등 토지와 건물에 채권최고금액 금칠억오천만원의 근저당권을 2순위로 설정한다.
2. 차용금은 2021년 11월 15일부터 차용하고 2022년 5월 14일에 상환한다. 단, 만기 전 채무자의 요청 시 상환일을 최대 3개월 연장할 수 있다.
3. 이자는 연 12%로 정하고 매월 14일 채권자 통장으로 입금한다.(단, 1일만 늦어도 연 15%의 연체료를 소급하여 적용하기로 한다.
4. 이자가 1회 이상 연체되면 채무자는 기한의 이익을 상실하며 경매신청 및 채권양도 등 어떠한 불이익에도 이의를 제기하지 않기로 한다.
5. 3개월 이전 상환 시에는 중도 상환 수수료조로 중도상환금의 1%를 지급한다.
6. 이자 연체 및 변제기에 상환이 안 될 경우, 추심하는 모든 비용은 채무자가 부담하기로 하며, 만기 미상환 시에도 연 15%의 연체료를 적용한다.
7. 상기 부동산의 임대차는 보증금 9천만원, 월세 1천만원에 ㈜보██████S에서 임차사용중이나 사실상 임대없음을 확인하며 채권자에게도 대항하지 않는다.

　확인자 : ㈜보██████S 대표 이███ **(인)** ·법인인감증명서 첨부
　(H.P 010-███-████)

위 내용을 성실히 이행할 것을 확약하며 불이행 시는 민, 형사상 어떠한 불이익에도 이의를 제기하지 않기로 한다.

2021년 11월 15일

- 채무자 성 명 : 이 █ 희 **(인)**　　주민등록번호 : ███26-████785
　　　　주 소 : 서울시 양천구 신정████ 103█동 █06호　핸드폰 :010.████.████
- 채권자 오██애 외 4명 귀하

※ 첨부서류 : 인감증명서, 신분증사본, 납세증명서, 세목별과세증명서, 임대차계약서사본, 전입세대열람확인서 각1통

영 수 증

금액 : 오억원 정 (500,000,000원)

상기 금액을 차용금으로 정히 영수하며 법무법인 ■호 최■■ 사무장 통장으로 입금되면 영수하기로 하며, 기타 비용을 공제하고 차용인에게 지급한다. (■■은행 110-■■■■-395188 예금주 최■■)

2021년 11월 15일

차용인 : 이■■■)  296-110■■■-01-016 원증.

채권자 대표 오■애 이자납입통장 매월 5,000,000원

1. ■■오뱅크 3333-■■■-797009 오■애(010-■■1-3448)
2. ■■은행 822-2■■■32-282 정■환(010-■■9-1595)
3. ■■은행 110-2■■■76906 김■렬(010-■■5-1998)
4. ■■은행 110-4■■■05282 박■운(010-■■9-2170)
5. ■■은행 20130■■■■-006652 이■교(010-■■7-3490)

※ 이자는 채권자 대표의 계좌로 입금하며, 원금 상환 시 최소 2일 전 채권자에게 최고하고 채권자 각자의 계좌로 입금한다. 입금확인 후 채권자는 즉시 말소 서류를 제공하기로 한다.

채권자 오■애 외 4명 귀하

금 융 거 래 확 인 서

(기준일자 : 2021-11-14)

(발급일자 : 2021-11-15)

安心서비스
기업은행 인터넷뱅킹(https://kiup.ibk.co.kr)에서
아래의 확인번호와 일련번호로 본 확인증의 원
본여부와 유효성을 검증(발급일로부터 90일 이
내) 할 수 있습니다.

확인번호	4⋯⋯D8Q-3EMD-WO5Ø
일련번호	092⋯
발급번호	⋯21-00771

1. 대출금 거래상황

대출 종류	용도	당 초 차 입			대출잔액	대출원화잔액	상환기일	
		대출일자	통화코드	금액(한도설정액)				
중소기업자금회전대출 (한도)	운전	21.09.07	KRW	100,000,000	83,719,852	83,719,852	22.09.07	
중소기업시설자금대출	시설	21.09.07	KRW	2,235,000,000	2,235,000,000	2,235,000,000	22.09.07	
합 계				2,335,000,000		2,318,719,852		0

※ 금융기관 거래성실도
- 해 당 사 항 없 음 -

※ 미회수 어음, 수표내역 (기준일 : 2021-11-14   )
어 음(전자어음 포함) :   0 장   수 표 :   0 장
※ 당좌대출계좌 미결제타점권 입금액
어 음   -   수 표 :   -
    * 본 입금액은 증명서발급일자와 기준일자가 동일자인 경우에만 표시됨.

※ 유의사항
1) 당초 차입금액 : 해당대출에 대한 약정금액임.
   즉, 한도거래인 경우에는 한도약정액을 개별거래인 경우에는 대출약정금액을 기재함
2) 대출원화잔액 : 해당대출의 기준일시 **현재의 원화기준** 대출잔액임.
3) 상환기일 : 대출금의 최종 상환기일을 표시함.
4) 대출금 거래상황표에는 주채무 외 보증채무, 신용카드채무 어음채무 및 기타채무는 나타나지 않음.

2. 담보 현황

(단위 : 원)

종류	수량	감정가액	감정일자	소유자	비고	설정내역			
						순위	통화	설 정 액	설 정 자
소재지 : 경기 부천시 ⋯⋯2-8									
대지	483.00	2,245,950,000	21.08.24	본인	주담보	1	KRW	2,802,000,000	당행
건물	1743.30	1,666,520,000	21.08.24	본인					
소 계		3,912,470,000		종 류 : 공장					

항상 기업은행 인터넷뱅킹을 이용해 주셔서 감사합니다.
문의전화 : 1588-2588

IBK기업은행

금 융 거 래 확 인 서

安心서비스

기업은행 인터넷뱅킹(https://kiup.ibk.co.kr)에서 아래의 확인번호와 일련번호로 본 확인증의 원본여부와 유효성을 검증(발급일로부터 90일 이내) 할 수 있습니다.

(기준일자 : 2021-11-14)

(발급일자 : 2021-11-15)

확인번호 4███8Q-3EMD-WO5Ø

일련번호 0█████

발급번호 0████1-00771

3. 기준일현재 연체(연체대출금및 지급보증대지급금 보유 또는 이자, 분할상환금, 분할상환원리금지체포함)여부 :   없 음

<참고> 발급일현재 신용카드 연체 여부   없 음

4. 기준일로부터 1년이내 당좌부도 발생유무 : 없 음

(1차부도일   0000-00-00 , 2차부도일 :   0000-00-00 , 3차부도일 :   0000-00-00)

※ 거래정지처분으로 이어지지 않는 부도는 표시하지 않음

5. 최근 3개월이내 10일이상 계속된 연체 명세 (기산일 : 2021-08-14)   (단위 : 원)

대 출 종 류	연체 발생일	설정내역		연체 정리일	연 체 일 수
		원 금	이 자		
해 당 사 항 없 음					

당업체가 귀행과의 위 거래상황을 확인하여 주시기 바랍니다.

용   도 : 법무법인제출

제 출 처 : 법무법인

신청일자 : 2021-11-15

신 청 인

주   소 :

기업체명 : 원등

대표자명 : 이██

위 사항은 사실과 다름이 없음을 확인함.

본 증명서는 인터넷뱅킹에서 발급된 증명서로 문의사항은 아래 관리점으로 확인하시기 바랍니다.

발급일자 : 2021-11-15

관리점 : 기업은행███크노

☎ : 0██3-0795

특수채권 출력여부 : N 신용카드 출력여부 : N 금융기관성실도 출력여부 : Y

** 보증채무, 특수채권포기계좌, ABS발행채권, 특수채권, 신용카드내역은 본확인서에서 정보제공치 않습니다.

항상 기업은행 인터넷뱅킹을 이용해 주셔서 감사합니다.

문의전화 : 1588-2588

IBK 기업은행

상가건물임대차 현황서

발급번호	1056-813-2329-419	처리기간 즉시

대상	경기도 부천시 █████9, 4층(███, 윈등).		
임대인	성명	이██	주민등록번호 ████226-*******
	※ 법인(법인 아닌 단체)의 경우		
	법인명(단체명)		법인등록번호(사업자등록번호 또는 고유번호)
	대표자		

임차인별 현황 : 임차인 전부

구분	인적사항 : 성명(법인명), 주민등록번호(법인등록번호), 법인 등의 대표자				
	사업자등록 신청일 (정정신고일)	위치(건물명·층·열·호수)	면적 (m²)	임대차기간	보증금
					차임
	확정일자 부여일				

- 확정일자 임대차계약 해당없음 -

「상가건물 임대차보호법」 제4조에 따라 요청한 상가건물 임대차의 현황은 위와 같습니다.
※「상가건물임대차보호법」 제2조제1항 단서에 따른 보증금액을 초과하지 않는 임대차██████████████니

2021년 10월 15 일

부천 세 무 서 장 ██████ (인)

국세청
National Tax Service

전입세대 열람 내역(동거인포함)

출력일시 : 2021년 11월 15일 09:21:44
출력자 :
페 이 지 :   1

행정기관 : 경기도 부천시 ▮▮▮
신청주소 : 경기도 부천시 ▮▮▮▮(외)

순 번	세 대 주 성 명	전 입 일 자	등록구분	최초전입자	전입일자	등록구분	동거인 순번	동거인사항 성 명	전입일자	등록구분
					해당주소의 세대주가 존재하지 않음.					

※ 지번주소 [경기도 부천시 ▮▮▮▮-8] 조회 결과와 일치합니다.

- 이하여백 -

[토지] 경기도 부천시 ▓▓▓2-55

순위번호	등 기 목 적	접　수	등 기 원 인	권리자 및 기타사항
9	근저당권설정	2021년11월15일 제100806호	2021년11월15일 설정계약	채권최고액　금750,000,000원 채무자 이▓▓ 　　서울특별시 양천구 목동 (▓▓▓▓▓), ▓▓동 　　706호 (신정동, ▓▓▓▓▓▓아파트) 근저당권자 　정▓환　▓121-******* 　　경기도 의왕시 ▓▓▓▓, ▓▓동 2201호 　　(내손동, ▓▓▓▓이편한세상아파트) 　김▓렬　▓414-******* 　　경기도 성남시 분당구 동판교로 ▓▓, 110동 　　▓▓▓(백현동,백현마을) 　박▓운　0105-******* 　　경기도 과천시 ▓▓로 1▓, 808동▓▓호 　　(▓▓동,주공아파트) 　오▓애　0106-******* 　　서울특별시 성북구 ▓▓로 13 ▓▓동) 　이▓교　220-******* 　　경기도 용인시 기흥구 ▓▓로 ▓4번길 　　27, ▓▓동 1201호 　　(▓▓동,▓▓마을삼성래미안1차(아)) 공동담보　토지 경기도 부천시 ▓▓▓▓▓2-8 　　　　　건물 경기도 부천시 ▓▓▓▓2-8 원등

-- 이 　하 　여 　백 --

관할등기소　인천지방법원 부천지원 등기과 / 발행등기소　법원행정처 등기정보중앙관리소

수수료　1,000원 영수함

이 증명서는 등기기록의 내용과 틀림없음을 증명합니다.
서기 2021년 11월 23일

법원행정처 등기정보중앙관리소　　　　　　　　　　　전산운영책임관

* 실선으로 그어진 부분은 말소사항을 표시함.　　　　* 기록사항 없는 갑구, 을구는 '기록사항 없음' 으로 표시함.
* 증명서는 컬러 또는 흑백으로 출력 가능함.

[인터넷 발급] 문서 하단의 바코드를 스캐너로 확인하거나, **인터넷등기소**(http://www.iros.go.kr)의 **발급확인** 메뉴에서 **발급확인번호**를 입력하여 **위·변조 여부를 확인할 수 있습니다.** 발급확인번호를 통한 확인은 발행일부터 3개월까지 5회에 한하여 가능합니다.

발행번호 121202121012011110101802310000087106KHY44600UN1112　　　　발급확인번호 AAKJ-ORUK-7465　　발행일 2021/11/23

4/4

3. 근저당권부질권 투자

① 근저당권투자의 연 수익률이 12%~20%라면 근저당권부질권 대출은 수익은 근저당권보다 떨어지지만 안전성인 측면에서는 근저당권과 근저당권부질권 대출과 차이가 있다.

② 후 순위 근저당권도 수도권의 아파트를 기준으로 LTV의 한도를 85%로 본다면 근저당권부질권 대출은 85% 곱하기 90% 정도가 되기 때문에 더욱 안전한 것이다. 그러고도 근저당권자와 담보제공자인 소유자가 동시에 채무자가 되기 때문에 보증인을 둔 것과 같은 셈이다.

③ 근저당권부질권대출은 안전성이 있고 고수익이지만 일반인들에게는 생소하고 이해가 부족하기 때문에 투자자의 이해가 필요하다.

④ 근저당권부질권은 근저당권을 담보로 질권 설정을 하고 대출을 해주기 때문에 주 담보인 근저당권이 안전해야 한다. 다시 말하면 근저당권의 채권최고금액이 어떠한 경우에도 잠식당해서는 안 된다는 뜻이다.

⑤ 근저당권부질권이 제도권(금융기관)의 채권이라면 신뢰할 수 있지만 개인 근저당권일 경우에는 채권의 존재 여부를 확인해야 한다. 즉 "부채확인증명서"를 채무자에게 확인받아야 한다.

⑥ 근저당권부질권 설정이 근저당권과 동시에 이루어진다면 채권의 금액을 확인할 수 있기 때문에 채권의 원금에 대략 80~90%정도의 대출이 가능하지만 근저당권이 설정되고 나중에 근저당권부질권 대출이 이루어지는 경우에는 채무자에게 '부채확인증명서'를 확인해야 한다.

⑦ 근저당권부질권대출도 채무자가 근저당권자에게 일부의 채권을 상환 할 수 있기 때문에 근저당권부질권 권리자는 채무자가 원금 상환 시 질권권리자에게 통지하도록 근저당권부질권 권리자임을 내용증명으로 채무자에게 보내야 한다.

⑧ 근저당권부질권 대출도 '차용증서나 공증, 금전소비대차'를 작성하고 차용증에 기재되어야 할 내용을 동일하게 작성하여야 한다.

⑨ 채무자가 이자를 미납하거나 만기가 도래 된 경우 근저당권실현에 의한 임의경매가 진행되면 근저당권부질권 권리자가 근저당권보다 우선 배당을 받아야 한다는 내용의 신고서를 해당 경매계에 제출하여야 한다.

⑩ 경매로 배당을 받을 시는 앞서 언급한 바와 같이 배당 시 유의할 점을 참고하면 된다.

아래 근저당권부질권 대출 사례는 2020년 1월 22일 설을 이틀 앞두고 채무자가 운영하는 사업장에 직원들의 임금이 체불되어 장인의 다가구주택을 담보로 사위가 차용을 한 사례인데 지인으로부터 급하게 담보를 제공할 테니 근저당권을 설정하고 2억 원을 차용해달라는 요청 받았다.

필자의 수중에는 그만한 돈이 없고 수강생들이나 지인을 통하여 자금을 조달하기에는 학원도 설이 포함된 주간이라서 휴강이니 만큼 진행을 할 수 없는 상황이었다.

이때 저녁 식사를 같이하던 지인이 본인의 누님한테 요청하면 된다는 답변을 들었다. 필자는 아예 모든 일 처리를 해줄 테니 직접 채권자가 되라고 설명을 했으나 금전 관계는 평생 해본 적도 없을 뿐만 아니라 제3자와의 금전거래는 하지 않고 필자에게만 거금 2억 원을 빌려준다는 것이었다.

그것도 은행 이자 정도만 받는다는 것을 필자가 우겨서 연 10%의 근질권에 대한 이자를 주기로 약속하였다.

따라서 필자는 근저당권자가 되고 한편으로는 채무자가 되어 연 18%를 받아서 연 10%를 근질권 이자로 지급하니 매월로 따지면 투자금 한 푼 없이 월 130만 원이라는 수익금이 발생되었다. 근저당권부질권 대출을 활용하지 않고 어찌 이런 수익이 발생될 수 있는가?

이런 경우 채무자의 임금 체불을 해결하기 위한 급박한 심정과 한편으로는 설 대목에 임금을 받지 못하는 근로자들의 마음을 생각하면 서로에게 도움이 되는 상황이기 때문에 마음에 내키지는 않았지만 차용한 2억 원에 대하여 근저당권부질권 설정을 해주고 진행하기로 했다.

아래 서류에서와 같이 채무자는 정확한 이자 납부와 약정한 1년이라는 기한에 차용금을 모두 상환하고 깨끗하게 마무리 하였다.

차 용 증 서

금 액 : 이억원정 (₩200,000,000)

상기 금액을 정히 차용하고 아래와 같이 약정한다.

아 래

1. 차용금의 담보물은 경기도 수원시 영통구 영통동 ■■■-12 토지와 건물에 채권최고금액 삼억원을 1순위로 근저당권을 설정하기로 한다.
2. 이자는 연 18%로 정하고 매월 21일 채권자통장으로 입금한다.(단, 1일만 늦어도 연 24%의 연체료를 소급하여 적용하기로 한다.)
3. 차용금은 2020년 1월 23일부터 차용하고 2021년 1월 22일에 상환한다. (중도상환수수료는 없으면, 상환 시에는 전액을 상환하고 일부만 상환하면 1년치의 이자를 전액 채무자가 부담하기로 한다.)
4. 이자가 1개월 이상 연체되면 채무자는 기한의 이익을 상실하며 경매신청 및 채권양도 등 어떠한 불이익에도 이의를 제기하지 않기로 한다.
5. 이자 연체 및 변제기에 상환이 안될 경우, 추심하는 모든 비용은 채무자가 부담한다.
6. 차용인은 차용금에 대한 근저당권부질권설정을 승낙한다.

위 내용을 성실히 이행할 것을 확약하며 불이행 시는 민, 형사상 어떠한 불이익에도 이의를 제기하지 않기로 한다.

2020년 1월 22일

채무자   성 명 : 임   호   주민등록번호 : 1104-1 1713
         주 소 : 경기도 남양주시 천마산로   102동 03호
                                            (호반타라뷰A)
연대보증인 성 명 : 강   호   주민등록번호 : 0927-1 8817
         주 소 : 경기도 남양주시 호 동 오네뜨 센트럴   3동   이호

이자납입계좌 :   은행 374- 681-262-01 어영화
첨부서류 : 인감증명서, 신분증,

영 수 증

금 액 : 이억원정 (₩200,000,000)

상기 금액을 차용금으로 정히 영수하며 차용인 및 차용인이 지정하는 계좌로
입금되면 영수 처리하기로 한다.

차용금입금계좌번호 : 은행 강 훈 010. '2. 0927

2020년 1월 22일

차 용 인 : 임 호 (인)   전화번호 : 010- -0018

채 권 자 : 어영화 귀하

근저당권부질권차용증서

일금 : 이억원정 (200,000,000원)

상기 금액을 정히 차용하고 아래와 같이 약정한다.

아   래

1. 담보물로는 경기도 수원시 영통구 영통동   l2 토지와 건물에 설정된 1순위 근
   저당권에 근저당권부질권 채권채고금액 삼억원을 설정하기로 한다.

2. 이자는 연 10%로 정하고 매월 22일 근질권자통장으로 입금하기로 한다.(단:1일만
   늦어도 연 18%의 연체료를 소급 적용하기로 한다.)

3. 차용기간은 2020년 1월 23일부터 2021년 1월 22일까지로 한다.

4. 차용금은   은행 374-   -262-01 여영화로 입금하면 영수처리된 것으로 한
   다.

2020년 1월 22일

차용인 : 이 영화 (인) 010-   -3663
첨부서류 : 신분증사본

안   자 귀하

[건물] 경기도 수원시 영통구 영통동   12

순위번호	등 기 목 적	접 수	등 기 원 인	권리자 및 기타사항
2-1	2번등기명의인표시변경	2020년1월23일 제9454호	2018년11월26일 전거	임 호의 주소 경기도 남양주시 천마산로 102동 호(호평동, 호평파라곤)

【 을   구 】   (소유권 이외의 권리에 관한 사항)

순위번호	등 기 목 적	접 수	등 기 원 인	권리자 및 기타사항
1	근저당권설정	2020년1월23일 제9455호	2020년1월22일 설정계약	채권최고액 금300,000,000원 채무자 임 호 경기도 남양주시 천마산로 , 102동 호(호평동, 호평파라곤) 근저당권자 어영화 1013-******* 경기도 성남시 분당구 금곡로 , 1001동 호(금곡동, 청솔마을) 공동담보 토지 경기도 수원시 영통구 영통동 12
1-1	1번근저당권부채권질권설정	2020년1월23일 제9456호	2020년1월22일 설정계약	채권액 금300,000,000원 변제기 2021년 1월 22일 이 자 연1할 이자지급시기 매월 22일 원본 및 이자의 지급장소 질권자의 주소 채무자 어영화 경기도 성남시 분당구 금곡로 1001동 호(금곡동, 청솔마을) 채권자 안 자 23-******* 경기도 성남시 분당구 판교원로 번길 공동담보 토지 경기도 수원시 영통구 영통동 -12 을구 제5번의 근저당권

-- 이 하 여 백 --

관할등기소 수원지방법원 동수원등기소 / 발행등기소 법원행정처 등기정보중앙관리소
수수료   1,000원 영수함

이 증명서는 등기기록의 내용과 틀림없음을 증명합니다.
서기 2020년 2월 4일

법원행정처 등기정보중앙관리소   전산운영책임관

* 실선으로 그어진 부분은 말소사항을 표시함.   * 기록사항 없는 갑구, 을구는 '기록사항 없음' 으로 표시함.
* 증명서는 컬러 또는 흑백으로 출력 가능함.

[인터넷 발급] 문서 하단의 바코드를 스캐너로 확인하거나, **인터넷등기소**(http://www.iros.go.kr)의 발급확인 메뉴에서 **발급확인번호**를 입력하여 **위·변조 여부를 확인할 수 있습니다.** 발급확인번호를 통한 확인은 발행일부터 3개월까지 5회에 한하여 가능합니다.

발행번호 1352021350820002801000004100S0006420ANG22050601112   발급확인번호 AAYY-OQRQ-6202   발행일 2020/02/04

2/2

1.jpg
(3024 X 4032)

거 래 명 세

거래일자	적 요	찾으신금액	맡기신금액	잔 액	거래점
	374-	어영화		₩190,027,296	
20200530	전 자 금 융				국 민
20200613	결 산 이 자				분 당 센
27					
20200614	전 자 금 융				백 궁
20200615	전 자 금 융				019547
30	어 은 수 (				
20200620	전 자 금 융	1,700,000	안ㅣ자		백 궁
20200620	전 자 금 융				국 민
20200620	전 자 금 융				백 궁
20200622	전 자 금 융	오ㅣ이방수	3,000,000		기 업
20200624	전 자 금 융				백 궁
20200703	전 자 금 융				민
20200704	전 자 금 융				민
20200710	전 자 금 융				궁
20200711	결 산 이 자				분 당 센
40					
20200720	전 자 금 융				하 나
20200720	전 자 금 융	1,700,000	안ㅣ자		백 궁
20200721	전 자 금 융	오 이방수	3,000,000		기 업
20200727	전 자 금 융				백 궁
20200728	전 자 금 융				백 궁
20200803	전 자 금 융				00352
47	분 당 엔 피				
20200803	우 체 입 금				07176

걷기, 자전거타기
대중교통 이용을
생활화 합니다.

씨티골드 고객은 씨티그룹의 글로벌 투자리서치 자료를 주기적으로
업데이트 받게 됩니다.

2

2.jpg
(3024 X 4032)

거 래 명 세

거래일자	적 요 374-	찾으신금액	맡기신금액	잔 액	거래점
		어영화			
20200804	전 자 금 융				백 궁
20200808	결 산 이 자				
51					분 당 센
20200810	전 자 금 융				지 역 농
20200811	전 자 금 융				백 궁
20200814	전 자 금 융				백 궁
20200814	전 자 금 융	1,000,000			궁
20200820	전 자 금 융 오 이방수		3,000,000		업 궁
20200822	전 자 금 융	1,700,000 안 자			궁
20200824	전 자 금 융				궁
20200824	전 자 금 융 오				민
20200825	전 자 금 융				국 민
20200825	전 자 금 융				백 궁
20200827	전 자 금 융				백 궁
20200828	전 자 금 융				백
20200912	결 산 이 자				
65					분 당 센
20200918	전 자 금 융				기 업
20200918	전 자 금 융	1,700,000 안 자			백 궁
20200921	전 자 금 융				백 궁
20200925	전 자 금 융 오 이방수		3,000,000		기 업
20201004	전 자 금 융				백 궁
20201004	전 자 금 융				백 궁
20201009	결 산 이 자				분 당 센

쓰레기를 줄이고 반드시 분리배출 합니다.

씨티골드 고객은 환전수수료 우대 및 각종 수수료 면제 혜택을 누릴 수 있습니다.

3

3.jpg
(3024 X 4032)

거 래 명 세

거래일자	적 요	찾으신금액	맡기신금액	잔 액	거래점
	374-		어영화		
20201009		세금	-1,410		량센
20201020	전자금융	1,700,000	안 자		궁
20201020	전자금융				궁
20201020	전자금융				궁
20201020	전자금융				궁
20201021	전자금융 오	이방수	3,000,000		겁
20201029	전자금융				궁
20201029	전자금융				궁
20201030	대 체				
82	자기앞				1761
20201030	전자금융				민
20201031	전자금융				국 민
20201102	전자금융				빽 궁
20201103	전자금융				빽 궁
20201104	전자금융				빽 궁
20201107	전자금융				019547
89	어은수 (				
20201111	전자금융				081846
91	주식회사				
20201113	타행환				지 역 농
20201114	결산이자				
94					분 당 센
20201115	전자금융	1,700,000	안 자		빽 궁
20201117	타행환		50,000,000		지 역 농

씨티골드 고객에게는 신용 및 담보대출 시 금리 우대 혜택이 제공됩니다.

4

일회용봉투 사용을 줄이고 장바구니블 애용 합니다.

거 래 명 세

거래일자	적 요	찾으신금액	맡기신금액	잔 액	거래점
	374-		어영화		557
20201118	전 자 금 융				국 민
20201119	전 자 금 융				국 민
20201122	전 자 금 융				백 궁
20201123	대 체				
101	자 기 앞				071761
20201124	전 자 금 융	신 한	3,000,000		088162
103	강 훈 (오 제 이				
20201128	전 자 금 융				081846
105	주 식 회 사				
20201204	전 자 금 융				수 협
20201212	결 산 이 자				
108					분 당 센
20201212	전 자 금 융				백 궁
20201214	전 자 금 융				081846
111	주 식 회 사				
20201214	전 자 금 융				백 궁
20201214	전 자 금 융				백 궁
20201215	전 자 금 융				국 민
20201216	전 자 금 융				신 한
20201216	전 자 금 융	1,700,000	안 자		백 궁
20201216	전 자 금 융				국 민
20201216	전 자 금 융				백 궁
20201221	전 자 금 융	오 이 방 수	3,000,000		기 업
20201223	타 행 환				산 림 조

씨티골드 고객은 씨티의 글로벌 네트워크를 통하여 해외에서도
씨티골드 혜택과 우대서비스를 이용 할 수 있습니다.

5

5.jpg
(3024 X 4032)

거 래 명 세

거래일자	적 요	찾으신금액	맡기신금액	잔 액	거래점
	374·	어영화			.380
20201228	전자금융	200,000,000	안 자원금상		백 궁
20201228	전자금융	350,000	안 자이자		백 궁
20201230	전자금융				081846
124	주식회사				
20201230	전자금융				백 궁
20201230	전자금융				081846
127	주식회사				
20210108	전자금융				백 궁
20210108	전자금융				지역농
20210108	전자금융				지역농
20210109	결산이자				
132					당센
20210111	전자금융				궁
20210112	전자금융				민
20210113	타행환 강 훈		200,000,000		리
20210113	오픈입금 강 훈		2,000,000		88900
20210120	전자금융				궁
20210120	전자금융				민
20210120	전자금융				궁
20210121	전자금융				민
20210122	전자금융				민
20210122	전자금융				궁
20210125	전자금융				궁
20210128	전자금융				궁

생활 속 일회용 품 사용을 자제 합니다.

다양한 투자세미나 및 문화행사 이벤트로 씨티골드 고객에 맞는 생활의 품격을 높여드립니다.

6

6.jpg
(3024 X 4032)

[근저당권부질권 투자 수익률]

1. 통장 내역 기준

[단위:원]

20. 1. 22 ~ 20. 12. 27 (340일)	투자금	–	근질권 기간
	이자수익	33,000,000	
	근질권이자	18,700,000	
	순이익	14,300,000	
20. 12. 28 ~ 21. 1. 13 (15일)	투자금	200,000,000	근질권 선상환
	이자수익	2,000,000	
	근질권이자	350,000	
	순이익	1,650,000	
1년 (365일)	순이익 (합계)	15,950,000	
연수익률		194.1%	

2. 당일 근질권 상환 기준 (가정)

[단위:원]

365일	투자금	–	근질권 기간
	이자수익	35,000,000	
	근질권이자	19,840,000	
	순이익	15,160,000	
당일	투자금	200,000,000	아래 내용 참고
	이자수익		
	근질권이자		
	순이익		
1년 (365일)	순이익 (합계)	15,160,000	
연수익률		69,168.0%	

※ 차용인에게 원금 2억 원 상환 후 근질권자에게 상환하면 투자금이 없어서 수익률은 무한대가 되기 때문에
　당일 1시간 먼저 근질권자에게 2억 원을 상환 한다고 가정

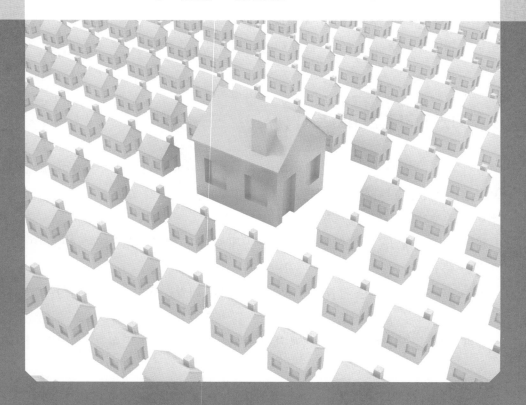

제 **5** 장

특수물건과
부실채권(NPL)

NPL과 특수물건의 결합

    연체금리가 높았던 과거에는 부실채권(NPL) 투자가 배당으로 이어지는 시기가 있었고 그것이 가장 간편하고 짧은 기간에 수익을 올리는 모델이었다. 그러나 현재는 연체이자가 3% 가산금리를 적용받으면서 연체이자에 대한 수익은 기대하기 어렵다. 그런 관점에서 부실채권(NPL) 투자는 배당 수익에서 부동산의 미래가치에 대한 안목을 가지고 유입한 부동산을 운영하는 방법 등으로 발전하게 되었으며, 상대적으로 어려운 특수물건에서 저평가된 부실채권(NPL)에 투자하여 고수익을 올리는 투자모델로 진화하게 되었다.

    대표적인 특수물건인 유치권과 법정지상권이 부실채권의 투자와 함께 진행되면서 더 많은 수익을 내는 경우는 아주 많이 있으며 필자의 직접적인 사례를 통해서 높은 수익률이 나는 투자모델로 제시하였다. 그래서 이번 장에서 특수물건에 해당하는 유치권과 법정지상권의 기본에 대해서 설명하고자 한다.

1. 유치권 권리가 신고된 토지

    예전처럼 유동화회사에서 채권 매각을 서두르는 편이 아니라서 수익률이 높게 보장되는 채권은 찾기가 어렵지만 문제(유치권, 법정지상권 등)가 있는 부실채권은 오히려 채권자가 고객을 찾는 경우를 흔히 볼 수 있다.

    채권 협상과 매입은 특별한 사람들만 하는 게 아니다. 고도의 기술이나 전문적인 지식을 갖추어야 하는 것은 더욱더 아니다.

    물론 NPL에 대한 전문 지식 없이 협상을 하거나 매입을 하는 것은 위험성이 매우 높다.

    우리 학원의 수강생 정도로 NPL에 대한 강의를 듣고 배운 대로 실천에 옮기면서 협상을 몇 번 시도하게 되면 자연스럽게 채권 협상과 매수를 할 수 있다.

아래에 소개하는 NPL은 2019년 10월 21일 *자산과 필자가 보유하고 있는 분당 엔피엘대부(변경전:새한자산관리대부)와 Loan Sale로 체결한 계약이다.

감정가격이 1,671,643,000원이며 1순위 채권최고금액이 1,100,400,000원이라서 원금은 917,000,000원으로 생각되었다.

총 6개 필지와 도로 지분을 포함하여 정보지 검색상으로는 전원주택지 같지만 바로 앞에 아파트나 상가 등으로 보아 주거지역이라고 하는 게 적절할 것 같았다. 대개 토지를 토목공사 하여 분양을 하다가 공사가 중단된 상태고 공사 업자가 유치권 권리를 주장하는 경우에는 1순위 근저당권이라 할지라도 손실이 초래될 가능성이 매우 높다. 이런 물건을 낙찰을 받아서 유치권권리자와 원만한 합의를 하고 공사를 마무리하게 되면 높은 수익률을 발생시킬 수 있다. 이는 상대적으로 낮은 금액으로 취득을 하기 때문이다.

이런 경우 대다수가 NPL로 매입이 가능하다. 특히 채권자인 유동화회사에서는 이런 채권을 매각하기 위해서 고객들에게 채권양도에 관해서 제안을 하기도 한다.

이번에 매입한 채권은 수강생인 안**님과 구**님의 합작으로 채권을 매입하게 되었다.

7.5억 원부터 시작된 협상 금액이 7.7억 원에 채권매수의향서를 제출했고 결국 1천만 원을 더 주는 조건으로 2019년 10월 21일 *자산에서 7.8억 원에 분당엔피엘대부 명의로 계약을 체결하고 11월 19일 근저당권을 이전하면서 1순위로 **저축은행에서 근저당권부질권 대출을 630,000,000원 받았다. 그리고 2순위와 3순위로 투자자인 안**, 구**님이 근질권 설정을 했다.

2019년 12월 11일 3차 매각 예정이며 채권을 의뢰한 구**님이 '채권행사권리금액'으로 유입을 할 것이다. 이로써 안**님은 배당을 받고 유입한 물건은 마무리 공사를 하여 매각을 하고 뒷부분 맹지를 헐값에 매입하여 부가가치를 높여서 수익을 창출할 계획이다.

유치권부존재소송이 진행 중인 사건은 채권자 입장에서도 채권을 매각하기 위하여 여러 가지로 고민을 하게 될 수밖에 없다. 이런 채권에 대하여 채권매수의사를 표시하면 십중팔구는 매각한다는 답변을 듣게 된다.

그렇게 해서 매입한 채권을 유치권권리자와 협상하여 유치권권리를 확보하는 조건으로 입찰을 유도하여 낙찰을 받게 하면 채권매수자는 당연히 배당을 받을 수 있고 유치권권리자는 대상 부동산을 유입하여 대금을 납부하고 소유자의 입장에서 공사를 마무리하고 토지를 분양함으로써 손실을 보완하고 수익을 발생시키게 된다. 2019타경8453 경매사건도 *자산의 채권을 유치권권리자와 협상을 통하여 적절한 이윤을 보장하는 범위 내에서 합작으로 채권을 할인하여 매입한 후 유치권권리자는 입찰에서 유입하여 수익을 발생시키고 채권 투자자는 배당을 받음으로써 수익을 발생시키는 좋은 사례가 된 것이다.

아래 경매정보지의 문건접수/송달내역을 참고하여 NPL공부에 도움이 될 수 있기를 바란다.

〈2019타경8453〉 문건접수/송달 내역 및 입찰결과

2019-12-11 근저당권부질권자 안OO OO 근저당권부질권권리및송달장소변경 제출
2019-12-11 채권자 새OOOOOOOOOOOOO(OOOO OOOOOOOOOOOOO) 채권자변경 및송달장소변경신고 제출

[경매정보지]

2. 법정지상권 유치권 권리 신고가 된 토지

수강생 서＊＊씨는 직장인이다. 재테크라면 누구나 관심을 가지지만 서＊＊씨의 경우는 아주 특별하다. 사십 대 후반의 서＊＊씨는 이십 대 시절부터 부동산에 올인할 만큼 투자를 많이 했다고 한다. 한때는 돈을 많이 벌기도 했지만 무리한 부동산 투자로 많은 손실을 보았다고 들었다.

낮에는 직장에 근무하고 저녁에 필자에게 강의를 듣는 K씨는 한순간만 눈을 돌리면 강타를 얻어맞는 격투기 선수처럼 집중력이 대단했다. 그 이유로는 NPL이나 경매에 대한 질문을 집요하게 하는데, 그만큼 폭넓게 물건을 검색하고 복잡한 특수 물건에 관심이 있기 때문이다.

토지현황

	지번	지목	토지이용계획	비교표준지가	(지분)면적	단가(㎡당)	감정가격	비고
1	사송동 517-32	대지	도시지역 보전녹지지역	1,600,000원	282㎡ (85.3평)	2,600,000원	733,200,000원	472㎡적중 김○○지분 262전부
기타	한국수자원공사 성남사무소 북측 인근에 위치 / 주위에는 단독 및 다세대 주택, 소규모의 공장시설 및 창고시설 등이 소재 / 차량 출입 가능하며, 근거리에 버스정류장이 소재하여 대중교통사정은 보통 / 대체로 사다리형의 토지 / 남서측으로 노폭 약 4m 내외 및 북동측으로(전원주택 단지내 도로) 노폭 약6m 내외의 비포장도로와 각각 접함 / 도시교통정비지역 / 비행안전제2구역(전술) (비행안전제3구역)								

제시외건물현황

	지번	층별	구조	용도	건물면적	감정가격	매각여부
1	사송동 517-32	(ㄱ)	판넬조	분양사무실	130㎡ (39.32평)		매각제외
2	사송동 517-32	(ㄴ)	컨테이너	창고	40㎡ (12.1평)		매각제외
3	사송동 517-32	(ㄷ)	미상	간이화장실	1㎡ (0.3평)		매각제외
4	사송동 517-32	(ㄹ)	미상	간이화장실	1㎡ (0.3평)		매각제외

임차인현황 ▶ 건물소멸기준 : | 배당종기일 : 2010-07-19

순위	성립일자	권리자	권리종류(점유부분)	보증금액	신고	대항	참조용 예상배당여부 (최저가 기준)
1	사업 없음 확정 없음 배당 없음	동○○○○○○	상가임차인 미상	【보】미상	×	없음	현황조사 권리내역

◆ 임차인(별지)점유

토지 등기 사항 ▶ 토지열람일 : 2010-07-26

구분	성립일자	권리종류	권리자	권리금액	상태	비고
갑4	2002-05-15	소유권	김○○○○		이전	매매
갑10	2007-08-08	소유권(일부)	정○○○○		이전	공유물 분할(수원지방법원성남 지원2005가합6965)
을8	2007-08-08	(근)저당(지분) 김○○지분	낙○○○○○○○	912,000,000원	소멸기준	
을9	2007-08-08	(근)저당(지분) 김○○지분	조○○	2,900,000,000원	소멸	
갑13	2009-01-09	압류(지분) 김○○지분	성○○○○○		소멸	
갑15	2010-05-17	임의경매	낙○○○○○○○	청구: 624,019,928원	소멸	

K씨가 NPL에 대하여 어느 정도 이해를 할 무렵 투자할 물건을 추천해 달라는 요청이 왔다. 단순한 아파트나 상가는 NPL 매입에 경쟁이 치열할 뿐만 아니라 채권자 측에서 제시하는 금액이 너무 높아 잘못 선택하면 배당은 받기 힘들고 유입해야 하는데 높은 수익을 기대하기는 어렵다.

필자가 취득하기 위해서 협상 중이었던 *자산 물건을 추천해 주었다.

사건번호2010타경9063 물건에 대하여 분석을 해보면 다음과 같다.

성남시 수정구 사송동에 있는 대지인데 전체 면적 472㎡ 중 282㎡ 만 지분으로 경매가 진행 중이었다. 유치권권리신고가 되었으나 채권자가 승소를 하여 부존재 판결을 받았다. 조립식 무허가 건물이 법정지상권 성립여지 있음으로 나왔다.

감정가격이 733,200,000원에 입찰최저가격이 감정가격의 29%인 210,223,000원으로 채권최고금액 912,000,000원에 채권행사권리금액이 880,000,000원이었다.

2010년도에 경매가 개시되어 2014년 10월 6일 낙찰이 되었으나 최고가매수인이 어떤 이유에서인지 대금을 미납하였고 채권자인 *자산에서는 저가 낙찰을 방어하기 위해서 변경을 시켜 2015년 채권매각을 진행하고 있었다. K씨가 부인 서모씨 명의로 위 사건의 채권을 취득한 시기가 2015년 4월이었다. 2014년 최고가매수인이 몰수당한 입찰보증금은 별도로 인수하는 조건으로 채권 매입을 300,000,000원에 하였다. 애초부터 유입을 하여 처분할 생각으로 근질권 대출을 받지 않고 전액 현금을 주고 근저당권을 이전한 다음 입찰에 참가했다.

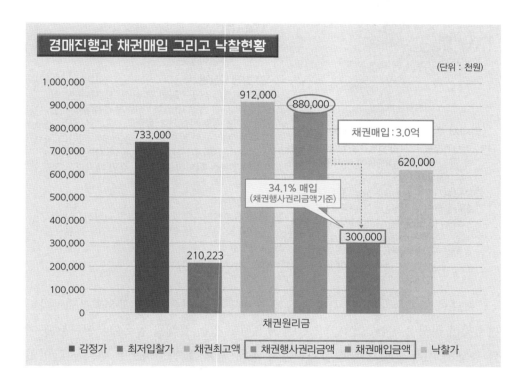

경매진행과 채권매입 그리고 낙찰현황

(단위 : 천원)

채권매입 : 3.0억

34.1% 매입
(채권행사권리금액기준)

■ 감정가 ■ 최저입찰가 ■ 채권최고액 ■ 채권행사권리금액 ■ 채권매입금액 ■ 낙찰가

2015년 6월 8일 16명이 응찰을 하였는데, 최저가격이 210,233,000원이므로 당연히 K씨의 부인 서모씨가 620,000,000원으로 낙찰을 받았다. 만약 더 높은 금액에 응찰한 사람이 있었다면 3억 원에 취득한 부실채권이 6억2천만 원 이상의 배당을 받았을 것이지만 그런 기대는 처음부터 하지 않았다.

2015년 6월 15일 매각허가 결정이 났고 대금지급에 대하여는 상계신청을 하였다. 2015년 7월 23일 대금지급 및 배당기일이었는데 소유권을 이전하고 전 최고가매수인의 입찰보증금과 본인의 입찰보증금 및 경매신청비용의 잔액을 배당으로 받고 사건은 종결되었다.

만약 대출을 받는다면 낙찰받은 620,000,000원에 대하여 60%만 신청해도 372,000,000원을 받게 되니 오히려 돈이 남는다는 계산이지만 여유자금이 있어서 대출은 받지 않았다.

유입 후 매도 전략

[명세서 주의사항 / 법원문건접수 요약]

1. 제시외건물 미포함(법정지상권성립여부 불분명, 동화 에스에프씨하우징주식회사의 현장사무소로 이용중임).

2. 유치권신고인 동화에스에프씨하우징주식회사로부터 택지조성 공사대금 채권 금 3,485,718,665원을 위하여 본건 대지 전부에 관하여 유치권이 있다는 신고가 있었으나, 유치권부존재확인의 소에서 패소하였음.

1) 유치권
- 유치권부존재소송에서 이미 채권자들이 승소한 판결문이 있음.

2) 법정지상권
- 지분토지위에 건물의 경우에는 토지지분만의 경매시에 법정지상권이 성립하지 않음 : 건물 철거소송을 통해서 건물주와 매각협상
- 법정지상권이 성립하는 다른 경우가 있다고 하더라도, 무허가 건물로서 소득이 지료를 감당하지 못하는 정도이므로, 건물주와 매각협상 진행 가능.

3) 지분토지
- 공유지분권자도 경매로 취득한 사람이기에 매각협상이 진행하는데 어려움이 없으며, 전체공동매각/공유물분할 등의 방법으로 진행 가능함.

앞으로의 과제는 지상의 건물 소유자를 만나서 해결을 하고 공유지분권자와도 접촉하여 협상을 하는 일이었다. 같이 보유하고 있는 상대방 공유지분권자는 공매를 통해서 취득을 했으며 부실채권이나 경매·공매를 전문적으로 하는 사람이었다. 오히려 처분하는 방법에 대하여는 동일한 생각을 갖고 있으므로 같은 편이라는 생각이 들었다.

채권을 매입하기 전에 이 물건에 대하여 나름대로 해결 방법을 생각하고 있었다. 이런 사례를 여러 번 경험한 필자로서는 소유권을 이전한 후 무허가 건물에 대한 철거소송을 통하여 판결 받아 철거하고 이에 관련된 철거비용과 소송비용을 청구할 계획이었으며 만약 법정지상권이 성립한다고 하더라도 지료를 청구하고 부

인할 경우 지료 소송을 통하여 상대방의 부동산, 동산, 통장 등을 압류할 생각이었다.(무허가 건물에 창고수준이므로 지료를 감당할 수 없다고 판단하였다.) 먼저 법정지상권 문제를 해결해 놓고 다음으로 공유물에 대한 분할 협의에서 필자의 생각대로 이루어지지 않으면 공유물분할 소송을 통해서 형식적 경매로 진행되어 낙찰대금에서 배당을 받을 계획이었다.

필자의 오랜 경험으로 볼 때 모든 해결은 시간이 문제가 되었다. 따라서 비용발생과 자금의 회전 등을 고려할 때 합의를 하는 것이 가장 좋다는 생각이다.

문제가 되고 있는 법정지상권의 건물은 법정지상권이 성립한다고 하더라도 건물이 무허가이기도 하지만 전기나 수도 시설도 없으며 매매나 임대가 어려운 상태이다. 딱하나 보수를 하여 창고로 이용을 하면 가능하지만 법정지상권 사용 지료를 지불한 만큼 창고로 임대료가 나오지 않는다는 사실을 누구나 짐작할 수 있다.

건물소유자를 만나 법정지상권 해결 방법에 대한 협상을 하였다. 당연히 건물주는 어느 정도의 보상금을 요구하였고 다행히 쉽게 합의가 되어 법정지상권 권리에 대한 포기 각서 및 건물을 양도한다는 확인서를 받고 해결이 되었다.

사송동은 판교와 인접하여 주택지로는 최고의 입지여건이다. 당시 시세로 3.3㎡당 10,000,000원 정도인데 취득가격은 3.3㎡ 당 3,530,000원이다. 취·등록세 및 모든 비용을 합한다 해도 3.3㎡ 당 4,000,000원이 원가인 셈이다.

매매를 할 경우 3.3㎡ 당 7,000,000원에 매각하여 3,000,000원만 원만 남아도 225,000,000원의 수입이 예상된다. 뿐만 아니라 취득가격이 620.000.000원이니까 양도차액이 없고 오히려 마이너스 95,000,000원이 생기므로 공유지분을 인수하여 양도소득세 환급을 받을 수 있다. 만약 공유지분을 인수하지 않고 공유지분권자와 공동으로 매매를 한다면 상대의 양도소득세를 환급 시켜줄 수도 있다. 본인의 경우 당해 연도에 양도소득세를 납부하였다면 마이너스금액의 이분의 일인 약 45,000,000원을 환급받을 수 있다.

※이 당시 주변 시세가 평당 1천만 원 정도였는데 85평을 총매입가 3억 원으로 평당으로 따지면 부대비용 포함 380만 원꼴이었다. 6.2억 원에 유입하여 나머지 공유지분을 매입하고 전체를 평당 800만 원 정도로 처분했으니 수익률은 100%

가 넘었다. 만약 근질권이나 유입 후 대출을 받았을 경우에는 수익률이 500%도 넘었을 것이다. 2016년 4월에 채권을 매입하고 6월에 유입한 후 2017년 4월에 잔금을 받고 모두 매각하였다.

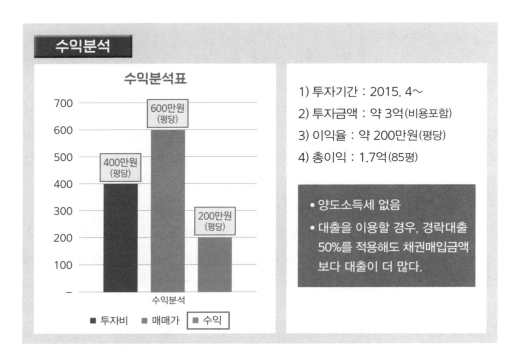

※ 상세한 서류는 수강생인 서**씨가 가지고 있어서 자세한 기록을 보여줄 수는 없지만 사실관계는 비슷하다고 생각해도 틀림이 없을 것이다.

결과적으로 공유지분자의 지분을 매입하기로 했는데 매입 시 가장 장점은 채권을 매입해서 유입한 본인의 입장으로서는 양도소득세를 절감할 수 있다는 것이다. 상대방 지분을 적당한 금액으로 매입을 하고 본인의 지분과 합한 전부를 일반 매매로 매각하였다.

채권을 매입하고 근저당권을 이전하고 경매에 참석하여 유입을 하는 과정과 법정지상권을 협의하고 지분권자의 지분을 매입하고 전부를 처분하는 시간은 10개월에 불과했다. 당연히 수익금도 투자금액을 대비해서 유입한 금액 이상으로 처분을 했으니 얼마가 될지는 여러분들이 상상해 보길 바란다.

3. 위반건축물과 유치권을 주장하는 상가

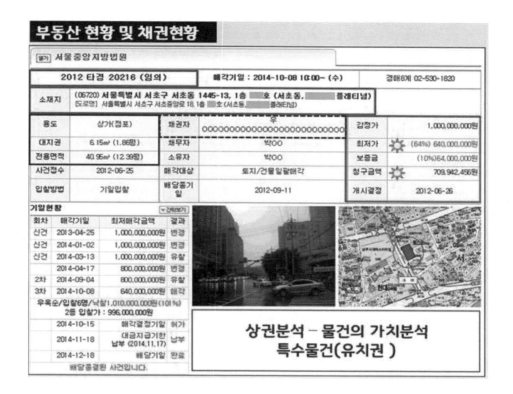

2014년 9월경이었다.

사건번호 2012타경20216 서울시 서초구 서초동 S플래티넘 1층 111호 서울의 남부터미널역 4번 출구 앞 상가였다.

서초동의 지하철 역세권이면서 1층이고 면적도 40.95㎡(12평)으로 적당하고 상권도 안정된 자리였다. 감정가격은 10억 원인데 2012년도 사건이라 저평가된 것으로 판단되었다.

인근 공인중개사 사무실을 통해서 이 경매 물건을 알아본 결과 그 가치가 상상을 초월했다. 보증금 1억 원에 월세가 500만 원 가능하며 매매는 11억 정도 받을 수 있다는 것이었다. 그럼 어떻게 저런 물건이 감정가격 1,000,000,000원에서 현재 최저가격 64%인 640,000,000원까지 유찰되었을까?

	소재지	층별	구조	전용면적	감정가격	비고
1	서초동 1445-13	1층○호	철근콘크리트조	40.95㎡ (12.39평)	750,000,000원	21층 건물 1층
기타	이용상태(근린생활시설(일석이조 부동산, 자산관리 사무소)로 이용중이며, 내부 인테리어공사를 통해 복층으로 이용중) / 공동 지하주차장, 위생설비 및 급배수시설, 승강기설비, 옥내소화전, 화재탐지설비					

대지권현황 ▶ [토지이용계획/공시지가] [부동산정보 통합열람]

	지번	용도	대지권비율	면적	감정가격	비고
1	서초동 1445-13	대지권	2,837.5㎡ 분의 6.15㎡	6.15㎡ (1.86평)	250,000,000원	
기타	남부터미널 남동측 인근에 위치/주위는 시외버스터미널, 업무시설, 상업시설, 오피스텔, 아파트단지, 각종 근린생활시설 등 소재하는 노선상가지대임/인근에 노선버스정류장 및 남부터미널역(지하철3호선) 위치하는 바 정류장까지의 거리 및 운행상태 등으로 보아 제반 대중교통사정은 판리 /남서측으로 노폭 약 30미터의 포장도로에 접함 /일반상업지역					

임차인현황 ▶ 건물소멸기준 : 2006-04-04 | 배당종기일 : 2012-09-11

순위	성립일자	권리자	권리종류(점유부분)	보증금금액	신고	대항	참조용 예상배당여부 (최저가 기준)
1	사업 없음 확정 없음 배당 없음	남○○	상가임차인 미상 (일석이조 공인중개사)	[보] 미상	○	없음	현황조사 권리내역

● 임차인(별지)점유

임차인으로 등록된 남궁성은 유치권자 겸 가처분권자임.

건물 등기 사항 ▶ 건물열람일 : 2012-07-02

구분	성립일자	권리종류	권리자	권리금액	상태	비고
갑1	2006-03-31	소유권	ㄱ○○○○○○		이전	보존
갑2	2006-04-04	소유권	박○○		이전	매매
을1	2006-04-04	(근)저당	하○○○	1,170,000,000원	소멸기준	(주택) 소액배당 4000 이하 1600 (상가) 소액배당 4500 이하 1350
갑7	2012-01-17	가처분	남○○	서울중앙지방법원 (2012카합63)	해제	가처분등기보기 2012.10.31 해제
갑8	2012-06-26	임의경매	하○○○	청구: 709,942,456원	소멸	

상가를 전문으로 취급하는 공인중개사 사무실 한 곳을 방문하여 탐문을 하였다. 다행히 대화가 잘 통했고 이 물건에 대하여 처음부터 상세한 이력을 알 수 있었다. 문제는 소유자와 점유자간의 다툼인데 그 공방이 치열하여 개입하고 싶지 않다는 이야기였다. 그들 사이에 이 사건으로 인하여 소송이 10건도 넘는다는 이야기를 들었다. 아는 사람들은 다 아는 사실이고 그 속에 휘말리고 싶지 않아서 관심을 갖지 않는다고 했다.

유치권권리신고 331,490,000원을 채권자인 유동화회사에서 부존재 소송을 제기하여 1심에서 패소하고 2심에서 원고 승소하였다. 불구경을 하듯 당연히 유치권 권리자는 대법원에 상고할 것을 짐작할 수 있었다. 또 하나는 1층 상가 내부를 복층으로 개조하여 서초구청에 불법건축물로 등재되어 과태료가 부과되고 있었다.

필자는 속으로 '만세'를 불렀다. 애초에는 여러 명이 공동투자를 하기로 하고 단체 임장을 갔었다. 조사를 하는 과정에서 너도 나도 싫다고 떨어져 나가는데, 필자는 오히려 구미가 당기었다. 옛말에 '위험한 장사가 마진이 좋고 좋은 약은 입에 쓰다'라고 하는 것처럼 속을 알면 알수록 더 마음에 들었다. 그러한 사정과 이유가 있기 때문에 서초동 역세권에 위치한 1층 상가가 64%까지 유찰된 것이 아닌가.

**에이엠씨에 전화를 걸었다.

데스크의 안내원이 조**차장이 담당이라며 전화를 돌려주었다. 너무 마음이 편했다. 조**차장과는 초면이 아니기 때문이다. 반갑게 인사를 했다.

필자는 2012타경20216 사건의 부실채권을 매입하고 싶다는 의사를 밝혔다.

"역시 원장님은 다르시군요." 특별한 문제도 없는데 사람들이 기피하여 자체적으로 유입하기 위하여 준비하고 있다는 설명을 들었다.

2014년 9월 16일 매수의향서를 경쟁자 없이 단독으로 제출했다.

2014년 9월 22일 사건번호 2012타경20216 경매진행 건을 '(입찰참가이행조건부)채권양수도계약'으로 계약서를 작성했다.

감정가격 1,000,000,000원, 채권최고금액 1,170,000,000원 중 채권행사권리금액 997,983,351원[35]의 채권을 채권매입금액 810,000,000원으로 정하고, 차액약정보전금은 20,000,000원으로 했다. 계약금 80,000,000원을 지급하고 계약을 체결했다.

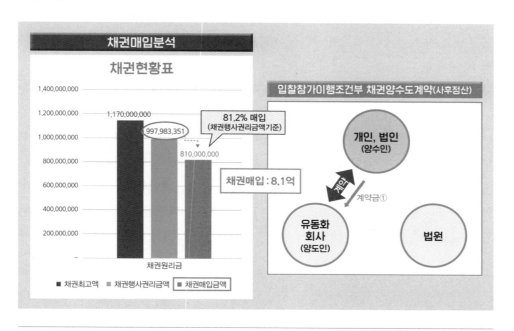

---

35) 첨부한 채권 계산서 명세표 참조

이 시점에서 점유자 남**씨는 채권을 매입하기 하루 전 2014년 9월 15일 유치권 패소에 대하여 2014다222558[36) 사건으로 대법원에 상고를 했다.

버스가 남산 1호 터널을 통과할 때 머릿속에는 행복한 상상[37)의 세계가 펼쳐졌다. '상가를 유입한 후 모든 것[38)을 정리한 다음 대출을 7억 원 정도 받고 임대보증금 1억 원에 한 달 월세 5,000,000원을 받게 되면 대출받은 이자를 매월 1,800,000원 정도 지출한다 해도 매월 3,000,000원 이상 고정 수입이 된다.'는 상상으로 꿈에 부푼 생각을 하는 동안 버스는 분당의 학원[39) 근처에 진입했다. 사무실로 들어오자 직원들은 2012타경20216 경매진행 건을 NPL로 계약했느냐고 묻는다. "그렇다"고 대답했다. 돌아오는 말들은 "이 사건은 대법원에 상고까지 했고 소송관계가 너무 복잡하니 해약해라."였다. 독자 여러분도 아시는 사실이지만 계약은 돈을 지불하면 이미 성립이 된 것이다. 철회 방법은 없고 계약금을 포기하는 것뿐이다.

NPL 물건을 찾다 보면 종종 이런 경우가 있기는 하다. 그러나 필자의 경험으로 이 경우에는 해결이 가능하다는 결론을 내렸다. 왜냐 하면 유치권 분쟁에서 1심은 패소하고 항소심에서 원고가 승소를 했는데 유치권의 내용이 소유자와 점유자 간의 매매계약 후 해약을 하면서 발생된 손해배상 관계 및 임료에 관련된 금액을 유치권으로 청구했기 때문에 성립되기 힘들다고 판단한 것이다.

지금 생각해 보아도 이런 일에는 어느 정도 담력이 있어야 일을 추진할 수 있다. 모든 사람들이 NPL 매입을 기피하고 유치권이 대법원에 상고된 줄 알면서 태연히 계약을 체결했으니 말이다. '아니, 이렇게 좋은 물건을 매입하였는데, 해약이라니' 참 어처구니없지만 큰소리칠 일도 아니다 싶어서 "좀 걱정은 되지만 어쩔 수 없는 일 아니요?"라고 답하고 말았다.

---

36) 대법원에 '유치권부존재확인'의 상고를 접수함. 대법원 전자소송문서 참조.
37) 최종 정리가 되면 내 돈 한 푼 안들이고 상가를 유입했으며, 매월 고정 임대료를 받는다는 상상.
38) 유치권과 명도 해결.
39) 분당NPL경매학원

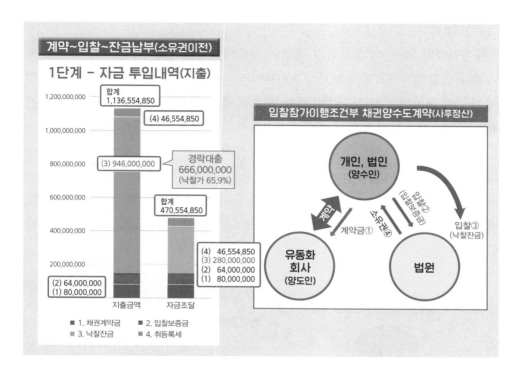

2014년 10월 8일.

서울중앙지방법원 경매 법정은 한산했다. 언뜻 살펴보니 소유자 박**씨와 점유자 남**씨도 결과를 지켜보기 위하여 법정에 참석하였다. 미리 계산해 놓은 입찰가격 1,010,000,000원에 입찰표를 작성하여 응찰을 하고 결과를 기다렸다.

드디어 개찰이 되었다. 필자가 위임장을 받아서 필자의 처(妻) 명의로 응찰하여 최고가 매수인으로 낙찰되었다. 총 여섯 명이 응찰하였는데 애초부터 유입을 하기 위해서 채권을 매입했기 때문에 차 순위에는 관심이 없었다.

정말 기분이 좋았다.

절차에 의하여 2014년 10월 13일 낙찰허가가 났다. 대금지급기일에 맞추어서 대출을 신청했다. 2014년 11월 17일 대출[40]을 받아 부족한 낙찰대금의 잔금을 납부하고 경락대금완납증명[41]을 받았다. 민사집행법 제135조[42]에 의하여 소유권을

---

40) 대출은 낙찰금액의 67%를 받음.
41) 경매낙찰대금을 납부하고 경락대금완납증명을 민사집행과에서 발급받아 해당 경매계에 제출함.
42) "(소유권의 취득시기)=매수인은 매각대금을 다 낸 때에 매각의 목적인 권리를 취득한다."

취득한 것이다.

　돌이켜보면 NPL 매입 물건의 장점이 대출이었는데 낙찰금액이 10억1천만 원이지만 입찰최저가격이 640,000,000원이라는 이유로 대출이 666,000,000원밖에 나오지 않아 입찰보증금 6천4백만 원을 더해서 잔금 2억8천만 원과 취·등록세 46,554,850원을 납부를 했다.

　그날이 2014년 11월17일이었다.

　법원으로부터 유동화회사가 받은 배당금 1,010,000,000원 중 채권매입계약금, 배당금액과 채권매입금액(차액약정보전금포함)의 차액을 260,000,000원은 돌려받았다.

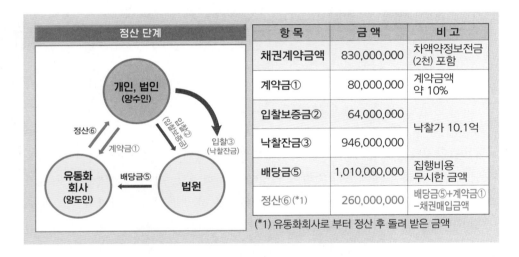

항목	금액	비고
채권계약금액	830,000,000	차액약정보전금 (2천) 포함
계약금①	80,000,000	계약금액 약 10%
입찰보증금②	64,000,000	낙찰가 10.1억
낙찰잔금③	946,000,000	
배당금⑤	1,010,000,000	집행비용 무시한 금액
정산⑥(*1)	260,000,000	배당금⑤+계약금① −채권매입금액

(*1) 유동화회사로 부터 정산 후 돌려 받은 금액

　최종적으로 자금이 투입된 것은 채권매입금액인 830,000,000원(차액약정보전금 20,000,000원 포함)과 각종비용 25,000,000원과 취·등록세 46,554,850원을 합하면 총 901,554,850원이 투입되었고 그중에 은행대출금 666,000,000원으로 충당하고 나머지 실투자금으로 235,554,850원이 들어갔다.

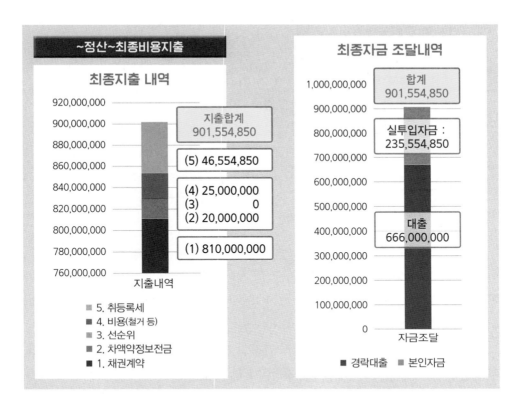

◆ 위 사건 명도에 대하여

[명세서 주의사항 / 법원문건접수 요약]

① 이 사건 감정서에 의하면 근린생활시설(일석 이조 부동산, 자산관리 사무소)로 이용중이며, 내부 인테리어공사를 통해 복층으로 이용중임.

② 남궁성으로 부터 2012.8.31.자 금 331,490,000원의 유치권신고가 있음

③ 이 사건 신청채권자가 위 남궁성을 상대로 이 법원 2012가단5132425호로 유치권부존재 확인의 소를 제기하였는바 패소판결을 선고 받고 이 법원 2013나64796호로 항소를 제기하여 2014.7.24. 원고승소판결을 받음.

④ 이 사건 부동산의 소유자 박석창이 위 남궁성을 상대로 이 법원 2013가합12070호로(본소) 건물명도 등 소를 제기하여 2014.7.18. 원고일부승소 판결을 선고받았음. 위 판결에 대하여는 일부승소한 본소원고 및 일부승소한 반소원고(2013가합12087호 원상회복등) 모두 항소를 제기한 상태임.

1) 유치권 (낙찰 전 현황)
유치권부존재소송 진행사항
(1) 1심 – 채권자(원고) 패소
(2) 2심 – 채권자(원고) 승소(2014.7.24)
(3) 피고 대법원 상고(2014.9.15)

2) 낙찰 후 전략
복잡하게 얽혀 있는 사건이므로, 대법원의 판결이 나올 때까지 명도를 보류하고 기다림.(유리한 고지를 선점해야 함) 섣불리 협상을 시도하면 명도비용만 많이 발생함.

3) 인도명령 (강제집행)
(1) 대법원 판결 – 기각(2014.11.27)
(2) 인도명령결정 – (2014.12.22)
(3) 강제집행주문 – (2014.12.26)

4) 협상
(1) 상가인도각서(2014.12.30)
(2) 명도완료(2015.1.16)

대금납부일에 인도명령신청을 겸하였다.

채권을 매입하면 모든 권리를 동일한 조건으로 매수인이 승계받기 때문에 지금부터는 모든 소송도 남은 과제도 낙찰자가 처리를 해야 한다.

우선 몇 백 장이나 되는 서류를 검토했다. 워낙 분쟁에 대한 소송서류가 많은 사건이라 머리에 들어오지 않았다. 꼼꼼히 정리를 해보니 어느 정도는 감이 잡히었다. 가장 큰 문제는 유치권을 대법원에 상고했다는 것인데 점유근원에 의해서 판결문이 나올 때까지 명도를 할 수 없다는 것이다. 그 다음 문제는 어설프게 전소유자나 점유자[43]를 접촉했다가 사건에 휘말릴 수도 있다는 점이다.

낙찰을 받고 이 물건의 점유자를 만나본 적이 있었다. 일체의 이야기는 하지 않았고 "앞으로 어떻게 할 것이냐"고만 물은 적이 있다. 점유자는 이에 "명도합의만 잘되면 나갑니다." 라는 말을 했다. 그가 말하는 '명도합의'의 의도는 사실 고액의 이사비용 등을 요구하는 것이었다. 하지만 필자는 "그럼 나는 내 방식대로 할 테니 그렇게 아시오."라고 한 마디만 했다. 필자의 경험으로 볼 때, 법적인 문제보다도 분명한 의사표시를 하고 꼭 합의금을 주지 않고 법적으로 한다는 강력한 의지를 보임으로써 상대방은 포기를 하는 경우를 여러 번 경험했기 때문이다.

필자가 이런 속편한 말을 한 데는 실제로 법적인 근거가 있다. 이런 경우는 유치권부존재소송에 대한 대법원 판결을 기다리는 수밖에 없다. 판결을 받은 다음 명도소송을 하고 강제집행을 한 후 점유자에게 부당이득반환청구소송을 하고 그에 대한 모든 비용을 청구할 수 있기 때문이다. 다만 명도를 하는 날까지 많은 시간과 소송에 대한 비용 및 대출금에 대한 이자가 들어가는 것을 감내해야 한다.

만약 판결을 받고 강제집행을 하는 날까지 1년이 걸린다고 하더라도 NPL로 매입을 했기 때문에 대출이자를 감당하고 소송비용을 부담하더라도 상가의 매매 가치나 임대료로 나오는 수익이 훨씬 큰 것으로 예상하여 채권매입결정을 내렸던 것이다.

---

43) 이 경우의 점유자는 매매계약으로 입주한 후 해약을 당한 상태였다. 따라서 임차인도, 소유자도 아니었다.

이제 잔금도 납부했으니 명도를 할 차례인데 유치권이 해결되지 않았으니 어떻게 한다는 말인가?

점유자는 2014년 9월 15일 2014다***558로 대법원에 상고를 한 상태이다. 일반적으로는 합의가 안 되면 부당이득반환청구소송을 할 것이라는 전제로 합의를 도출하려고 점유자에게 명도비용(이사비용)을 일부 준다든지 하면서 회유를 한다. 하지만 이 경우는 쉽게 끝날 것 같지 않아서 여러 가지 생각을 했다. 우선 인도명령 신청을 법원에 접수했다. 예상대로 유치권에 의한 점유근원이 있으므로 항고가 들어왔다. 그러던 중 11월 27일 대법원에서 '심리 불 속행 기각'이라는 판결[44]이 떨어졌다. 절차에 따라 대법원으로부터 받은 판결문을 이 사건을 담당하고 있는 서울중앙지방법원에 제출했다. 정말 하늘이 도운 것이다. 너무 운이 좋았다. 2014년 12월 22일 인도명령 결정이 되었다. 나흘 후 12월 26일 서울중앙지방법원 2014타기4355 부동산인도명령 결정에 의한 강제집행 주문을 집행관 사무실에 접수했다.

다음 날 점유자로부터 전화가 왔다. "저는 대표님께 아무런 감정이 없습니다. 감정이 있으면 전 소유자 박**에게 감정이 있지 대표님과는 전혀 감정이 없습니다."라며 만나기를 원했다. 우선 전화상으로 무슨 일 때문이냐고 물었다. 이사 가는 일 때문이라는 말을 듣고 여러 번 만날 것 없이 지체하지 않고 이사만 나가면 강제집행을 철회할 테니 각서에 서명할 것을 요구했다. 인감증명서를 첨부하고 신분증을 복사해서 아래와 같이 각서를 받았다. 각서의 내용은 물론 필자가 작성한 것이다.

---

44) 첨부한 판결문 참조.

상가 인도 각서

주소 : 서울시 서초구 서초동 S플래티넘 1층 ○○○호

위 상가는 2012타경20216 경매사건으로 낙찰이 되었는바, 현점유자
○○○은 낙찰 인이 대금을 완납한 2014년 11월 17일부터 현재까지
불법으로 점유하고 있었음.
점유자 ○○○은 2015년1월16일부로 아무런 조건 없이 위 상가를
낙찰 인에게 인도하여 주기로 한다.
단,① 관리비는 사용자가 인도일까지 납부하기로 한다.
　　② 이사 시 모든 물품은 남김없이 가져가기로 한다.
　　③ 인도 후 미회수 물품은 포기하기로 한다.
　　④ 이사는 낙찰 인의 입회하에 끝내고 열쇠는 넘겨주기로 한다.
　　⑤ 불법건축물은 관련규정에 따르기로 한다.[45]
　　⑥ 이상 합의된 내용 외에는 관례에 따른다.

상기 내용을 성실히 이행할 것을 각서하며 불이행 시 민, 형사상 어떠한
처벌도 이의를 제기하지 않기로 한다.

2014년 12월 30일

각서인
성　명 : ○○○ (인) 주민등록번호 : ******* － *******
주　소 : 서울시 강남구 개포동 660-1 개포○○아파트 *** － ***

첨부서류 : 인감증명서, 신분증사본

우 ○ ○ 귀하

---

45) 불법건축물은 점유자가 설치하였으므로 후일 문제를 일으키면 불법건축물에 대한 손해배상 및 원상복구 비용
　　을 청구할 후 있는 여지를 남겨두었는데 의미가 있음.
46) 양도소득세 납부 전표 및 통장사본 참조.

이로써 점유자는 이사하는 날까지의 관리비도 완납을 했고 필자는 관리비완납 영수증을 받았다. 이사 당일 점유자에게서 열쇠를 받고 미리 불러놓았던 열쇠수리공을 시켜 도어락을 교체했다.

이 때가 위의 각서에 명시한 대로 2015년 1월 16일이었다.

짐작은 하였지만 명도대상자(임차인도 아니고, 매매 계약 해약자 신분임)는 이미 모든 것을 포기하고 이사 갈 곳을 정해 놓은 것을 나중에 알았다.

설날을 보름 남겨둔 겨울 느긋한 마음으로 사무실에 있는데 부동산 중개인인 수강생으로부터 전화가 왔다. 서초동 상가를 내일 계약하자는 것이다.

이제 그 상가의 소유자가 된 필자의 처(妻)는 이를 듣고 "좋은 기회인데 매수인이 계약을 안 하면 어떻게 하느냐"고 물었다.

필자는 장담을 했다. "오히려 매수를 하려는 사람이 매도인이 마음 변해서 안 팔면 어떻게 하지?"를 걱정하며 잠을 못 이룰 테니 걱정하지 말라고 했다.

2015년 2월 4일 11억 5천만 원에 계약이 체결되었다.

잔금을 받고 소유권이전 등기 서류를 넘겨주었다. 한편의 드라마처럼 일이 마무리되었다. 잔금 후 2개월 마지막 날 양도소득세[46]를 납부하였다.

아래 표를 참고하시길 바란다.

※ 유입을 위한 지출비용 : 채권매입금액(830,000,000원) + 각종비용(25,000,000원)
　　+ 취·등록세(46,554,850원) = 901,554,850원

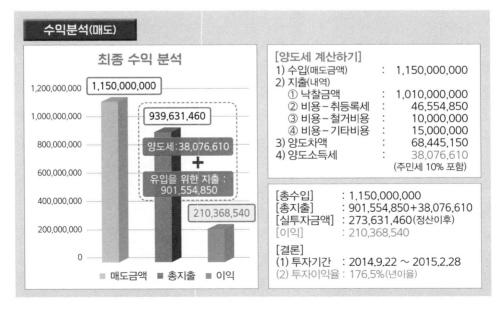

본 사건을 기초로 하여 NPL로 진행될 경우와 경매로 진행되었을 경우에 양도소득세가 얼마나 절감될 수 있는지를 비교해 볼 수 있을 것이다. 경매로 진행될 때의 기준은 채권매입에 투입된 금액 830,000,000원을 경매낙찰가로 간주하고 아래의 표와 같이 비교하였으며 본 경매사건을 기준으로 보면 약 1억 원의 양도세의 절감을 가져 올 수 있다. 이는 양도세 한 가지만 보더라도 1억 원의 경쟁력을 가지므로 부실채권(NPL) 매입 협상에 임할 때도 이를 적극적으로 고려할 수 있다.

양도세 절감 생각해 보기

사후정산방식 채권매입

[양도세 계산하기]
1) 수입(매도금액) : 1,150,000,000
2) 지출(내역)
 ① 낙찰금액   : 1,010,000,000
 ② 비용 – 취등록세 : 46,554,850
 ③ 비용 – 철거비용 : 10,000,000
 ④ 비용 – 기타비용 : 15,000,000
3) 양도차액   : 68,445,150
4) 양도소득세 : 38,076,610
 ※ 양도세 : 약 1억 절감   (주민세 10% 포함)

[총수입] : 1,150,000,000
[총지출] : 901,554,850+38,076,610
[실투자금액] : 273,631,460(정산이후)
[이익] : 210,368,540

[결론]
(1) 투자기간 : 2014.9.22 ～ 2015.2.28
(2) 투자이익율 : 176.5%(년이율)

경매기준

[양도세 계산하기]
1) 수입(매도금액) : 1,150,000,000
2) 지출(내역)
 ① 낙찰금액   : 830,000,000
 ② 비용 – 취등록세 : 46,554,850 [*1]
 ③ 비용 – 철거비용 : 10,000,000
 ④ 비용 – 기타비용 : 15,000,000
3) 양도차액   : 248,445,150
4) 양도소득세 : 138,212,117
      (주민세 10% 포함)

[총수입] : 1,150,000,000
[총지출] : 901,554,850+138,212,117
[실투자금액] : 273,631,460(정산이후)
[이익] : 110,233,033

[결론]
(1) 투자기간 : 2014.9.22 ～ 2015.2.28
(2) 투자이익율 : 92.5%(년이율)

[*1] 계산상의 편의를 위해서 동일한 것으로 간주함

채 권 양 수 도 계 약 서

양도인 에프앤아이제28차유동화전문유한회사

양수인 　우　██　순

채무자 　박　██　창

채 권 양 수 도 계 약 서

███에프앤아이제28차유동화전문 유한회사(이하 "양도인"이라고 한다)와 우███ (이하 "양수인"이라고 한다)은 다음과 같은 조건으로 채권양수도계약(이하 "본 건 계약"이라고 한다)을 체결한다.

제1조 (용어의 정의)

① "양도대상채권" 이라 함은 양도인이 채무자에 대하여 가지는 별지 목록(1) 에 기재된 채권을 말한다.

② "채무자" 라 함은 양도대상채권의 채무자인 박석창을 말한다.

③ "담보권" 이라 함은 양도대상채권을 담보하기 위하여 채무자 소유의 별지 목록(2)에 기재된 담보권을 말한다.

④ "양도대상채권 및 담보권 관련 서류" 라 함은 여신거래약정서(어음거래약정 서, 지급보증거래약정서, 상업어음할인), 근저당권설정계약서(지상권설정계약 서) 등 양도대상채권 및 담보권의 발생과 관련된 서류를 말한다.

⑤ "매매기준일" 은 "회수금 산정의 기준이 되는 날" 을 의미하며, 2014년 09 월 22일로 한다.

⑥ "계약일" 은 2014년 09월 22일로 한다.

⑦ "잔금지급기한" 은 2014년 12월 31일로 한다. 다만, 양당사자 책임없는 사 유로 배당일이 잔금지급기한을 도과하는 경우 잔금지급기한은 실제 배당일로 부터 7영업일로 한다.

⑧ "회수금" 은 양도대상채권과 관련하여, 매매기준일(당일 불포함) 이후 잔금지급일(당일 포함)까지의 기간 중에 양도인이 회수한 금액의 총액을 의미 한다.

2

⑨ "경매절차"는 서울중앙지방법원] 2012타경20216호 부동산임의경매를 의미한다.

제2조 (채권의 양수도)

① 본건 계약의 효력은 계약일로부터 발생한다. 다만, 양수인이 양도대금을 모두 지급한 때에 양도인의 양수인에 대한 채권양도의 효력이 발생한다.

② 양도인은 양도대금을 지급받는 것을 대가로 계약일 현재 존재하는 양도대상채권 및 담보권과 이에 부수하는 모든 권리, 권한, 이자와 이익을 양수인에게 매도하고, 이전하고, 전달하며, 양수인은 이를 양도인으로부터 매수하고, 취득하고, 인수한다. 또한, 양수인은 양수인이 양도대상채권 및 담보권과 관련된 모든 의무를 부담하며 양도대상채권 및 담보권의 모든 조건들을 따를 것을 동의한다.

③ 양수인이 본건 계약의 체결 후 양도대상 채권 및 담보권의 양도에 대한 대금(이하 "양도 대금"이라고 한다) 전부를 양도인에게 지급하는 경우에 양도인은 지체 없이 양도대상채권 및 담보권 관련 서류의 원본을 양수인에게 교부하며, 양도대상채권 및 담보권의 양도 사실을 채무자에게 지체 없이 내용 증명 우편 기타 확정일자 있는 증서에 의하여 통지한다.

④ 양수인이 양도인에게 양도 대금 전부를 여하한 유보 없이 지급하고, 양도인이 양수인에게 본 계약에 의한 의무를 이행하는 때에 본건 계약에 기한 거래는 종결되는 것으로 한다.

제3조 (양도 대금, 대금지급기일의 연장)

① 양도 대금은 총 금팔억일천만원(₩810,000,000)으로 한다.

② 계약금은 금팔천만원(₩80,000,000)으로 하며 계약시 지급한다.

③ 잔금은 금칠억삼천만원(₩730,000,000)으로 하며 잔금지급기한까지 지급하도록

3

한다.

④ 양수인은 양도 대금을 양도인이 지정하는 은행 계좌(우리은행, 1005-▮▮▮-
059118)에 현금으로 입금하거나 양도인이 별도로 지정하는 방식으로 지급한다.
다만, 양수인이 경매절차에서 해당 부동산을 낙찰 받고 양도인이 담보권자로
서 배당을 받은 경우 배당금의 범위 내에서 잔금상당의 금액을 지급한 것으로
본다.

제4조 (양도대금의 정산)

① 본 계약의 양도인이 매매기준일까지 추심한 모든 금원은 양도인에게 귀속되
고, 잔급지급기한 전 양도인이 채무자로부터 수령한 회수금은 양수인에게
귀속한다.

② 양도인이 채권회수를 위하여 지출한 법적 절차 비용은 양도대금과 별도로
양수인이 부담하기로 한다(경매신청비용포함).

③ 양도인은 양수인에게 법적 절차비용, 양도대금에 대한 지연이자 및 양도대
금 미지급금 순서로 회수금과 정산한 후 정산금을 지급한다.

제5조 (승인 및 권리포기)

① 양수인은 자신이 직접 채무자, 양도대상채권, 담보권, 양도대상채권 및 담보
권 관련 서류에 대하여 실사를 한 후 본 계약을 체결한다.

② 본 계약조항과 상치되는 여하한 것에도 불구하고, 양도인은 채무자의 재무 상
태 및 변제 자력 또는 양도대상채권 및 담보권과 관련된 조건, 양도가능성,
집행가능성, 완전함, 대항요건, 양도대상채권 및 담보권 관련 문서의 정확성
및 그 양도가능성을 포함하여 양도대상채권에 대한 여하한 진술 및 보장도 하
지 아니한다.

③ 양수인은 양도인이 현재의 형식과 상태대로 양도대상채권 및 담보권을 양도함

4

을 확인한다.

제6조 (양도인의 면책)

양수인은 본건 계약 체결과 동시에 양도대상채권 및 담보권의 양수 및 보유와 관련하여 양도인에게 발생하는 모든 조치, 소송, 채무, 청구, 약정, 손해 또는 기타 청구로부터 양도인을 영구하게 면책시킨다.

제7조 (제3자 낙찰 등)

양수인이 본건 경매절차에서 입찰에 참가하였으나 제3자가 최고가매수인이 된 경우 및 채무자의 채무변제 등으로 경매절차가 취소된 경우에는 양도인은 계약을 해제할 수 있다. 이 경우 양수인이 계약체결 시 양도인에게 지급한 금팔천만원(₩80,000,000)은 양수인에게 반환하여야 한다. 단, 양도인이 위 금원을 수령한 날로부터 반환하는 날까지의 이자는 지급하지 아니한다.

제8조 (계약의 해제 및 손해배상의 예정)

① 다음 각 호의 경우 양도인은 계약을 해제할 수 있다.

    1. 양수인이 양도대금의 지급을 지체하는 경우

    2. 양수인이 본 계약에서 약정한 본건 경매절차의 입찰에 참가하지 아니한 경우

    3. 양수인이 본건 경매절차의 대금납부기일까지 낙찰대금을 납부하지 아니한 경우

② 전항 각 호의 사유가 발생하는 경우 양도인은 양수인에 대한 별도의 통지 없이 본건 계약은 해제된 것으로 간주한다.

③ 제①항의 사유로 계약을 해제하는 경우 양수인이 계약체결 시 양도인에게 지급한 계약금은 위약금으로서 전액 양도인에게 귀속되며 양수인은 위 금원의 반환을 청구할 수 없다. 또한, 양수인이 본건 경매법원에 납부한 입찰보증금은

5

양도인에게 반환을 청구할 수 없다.

④ 제①항의 사유가 발생하였음에도 불구하고   계약을 해제하지 아니하는 경우 양수인은 제1항 각호의 사유발생일 다음 날부터 그 사유가 소멸되는 날까지의 잔금에 대하여 연20% 연체이율에 의하여 계산된 지연이자를 지급하여야 하며, 이는 회수금에서 원금에 우선하여 정산한다. 양수인이 제1항 각호사유발생 후 임의로 이행한 경우도 동일하게 적용한다.

⑤ 양도인의 위약으로 본 계약이 해제되는 경우에는 위약금으로 계약금의 배액에 해당하는 금액을 양수인에게 지급한다.

제9조 (비용의 부담)

각 당사자는 본건 계약의 협상을 위하여 지출한 변호사보수 기타 일체의 비용을 각 자 부담한다. 그 외에 양수인은 양도대상채권 및 담보권의 실사에 소요된 변호사보 수 기타 일체의 비용, 양도대상채권 및 담보권을 양도인으로부터 이전 받는 것과 관련된 모든 비용 일체를 부담하며, 어떠한 경우에도 양수인은 양도인에 대하여 그 비용의 부담 또는 상환을 청구하지 못한다.

제10조 (계약 당사자 변경 등)

① 양수인은 양도인의 사전 서면 동의를 얻어 본건 계약에 의한 양수인의 권리 와 의무를 제3자에게 양도할 수 있다. 다만 이 경우에 그 계약 당사자 변경 과 관련하여 지출되는 모든 비용은 양수인이 부담하며, 제3자로의 계약 당사 자 변경으로 인해 양도인에게 발생하는 모든 불이익은 양수인의 책임으로 한 다.

② 제1항의 규정에 따라 양수인의 지위를 승계하는 자(아래에서 "계약 인수 인"이라고 한다)가 다수인 경우에 양도대상채권 및 담보권의 양도는 양수인 과 계약 인수인이 상호 합의하여 양도인에게 요청하는 방법으로 이루어진다.

6

제11조 (관할 법원)

본건 계약과 관련하여 발생하는 분쟁에 관한 소송의 제1심 관할 법원을 서울중앙
지방법원으로 정한다.

※특약사항

1. 양수인은 서울중앙지방법원 2012타경20216호 부동산임의경매절차("본건
경매절차"라함.)에서 2014년 10월 08일로 예정된 입찰기일에 본건 양도대금
이상의 금액으로 입찰에 참가하여야 한다(만일, 매각기일이 변경될 경우 변경된
매각기일에 참여하여야 한다).

2. 양수인은 서울중앙지방법원 2012타경20216호 부동산임의경매 사건에 대하여
충분히 인지하고 계약하는 것으로, 본건 계약체결일 전후를 불문하고 발생한
임차인, 유치권 등 기타 경매관련 모든 사항을 책임진다.

3. 양수인은 본문 제8조 제1항 각호사유의 발생이 예상되는 경우 자동해제를
면하기 위하여는 그 사유발생일전에 서면으로 이를 고지하여 연장을 요청하여야
한다.

4. 양도대상채권과 관련하여 경매법원의 배당기일에 배당이의가 있게 되는 경우 그
위험은 양수인이 부담하기로 하며 배당이의 된 금액을 제외한 나머지 회수금으로
정산한다.

5. 선순위 채권은 양수인이 부담한다.

6. 본건 경매절차에서 양수인이 최고가매수인이 되고 차순위 입찰자의 입찰금액이
금810,000,000원을 초과하는 경우, 초과분에 해당하는 금액을 양수인이 양도인에게

7

별도 지급하기로 한다. 다만, 초과분 별도 지급금액의 한도는 금20,000,000원으로 한다.

본 계약의 양당사자는 계약서의 내용을 충분히 숙지하고 이에 합의하였으며,

본 계약의 체결을 증명하기 위하여 당사자들은 계약서 2통을 작성한다.

2014년 09월 22일

양도인　　■■에프앤아이제28차유동화전문 유한회사

　　　　　서울시 종로구 청계천로■■, 22층(서린동, ■■빌딩)

　　　　　대표자 이사　노■■문

양수인　　우 ■■ 순 (■■1128-2058■■)

　　　　　경기도 성남시 분당구 금곡로■■, ■■■아아파트 ■■동 1001호

8

(별지 1)

1) 채권양도대상채권

(단위 : 원)

대출과목	대출일자	대출원금잔액	양도대상채권
기업운전일반자금대출	2011-04-04	699,976,225	699,976,225
합 계		699,976,225	699,976,225

● ㈜ 상기 대출원금 잔액은 2014. 09. 22. 현재 잔액이며, 이자는 별도로 가산됨.

2) 담보권의 표시

담보물권 소재지	서울특별시 서초구 서초동 1445-█ 서초██플래티넘 제1층 제█호
담보권의 종류	포괄근담보
채무자	박 █ 창
근저당권 설정자	박 █ 창
관할등기소	서울중앙지방법원 등기과
등기일	2006년 04월 04일
등기번호	제24518호
근저당권 설정 금액	금1,170,000,000원정

9

채 권 계 산 서 명 세 표

2014-09-22 오전 10:09:07
페이지번호 : 1

차주번호 : F28-R034
사건번호 :
채 권 자 : ███애프엔아이제28차유동화전문유한회사
채 무 자 : 박███
소 유 자 :

이자기산일 2014-09-22   거래기준일 2014-09-22

(단위 : 원)

대출과목	No	대출잔액	미수이자	가지급금	기산원금	기산일	종료일	일수	이율	이자금액	이자합계	합계
기업운전일반자금대출	01	699,976,225.00	24,153,414.00	0	699,976,225.00	2012-06-04	2014-09-22	840	17	273,853,712.00	298,007,126.00	997,983,351.00
	L0	0.00	0.00	6,249,424	0.00		2014-09-22	0	0	0.00	0.00	6,249,424.00

합 계												
	원화	699,976,225.00	24,153,414	6,249,424.00						273,853,712.00	298,007,126.00	1,004,232,775.00
	외화	0.00	0	0.00						0.00	0.00	0.00
	총계	699,976,225.00	24,153,414	6,249,424.00						273,853,712.00	298,007,126.00	1,004,232,775.00

376 경매를 이기는 NPL 투자

부 동 산 의 표 시

---

1. 1동의 건물의 표시
   서울특별시 서초구 서초동 1445-▮
   서초▮▮▮플래티넘
   [도로명주소] 서울특별시 서초구 서초중앙로 ▮▮

   철근콘크리트구조, 철골철근콘크리트구조
   (철근)콘크리트지붕 21층
   공동주택(아파트),업무시설(오피스텔),판매및영업시설
   지하6층 1945.68㎡
   지하5층 2354.64㎡
   지하4층 2523.97㎡
   지하3층 2498.31㎡
   지하2층 2531.52㎡
   지하1층 2419.73㎡
      1층 1376.65㎡
      2층 1462.89㎡
      3층 1458.38㎡
      4층 1458.38㎡
      5층 1458.38㎡
      6층 1458.38㎡
      7층 1458.38㎡
      8층 1458.38㎡
      9층 1458.38㎡
     10층   150.75㎡
     11층   902.24㎡
     12층   864.31㎡
     13층   864.31㎡
     14층   864.31㎡
     15층   864.31㎡
     16층   864.31㎡
     17층   864.31㎡
     18층   864.31㎡
     19층   864.31㎡
     20층   864.31㎡
     21층   751.64㎡
   옥탑1층(연면적제외) 72.46㎡

   전유부분의 건물의 표시
     1층 111호
     철근콘크리트구조 40.95㎡

   대지권의 목적인 토지의 표시
     토지의 표시 : 1. 서울특별시 서초구 서초동 1445-▮
                      대 2837.5㎡
     대지권의종류 : 1. 소유권
     대지권의비율 : 1. 2,837.5분의 6.15

영 수 증

<u>금팔천만원정(₩80,000,000)</u>

위 금원을 2014년 9월 22일 당사와 귀하 간 체결한 채권양수도계약(채무자 박⬛창)의 계약금으로 정히 영수하였습니다.

2014년   9월   22일

위 영수인   ⬛에프앤아이제28차유동화전문 유한회사

서울 종로구 청계천로⬛, 22층

대표자   이사 노⬛문

빠르고 편리한 고품질 사법서비스
대법원 전자소송
본 사이트에서 제공된 사건정보는 법적인 효력이 없으니 참고자료로만 활용하시기 바랍니다. 민사 특허 등 전자소송으로 진행되는 사건에 대해서는 전자소송 홈페이지를 이용하시면 판결문이나 사건기록을 모두 인터넷으로 보실 수 있습니다.

>> **Click**

사건일반내용	사건진행내용	>> 인쇄하기
		>> 나의 사건 검색하기

사건번호 : 대법원 2014다222558

기본내용

사건번호	2014다222558	사건명	[전자] 유치권부존재확인
원고	▨에프앤아이제28차유동화전문 유한회사	피 고	남▨성

재판부

접수일	2014.09.15	종국결과	
원고소가		피고소가	10
수리구분	제소	병합구분	없음
상고기록접수통지 서 발송일			
인지액	0원		
송달료,보관금 종결에 따른 잔액조회		사건이 종결되지 않았으므로 송달료, 보관금 조회가 불가능합니다.	

심급내용

법 원	사건번호	결 과
서울중앙지방법원	2012가단5132425	2013.11.26 원고패
서울중앙지방법원	2013나64976	2014.07.24 원고승

최근기일내용

일 자	시 각	기일구분	기일장소	결 과
		지정된 기일내용이 없습니다.		

최근 기일 순으로 일부만 보입니다. 반드시 상세보기로 확인하시기 바랍니다.

최근 제출서류 접수내용

일 자	내 용
	접수된 문서내용이 없습니다.

최근 제출서류 순으로 일부만 보입니다. 반드시 상세보기로 확인하시기 바랍니다.

당사자내용

구 분	이 름	종국결과	판결송달일

http://safind.scourt.go.kr/sf/cm/PrintPreview.jsp?theme=scourt　　　　　　　2014-09-15

서 울 중 앙 지 방 법 원

판 결

사 건	2012가단5132425 유치권부존재확인
원 고	에프앤아이제28차유동화전문 유한회사
	서울 종로구 청계천로 41 빌딩 22층
	대표자 이사 노 문
	소송대리인 법무법인 한서
	담당변호사 이 정, 김 민
피 고	남 성 (0608-1539)
	서울 서초구 서초동 1445- 서초 플래티넘 1층 호
	소송대리인 법무법인 (유한) 동인
	담당변호사 최 호, 신 식
변 론 종 결	2013. 10. 29.
판 결 선 고	2013. 11. 26.

주 문

1. 원고의 청구를 기각한다.

2. 소송비용은 원고가 부담한다.

청 구 취 지

2013-0033057481-93456   위변조 방지용 비구드 입니다.   1 / 9

피고가 서울중앙지방법원 2012타경20216호 부동산임의경매 사건에 관하여 2012. 8. 31. 권리신고한 별지 목록 기재 부동산에 대한 피고의 유치권은 존재하지 아니함을 확인한다.

이   유

1. 기초사실

가. 박■창은 2011. 8. 19. 김■환과 사이에 별지 목록 기재 부동산(이하 '이 사건 건물'이라 한다)에 관하여 매매대금 9억 7,000만 원(계약금 1억 원은 계약시 지불, 7억 원은 대출금채무를 승계하는 것으로 갈음, 잔금 1억 7,000만 원은 2011. 9. 14. 지급)으로 정하여 매매계약을 체결하였다. 김■환은 매매대금으로 박■창에게 2011. 8. 19. 1억 원을, 2011. 8. 22. 1억 7,000만 원을 각 지급하였다.

나. 피고는 2011. 9. 2. 김■환과 사이에 이 사건 건물에 관하여 임대차계약을 체결하였고, 2011. 10.경 박■창, 김■환, 피고 사이에 이 사건 건물의 매수인의 지위를 피고가 승계하기로 약정함에 따라 박■창은 피고와 사이에 기존 매매계약과 동일한 내용으로 매수인을 피고로 하는 매매계약(이하 '이 사건 매매계약'이라 한다)을 체결하였다. 다만 매매계약서의 작성일자는 2011. 8. 19.자로 하였다.

다. 피고는 2011. 9. 14.부터 2011. 9. 27.까지 사이에 비용을 들여 이 사건 건물 내에 기존 일부 복층구조를 완전 복층구조로 개조하고, 벽체, 전기, 도배, 출입문 보수 등을 하는 인테리어 공사를 실시하고 그 무렵부터 현재까지 이 사건 건물을 점유하면서 부동산중개 사무실로 사용하고 있다.

라. 박■창의 채권자인 주식회사 하나은행은 이 사건 건물에 관하여 서울중앙지방법

원 2012타경20216호로 부동산임의경매를 신청하여 2012. 6. 26. 경매개시결정이 내려

져 경매절차가 진행되었는데, 원고는 위 은행으로부터 박■창에 대한 채권 및 이 사건

건물에 관한 근저당권을 양도받아 경매절차에 참가하였다.

마. 피고는 2012. 8. 31. 위 경매절차에서 박■창의 채무불이행을 이유로 한 그에 대

한 매매대금반환채권 2억 7,000만 원, 유익비반환채권 61,490,000원, 합계 331,490,000

원의 채권이 있다고 주장하며 유치권신고를 하였다.

바. 피고의 위 인테리어 공사로 인한 이 사건 건물의 2011. 9. 30.을 기준으로 한 객

관적 가치 증가액은 35,953,000원이다.

[인정근거] 다툼 없는 사실, 갑 제1 내지 4, 6, 7, 8호증, 을 제1, 2, 3호증, 을 제10호

증의 3의 각 기재 및 영상(가지번호 포함), 이 법원의 감정인 김■호에 대한 감정촉탁

결과, 이 법원의 김■호에 대한 사실조회결과, 변론 전체의 취지

2. 피고의 본안 전 항변에 관한 판단

피고는, 박■창이 피고를 상대로 제기한 별건 이 사건 건물인도 청구소송에서 피고

의 유치권의 피보전채권인 이 사건 매매계약 해제에 따른 원상회복청구권의 존재 여부

가 확인될 것이므로, 원고가 이 사건 소를 통하여 피고의 유치권의 부존재를 구할 확

인의 이익이 없다는 취지로 주장한다.

그러나, 유치권자가 경매절차의 매수인에 대하여 그 피담보채권의 변제를 청구할 수

는 없다 할 것이지만 유치권자는 여전히 자신의 피담보채권이 변제될 때까지 유치목적

물인 부동산의 인도를 거절할 수 있어 부동산 경매절차의 입찰인들은 낙찰 후 유치권

자로부터 경매목적물을 쉽게 인도받을 수 없다는 점을 고려하여 입찰을 하게 되고 그

에 따라 경매목적 부동산이 그만큼 낮은 가격에 낙찰될 우려가 있다고 할 것인바, 이

와 같은 저가낙찰로 인해 원고의 배당액이 줄어들 위험은 경매절차에서 근저당권자인 원고의 법률상 지위를 불안정하게 하는 것이므로 위 불안을 제거하는 원고의 이익을 단순한 사실상·경제상의 이익으로 볼 수 없어 원고로서는 피고에 대하여 유치권 부존재의 확인을 구할 법률상의 이익이 있다고 볼 것이고(대법원 2004. 9. 23. 선고 2004다32848 판결 참조), 이 사건 건물의 소유자인 박█창이 피고를 상대로 별도로 건물인도청구의 소를 제기하였고 위 소송에서 피고가 이 사건 매매계약 해제에 따른 원상회복청구권을 주장하고 있다고 하더라도 이러한 사정만으로 이 사건 소가 확인의 이익이 없다고 볼 수 없다.

따라서, 피고의 위 본안 전 항변은 이유 없다.

3. 당사자의 주장

가. 원고의 주장

계약해제에 따른 원상회복청구권은 유치권의 피담보채권이 될 수 없을 뿐만 아니라, 이 사건 매매계약은 피고의 귀책사유에 의하여 2002. 4.경 적법하게 해제되었으므로 계약금은 박█창에게 몰취되어야 하고, 피고가 계속하여 이 사건 건물을 점유·사용하여 수익을 얻고 있으므로 현재까지의 부당이득금을 계산하면 나머지 매매대금도 모두 공제되어 박█창이 피고에게 계약해제에 따른 원상회복으로 반환할 금원도 존재하지 않는다. 또한, 피고가 내부 인테리어를 위한 공사비용을 지출하였다고 하더라도 이는 단순히 피고의 부동산중개 영업을 위해 들인 비용일 뿐 이 사건 건물의 객관적 가치를 증가시키기 위하여 지출된 비용으로 볼 수 없어 피고에게 유익비상환청구권이 인정되지 않아 이를 피담보채권으로 한 유치권도 성립되지 않는다.

나. 피고의 주장

이 사건 매매계약 체결 이후 박███창이 경업금지의무를 위반하고 영업양도에도 협조하지 않음으로써 피고 또한 채무인수 절차를 이행하지 않게 된 것인데, 박███창은 피고가 이행거절의 의사를 표시한 것이라고 하면서 계약해제의 의사표시를 하였는바, 결국 이 사건 매매계약은 박███창의 귀책사유로 해제된 것으로 볼 것이므로, 피고는 박███창에 대하여 계약해제에 따른 원상회복으로 계약금을 포함한 2억 7,000만 원의 반환청구권이 있다. 또한, 피고가 이 사건 건물에 인테리어 공사비용 61,490,000원을 들였고 감정결과 객관적 가치의 증가액이 35,953,000원으로 평가되었으므로, 피고는 박███창에 대하여 35,953,000원의 유익비반환채권이 있다. 따라서, 피고는 위 각 채권을 피담보채권으로 하여 이 사건 건물에 관한 유치권이 있다.

4. 판 단

가. 이 사건 매매계약 해제에 따른 원상회복청구권에 기한 유치권의 존재 여부

살피건대, 유치권은 타인의 물건 또는 유가증권을 점유한 자가 그 물건이나 유가증권에 관하여 생긴 채권이 변제기에 있는 경우에 변제를 받을 때까지 그 물건 또는 유가증권을 유치할 수 있는 권리인데, 이 사건에서 피고가 주장하고 있는 바와 같은 매매계약의 해제로 인한 매매대금반환청구권은 '물건에 관하여 생긴' 채권이라고 볼 수 없어 유치권의 대상이 되지 않는다고 할 것이므로, 피고에게 이 사건 매매계약 해제에 따른 원상회복청구권에 기한 유치권이 존재한다고 볼 수 없다.

나. 유익비상환청구권에 기한 유치권의 존재 여부

살피건대, 위 기초사실 및 이에 거시된 증거에 변론 전체의 취지를 종합하여 인정되는 다음과 같은 사정 즉, 피고가 이 사건 건물에 관하여 한 인테리어 공사는 기존의 복층구조를 개선하고 벽체, 전기, 도배, 출입문 보수 등을 한 것인 점을 고려하면,

비록 피고가 이 사건 건물에서 부동산중개업을 영위하기 위한 개인적인 목적으로 위 공사를 실시한 것이라고 하더라도 피고의 위 영업 목적 외에도 타인이 얼마든지 이를 다른 용도로 사용할 수 있다고 봄이 상당하여 이 사건 건물의 객관적 가치가 증대되었다고 할 것이다(위 감정결과와 같이 2011. 9. 30.을 기준으로 한 객관적 가치 증가액이 현존하였고 이 사건 변론종결일 무렵에도 현존하고 있는 것으로 추인된다). 따라서, 피고는 실제의 비용투입액 또는 객관적 가치 증가액의 현존 범위 내에서 박▒창에 대하여 비용상환청구권을 갖는다고 볼 것이고, 피고에게 이를 피담보채권으로 한 유치권이 존재한다고 할 것이다.

또한 원고는, 피고가 위 인테리어 공사를 할 당시는 임차인의 지위에 불과하였을 뿐 매수인의 지위에서 시공한 것이 아니므로 박▒창에게 비용상환청구권을 행사할 수 없어 유치권이 인정되지 않는다는 취지로도 주장하나, 피고가 임대인인 김▒환의 허락 없이 위 인테리어 공사를 하였다는 자료를 찾아볼 수 없는 이 사건에서 피고는 김▒환의 허락을 얻어 공사를 하였다고 볼 것이고 위 기초사실에서 본 바와 같이 피고가 김영환의 매수인의 지위를 승계하였는바 위 계약인수로 인하여 결과적으로 피고가 매수인의 지위에서 공사를 한 것으로 봄이 상당하므로, 원고의 위 주장은 이유 없다.

[한편, 피고의 유치권의 정확한 피담보채권액에 관한 판단이 필요한지 여부에 관하여 보건대, 이 사건의 소송물은 유치권의 존부인데 유치권은 불가분성을 가지므로 피담보채무의 범위에 따라 그 존부나 효력을 미치는 목적물의 범위가 달라지는 것은 아닌 점, 임의경매절차에서 유치권의 존재로 인하여 저가매각이 되고 저당권자의 배당액이 줄어들 위험이 있어 저당권자가 유치권부존재 확인을 구할 법률상 이익이 있더라도 이러한 위험은 다분히 추상적·유동적이어서 이러한 위험만으로 곧바로 피담보채무를 확

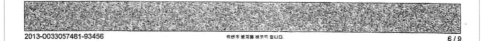

정할 법률상 이익이 발생한다고 볼 수는 없는 점, 즉 임의경매절차에서 유치권자는 통상 배당절차를 통하여 피담보채권의 만족을 얻지 않고 매수인에게 유치권의 부담을 인수시키는데 이러한 경우라도 피담보채무는 매수인에게 인수되지 않고, 설사 유치권자가 배당요구를 하더라도 유치권자는 법률상 우선변제권이 없으므로 배당절차에서 반드시 피담보채권액 전부를 배당받는다고 볼 수도 없는 점, 채권채무관계의 당사자 사이가 아닌 제3자가 채무부존재확인을 구할 법률상 이익은 제한적으로 인정되어야 할 것인바, 임의경매를 신청한 저당권자와 유치권자 사이의 유치권부존재확인의 소에서 피담보채무의 범위를 확정하는 것보다는 현재의 소유자 또는 유치권의 부담을 인수한 매수인이 유치권자를 상대로 유치권부존재확인의 소나 채무부존재확인의 소를 통하여, 유치권자가 배당을 받았을 경우에는 저당권자가 배당이의절차 등을 통하여 피담보채무의 범위를 확정하는 것이 더욱 유효·적절한 방법인 점, 설사 이 사건 소송에서 피담보채무의 범위가 확정되더라도 저당권자나 소유자 및 매수인의 위와 같은 소송에 이 사건 소송의 기판력이 미친다고 할 수는 없는 점 등을 고려하면, 이 사건에서 유치권의 피담보채무의 정확한 액수를 확정지을 필요는 없다고 할 것이다.]

5. 결 론

그렇다면 원고의 이 사건 청구는 이유 없어 기각하기로 하여 주문과 같이 판결한다.

판사   고■홍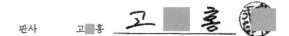

목 록

[1동의 건물의 표시]

　서울 서초구 서초동 1445-■ 서초■플래티넘

　철근콘크리트구조, 철골철근콘크리트구조 (철근)콘크리트지붕

　21층 공동주택(아파트), 업무시설(오피스텔), 판매 및 영업시설

[대지권의 목적인 토지의 표시]

　서울 서초구 서초동 1445-■ 대 2,837.5㎡

[전유부분의 건물의 표시]

　제1층 제111호 철근콘크리트구조 40.95㎡

[대지권의 표시]

　소유권대지권 2,837.5분의 6.15. 끝.

서 울 중 앙 지 방 법 원

제 7 민 사 부

판 결

사 건	2013나64976 유치권부존재확인
원고, 항소인	██에프앤아이제28차유동화전문 유한회사
	서울 종로구 청계천로 ██. 22층(서린동, ██빌딩)
	대표자 이사 노██
	소송대리인 법무법인 한서 담당변호사 김██민
피고, 피항소인	남██ (██0608-1539███)
	서울 서초구 서초동 1445-██ 서초██플래티넘 1층 ██호
제1심판결	서울중앙지방법원 2013. 11. 26. 선고 2012가단5132425 판결
변론종결	2014. 7. 3.
판결선고	2014. 7. 24.

주 문

1. 제1심 판결을 취소한다.

2. 피고가 서울중앙지방법원 2012타경20216호 부동산임의경매 사건에 관하여 2012. 8.
   31. 권리신고한 별지 목록 기재 부동산에 대한 유치권은 존재하지 아니함을 확인한
   다.

3. 소송총비용은 피고가 부담한다.

청구취지 및 항소취지

주문과 같다.

이   유

1. 기초사실

제1심 판결 해당 부분 인용(민사소송법 제420조 본문)

2. 당사자의 주장

피고는, ① 박■창과 피고 사이에 체결된 이 사건 매매계약이 박■창의 귀책사유로 해제되었고, 피고는 박■창에 대하여 계약해제에 따른 원상회복으로 계약금을 포함한 2억 7,000만 원의 반환청구권이 있으므로, 위 매매대금반환청구권이 이 사건 건물에 대한 유치권의 피담보채권이고, 또한 ② 피고가 이 사건 건물에 인테리어 공사비용 61,490,000원을 들였고 감정결과 객관적 가치의 증가액이 35,953,000원으로 평가되었으므로, 피고는 박■창에 대하여 35,953,000원의 유익비 반환채권이 있고, 이를 피담보채권으로 하여 이 사건 건물에 관한 유치권이 있다고 주장한다.

이에 대해 원고는, 매매계약 해제에 따른 원상회복청구권은 유치권의 피담보채권이 될 수 없고, 설령 가능하다 하더라도 피고의 계약해제에 대한 귀책사유로 인한 위약금 몰취, 계약 해제 이후 계속된 이 사건 건물의 사용, 수익으로 발생한 부당이득금을 공제하면 피고의 원상회복반환청구권은 더 이상 남아있지 아니하며, 피고가 지출한 이 사건 건물의 인테리어 비용은 피고의 특정 영업이익 증대를 위한 것에 불과할 뿐만 아

니라 인테리어 공사 자체가 불법이므로 피고에게 유익비상환청구권이 발생한다고 할 수 없고 따라서 이를 피담보채권으로 한 유치권이 성립하지 아니하므로 피고의 유치권 주장은 모두 이유 없다고 주장한다.

3. 판단

가. 계약해제에 기한 매매대금반환청구권에 대하여

유치권은 타인의 물건 또는 유가증권을 점유한 자가 그 물건이나 유가증권에 관하여 생긴 채권이 변제기에 있는 경우에 변제를 받을 때까지 그 물건 또는 유가증권을 유치할 수 있는 권리인데(민법 제320조 제1항), 유치권을 주장할 수 있는 피담보채권은, 목적물에 지출한 비용상환청구권이나 목적물로부터 받은 손해배상청구권과 같이 채권이 목적물 자체로부터 발생하거나 목적물의 반환청구권과 동일한 법률관계 또는 동일한 사실관계로부터 발생하여 목적물과 견련관계가 인정되는 권리에 한정되는 것이고, 이 사건에서 피고가 주장하는 바와 같은 매매계약 해제로 인한 매매대금반환청구권은 유치권의 대상이 될 수 없으므로, 피고의 항변은 더 살펴볼 필요 없이 이유 없다.

나. 유익비상환청구권에 대하여

민법 제626조 제2항에서 임대인의 상환의무를 규정하고 있는 유익비란 임차인이 임차물의 객관적 가치를 증가시키기 위하여 투입한 비용을 말하는 것인바, 갑 제12호증, 을 제10호증의 3의 각 기재 및 영상, 제1심 법원에 대한 감정촉탁회보결과, 변론 전체의 취지에 의하면, 이 사건 건물은 피고가 임차하기 이전에 부동산 중개사무소로 사용되고 있었던 사실, 피고는 2011. 9.경 이 사건 건물을 임차한 후 일부가 복층으로 되어있던 구조를 철거하고, 다시 복층 구조를 위해 천정, 벽체, 전기, 바닥, 철제기둥, 필름, 도배 공사를 하였고, 1층 측면의 자동출입문 보수 및 출입문 알루미늄 문 설치 공사,

환풍기 및 버티컬 설치, 에어컨 이전 및 기타 공사(썬팅, 간판, 창고 설치 공사 등)를 실시한 사실, 피고는 이 사건 건물에 부동산중개사무소를 설치하여 현재까지 영업을 하여 온 사실, 이 사건 건물 1, 2층 상가들은 편의점, 카페, 병원 등 다양한 업종이 입점하여 있고(부동산중개사무소는 이 사건 건물을 포함하여 2개에 불과하다), 그 중 피고의 건물처럼 복층 구조의 인테리어 공사를 한 점포는 절반이 되지 않고 그 점포들도 대부분이 부분 복층 구조로 되어 있는 사실이 인정되고, 이에 의하면 피고가 실시한 이 사건 건물의 인테리어 공사는 피고의 부동산중개사무소 영업을 위한 업무 공간 확보 및 노후된 부대 시설의 교체로서 피고의 주관적인 목적에 기여할 뿐 건물의 객관적 가치를 증대시킬 수 있는 것이라 보기 어렵다(이 사건 건물의 소유자로서는 추후 임대 시 업종에 따라 제한을 받을 수 있고, 오히려 위 인테리어를 철거하여야 하는 상황이 발생할 수도 있다). 더군다나 갑 제14호증의 기재에 의하면 피고가 실시한 이 사건 건물의 인테리어 공사는 무단증축에 해당하여 건축주 박석창이 2014. 1. 10. 서초구로부터 '건축법 위반사항 시정명령'을 받은 사실이 인정되는바, 피고가 실시한 인테리어 공사는 불법건축에 해당하므로 그와 같이 위법한 행위에 대한 비용에 대해서는 유익비상환청구권을 주장할 수 없다.

다. 소결

따라서, 피고가 주장하는 유치권의 피담보채권이 모두 인정되지 아니하므로 이 사건 건물에 대한 피고의 유치권이 존재하지 아니하며, 이 사건 건물에 대한 임의경매 절차에서 피고가 유치권을 신고하여 그 권리를 주장하고 있는 이상 채권자인 원고로서는 피고의 유치권 부존재의 확인을 구할 이익 또한 인정된다.

4. 결론

그렇다면, 원고의 청구는 이유 있어 인용할 것인바, 제1심 판결은 이와 결론을 달리하여 부당하므로 제1심 판결을 취소하고 원고의 청구를 인용하기로 하여 주문과 같이 판결한다.

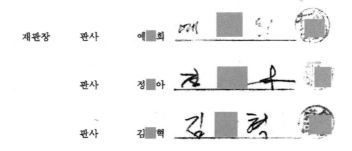

재판장   판사   예■희

판사   정■아

판사   김■혁

부동산의 표시

[1동의 건물의 표시]

　서울 서초구 서초동 1445-▨ 서초▨플래티넘

　철근콘크리트구조, 철골철근콘크리트구조 (철근)콘크리트지붕

　21층 공동주택(아파트), 업무시설(오피스텔), 판매 및 영업시설

[대지권의 목적인 토지의 표시]

　서울 서초구 서초동 1445-▨ 대 2,837.5㎡

[전유부분의 건물의 표시]

　제1층 제111호 철근콘크리트구조 40.95㎡

[대지권의 표시]

　소유권대지권 2,837.5분의 6.15. 끝.

정본입니다.

2014. 8. 1.

서울중앙지방법원

법원사무관 안█영

판결에 불복이 있을 때에는 이 정본을 송달받은 날(발송송달의 경우에는 발송한 날)부터 2주 이내에 상소장을 이 법원에 제출하여야 합니다 (민사소송법 제71조의 보조참가인의 경우에는 피참가인을 기준으로 상소기간을 계산함에 유의).

※ 각 법원 민원실에 설치된 사건검색 컴퓨터의 발급번호조회 메뉴를 이용하거나, 담당 재판부에 대한 문의를 통하여 이 문서 하단에 표시된 발급번호를 조회하시면, 문서의 위,변조 여부를 확인하실 수 있습니다.

4. NPL 3번째로 재 매입하여 수익이 발생된 사례
– 채권양수도계약 [사건번호 2014타경24060] = 채무자 대위변제[47]

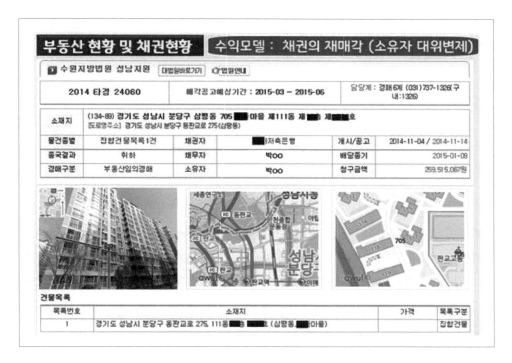

2014년 12월 24일 부실채권으로 매입가능한 아파트가 나왔다.

사건번호 2014타경24060 성남시 분당구 동판교로 ㅂ마을 ㅍ아파트 111동 133*호이다. 면적은 82.794㎡로 32평형이다. 1순위로 ㅎ은행 채권최고금액 374,400,000원이고 원금은 312,000,000원이다. 2순위로 **저축은행 채권최고금액 325,000,000원이며 원금은 250,000,000원이었다.

결론을 미리 적어보면 2순위 **저축은행 채권이 *대부업체로 넘어갔고, 또 재매각하여 주**씨의 명의로 넘어간 것을 3번째로 박**가 225,000,000원에 매입하였다.

소유자 겸 채무자가 3개월 이자를 미납하자 2014년 11월 3일 경매로 사건접수가 되어 진행 중이었다.

---

47) 실제 연 860% 수익률을 올린 사례

당사자내역						
채무자겸소유자		박○○		채권자		주식회사 ■저축은행
근저당권자		주식회사하나은행				

건물 등기부내역 ▶ 건물열람일 : 2014-11-21　　　　　　　　　　　등기부등본열람

순위	접수일자	권리종류	권리자	권리금액	소멸여부	비고
갑1	2009-04-08	소유권	풍성주택		이전	보존
갑3	2009-05-15	소유권	박○○		이전	매매
을1	2009-05-15	(근)저당	하나은행	374,400,000원	소멸기준	
을3	2011-06-16	(근)저당	■저축은행	325,000,000원	소멸	변경된소유자 대위변제
갑10	2014-11-04	임의경매	■저축은행	청구: 259,515,067원	소멸	

부동산종합공부 요약

연면적	4,815.29㎡	명칭및번호	■마을	건축면적	519.15㎡	용적율연면적	4,815.29㎡
총호수	44세대. 호/00구	주용도	아파트	허가일	2006-02-28	착공일	2006-12-01
사용승인일	2009-02-13						

박**에게 이 물건이 매입된 것은 행운이라 할 수 있다.

왜냐하면 2순위 **저축은행 채권최고금액 325,000,000원, 원금 250,000,000원의 채권을 매입했는데 비용이 적게 들어갔기 때문이다. 만약 1순위 채권자와 2순위 채권자가 한 군데였다면 수입은 같으면서 원금만 562,000,000원이 되므로 할인을 한다고 해도 5억 원 이상 투자가 되었을 터니 말이다.

우선 급한 마음에 분석을 했다. 관리사무실을 방문하자 미납 관리비가 950만 원 정도였고 단지 내 부동산 중개소에서는 시세가 6억5천 원이면 바로 매매가 된다는 것이다. 소유자가 1순위와 2순위 및 미납 관리비를 합해도 약 6억 원 미만이라 매매를 하고도 남는 금액이 있는데 왜 처리를 못 했나 의심이 들기도 했다. 다음으로 **저축은행의 근저당설정일이 2011년 6월 16일이므로 그 이전에 주민등록이 되었는지 행정복지센터에서 전입세대열람을 하였다. 주거용이면서 경매가 진행 중인 물건(사진)은 주민등록법 시행규칙 제14조 제1항의 규정에 의하여 전입세대열람을 할 수 있다. 등록자는 2011년 7월 25일 박모씨 한 사람이다. 소유주로 생각이 되며 일단 매입하고자한 채권보다는 후 순위이니 대항력에 대하여는 신경 쓸 필요가 없다. 채권매입금액을 225,000,000원으로 협상을 끝냈다. 계약금으로 30,000,000원을 주고 채권매입 계약을 했다. 수중에 돈이 없는 박**은 잔금 중 2억 원을 지인으로부터 차입을 하고 채권매입 잔금을 지불[48]했다.

등기부 등본에 **저축은행은 근저당권이 *대부업체로 이전되었고 다시 주**씨 명의로 넘어간 것을 박** 명의로 이전하였다. 채권이 매각되면 먼저 근저당권이전을 하고 채권자가 채권양도통지서를 안 할 경우 채권자의 위임을 받아서 채권양도통지를 해야 한다. 다음으로 해당 경매계에 채권자변경신고와 송달장소변경신고 및 환급금 반환통장사본을 접수했다.

채권매입 전 정확히 분석을 하여야 하건만 일단 손실은 나지 않는다는 계산이 나왔기 때문에 계약을 체결하고 상세한 분석을 해보았다.

2014년 11월에 경매가 접수되었으므로 2015년 4월에 매각기일이 잡히고 한번 유찰되어 5월에 낙찰되면 약 40일이 후 대금이 완납되고 30일 정도가 지나서 배당을 해주므로 7월에 배당을 받을 것을 예상하고 배당표작성을 해보았다. 계산은 간단하다. 근저당권을 2015년 1월 6일에 이전하였으니 6개월 후에 배당을 받는다고 치면 원금 250,000,000원의 연체이자가 25%이므로 1년이면 62,500,000원이고 이분의 일인 31,500,000원이다. 여기에 원금 250,000,000원과 2014년 11월 경매가 접수되기까지의 이자 및 경매접수 후 2015년 1월 6일까지의 이자도 포함해야 하니까 약 304,900,000원[49]이라는 채권행사권리금액이 나왔다. 여기에 가지급금[50] 약 4백만 원을 포함하면 채권계산서[51]의 금액이 나온다. 6억5천만 원에 낙찰이 된다고 가정을 해도 1순위 ㅎ은행이 먼저 배당받는 34,100,000원을 제외하고 100% 배당을 받는다는 계산이 나왔다.

박**는 참으로 복이 많은 사람인가보다. 채권을 매입하고 근저당권변경을 한 이튿날 언론에서 판교 제2테크노밸리가 확정되었다는 뉴스가 나왔다. 그것도 이 아파트 경계부분부터 시작해서 약 600여개의 기업이 입주한다는 소식이 TV와 신문에 보도되었다. 2~3일 후 판교 ㅍ아파트 단지 내 부동산이라고 하면서 전화가 왔다. 아파트가 매매되어 소유권이 넘어갔고 새로운 취득자가 대위변제를 하겠다는 것이다.

2015년 1월 6일 매입한 채권을 대위변제로 2015년 3월 2일 상환 받고 근저당권 말소 및 경매를 취하했다. 수익률 분석표를 보면 다음과 같다.

---

48) 2015년 1월 6일.
49) 채권행사권리금액+경매신청비용=채권계산서
50) 경매신청비용
51) 채권계산서(채권원금+연체이자+경매신청비용)

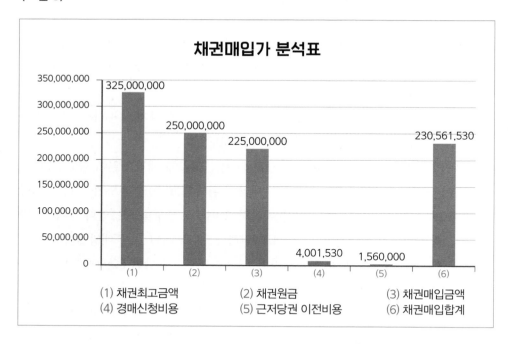

원금 250,000,000원의 채권을 225,000,000원으로 할인하여 매입하였다. 추가로 들어간 금액이 경매신청비용 4,001,530원과 근저당이전비용 1,560,000원을 합하여 총 금액이 230,561,530원이다.

〈그림 4〉

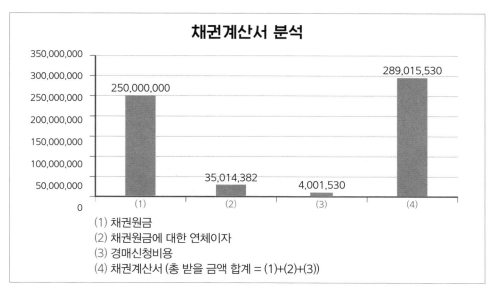

※ 대위변제로 받은 채권계산표

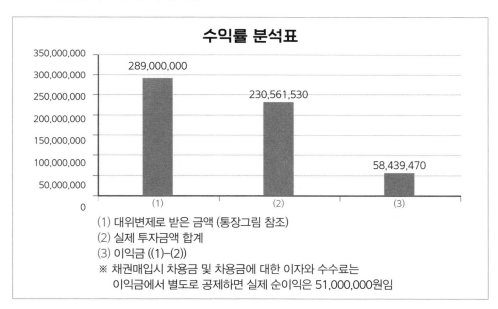

※ 박**은 225,000,000원에 채권을 매입하여 약 2개월 만에 58,439,470
원 이라는 수익을 올렸다. 여기에서 지인들로부터 차입한 높은 이자를
지급하고도 51,000,000원 이상의 순이익이 남았다. 본인 자금은 3천만
원에 불과했다.

– 경매가 진행 중인 주거용 부동산은 대항력 있는 임차인을 확인해야 한다.

전입세대열람 내역(동거인포함)

행정기관: 경기도 성남시 분당구 삼평동

작업일시 : 2014년 12월 22일 12:59
페 이 지 : 1

주소 : 경기도 성남시 분당구 (일반+지하) 봇들마을 ■■동 ■■호
경기도 성남시 분당구 삼평동 ■■ 봇들마을 ■■동 ■■호

순번	세대주성명	전입일자	등록구분	최초전입자	전입일자	등록구분	동거인수	순번	성명	전입일자	등록구분
				주소					동거인사항		
1	박 **	2011-07-25	거주지	박 **	2011-07-25	거주자					
	경기도 성남시 분당구 동판교로 ■■, (2/4) ■■동 ■■호 (삼평동, ■■마을)										

– 이하여백 –

※ 도로명주소로 변경되지 않은 주민등록 세대가 틀건지에 전입되어 있을 수 있으므로 지번주소로 된 전입세대 열람은 별도로 확인해야 합니다.

– 채권을 매입하게 되면 채권자의 지위를 동일한 조건으로 승계 받는 것이다.
아래는 채권양수도계약에 있어서 채권계산서 명세표와 같다.

원 금 / 이 자 상 환 조 회 표

은 행 명 : (주)■■저축은행

(기산일자 : 2014-10-23)

지 점 명 : ■■■정
고객번호: 162-02822215
대출계좌번호: 162-02-76-■■■■
상환구분: 기간

대출일자: 2011-06-16
고 객 명 : 박■■
조회구분: 전체
상환회차: 0

만기일자: 2014-09-16
상 품 명 : ■(을)수일시)
상환금액: 0
기준일자: 2014-10-23

PAGE: 1
조회일시: 2014-10-13 20:47:34
월리: 201307, 단위: 104, 단위: 원

● < 원장내역 >

가 수 금	0	가지급금	0	보통예금잔액	19,118
CMS/파출수납		CMS 이체	CMS은행명	국민	자동이체계좌 627-70-10-1039528
정상/납입/연체회차	[원금] 0: 0: 1 / [이자] 40: 38: 1	연체여부	전체	정상이율 12.1000	연체이율 23.0000

● < 거래내역 >

순번	납입응당일	회차	상환원금	환출이자	연체료	정상이자계산대상액	정상이율	연체료계산대상액	연체이율	조기상환수수료
			상환후잔액	정상이자	연체이자	정상이자계산대상기간	대상일수	연체이자계산대상액	연체일수	연체대상기간
1	2014-09-17	30	0	0	0	250,000,000	12.1000%		0.0000%	0
			0	2,652,054	0	2014-08-16 - 2014-09-16	32일		0일	
2	2014-10-17	41	0	0	4,726,027	-	0.0000%		23.0000%	0
			0	0	0	-	0일	250,000,000	30일	2014-09-17 - 2014-10-16
3	2014-10-23	41	250,000,000	0	986,301	-	0.0000%		24.0000%	0
			0	0	0	-	0일	250,000,000	6일	2014-10-17 - 2014-10-22
	상환원금합계:		250,000,000	조기상환합계:	0	환출이자합계:		0	원금합계:	250,000,000
	정상이자합계:		2,652,054	연체료합계:	0	연체이자합계:		5,712,328	이자상환합계:	8,364,382
	미징수정상이자:		0	미징수연체료:	0	미징수연체이자:		0	미징수합계:	0
	과입이자:		0			상환총합계(원금+이자+미징수-과입):		258,364,382	산출과입이자:	0

■■■ ■■■저축은행

- 개인에서 개인 명의로 양도되는 채권 계약서

[채권매각용]

근저당권부 채권
매매계약서

2014. 12. 23.

양도인 주███ ㊞

양수인 양███ ㊞

채무자 박███

– 계약 당사자와 채무자 물건의 표시

[양도인]

법 인 명	주
주 소	경기도 김포시 북변동 청구한라아파트 동 호
법인등록번호	-2815217

[양수인]

성 명		
주 소	경기도 화성시	
법인(주민)등록번호		연 락 처

[채무자]

성 명	박 원 규
주 소	경기도 성남시 수정구 태평동 4600
법인(주민)등록번호	

위 양도인 주 (이하 '양도인'이라 함)과 양수인 (이하 '양수인'이라 함)은 채무자 박 에 대하여 가지는 근저당권부 채권원리금 전액에 대하여 다음과 같이 채권매매 계약을 체결한다.

- 다 음 -

[근저당의 목적이 된 부동산 및 양도 할 채권]

구 분	내 역	비 고
부동산의표시	경기도 성남시 분당구 삼평동 봇들마을 제 동 제 층 제 호	
설정계약일자	2011 년 06 월 16 일	
설정접수번호	제 40881 호	
설정채권최고액	일금 삼억이천오백만 원정 / (₩ 325,000,000)	
근저당권자	주	

– 채권 매입 금액

[양도채권내역]　　　　　　　　　　　　　　　　　[20　년　월　일 기준, 단위: 원]

대출과목	대출일	대출원금	대출잔액	이 자	비 고

[채권양도가격]

구 분	내 역	비 고
채권양도가격	일금 이억이천오백만 원정 / (₩ 225,000,000)	매매금조정됨
계 약 금	일금 삼천만 원정 / (₩ 30,000,000)	
잔 금	일금 일억구천오백만 원정 / (₩ 195,000,000)	잔금 2015년 1月 8日 지급하기로
수 수 료	일금 육백일십팔만칠천오백 원정 / (6,187,500)	양도대금의 2.75%
입금계좌	▨▨은행 ▨▨▨▨-04-016 예금주 주▨▨	

[수수료]
위에서 정한 수수료는 잔금완납일에 잔금과 함께 납입한다

위와 같은 채권매매계약을 명확히 하기 위하여 이 계약서를 작성하고
양도인과 양수인은 아래에 각 기명날인 한다.

2014년 12 월 23 일

채권양도인 :   주▨▨▨

채권양수인 : 박▨▨▨

- 2금융권의 여신거래 약정서

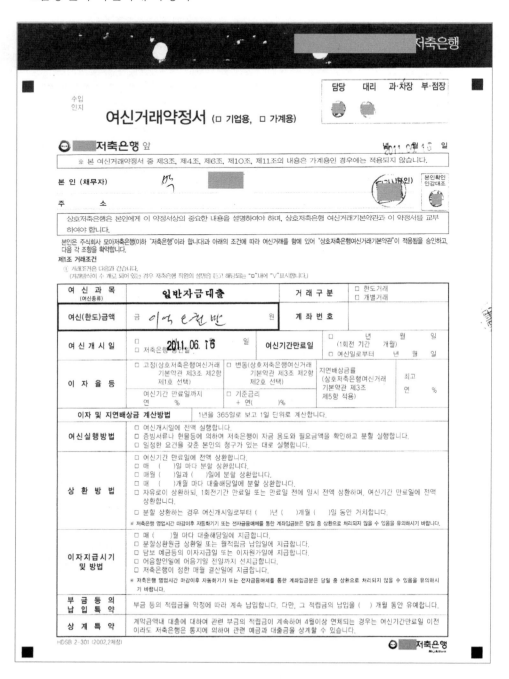

– 연체 이율에 대한 약정

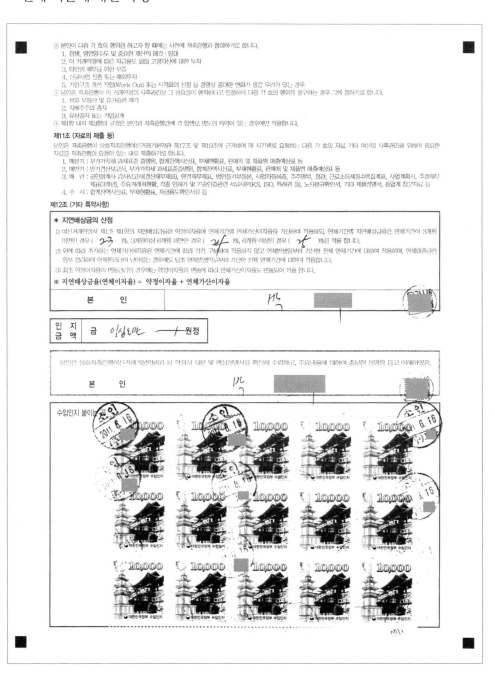

② 본인이 다음 각 호의 행위를 하고자 할 때에는 사전에 저축은행과 협의하기로 합니다.
  1. 합병, 영업양수도 및 중요한 재산의 매각·임대
  2. 이 거래약정에 따른 자금용도 외의 고정자산에 대한 투자
  3. 타인의 채무를 위한 보증
  4. 신규사업 진출 또는 해외투자
  5. 기업구조 개선 작업(Work Out) 또는 사적화의 신청 등 경영상 중대한 변화가 생길 우려가 있는 경우
③ 본인은 저축은행이 이 거래약정의 사후관리상 그 필요성이 현저하다고 인정하여 다음 각 호의 행위를 청구하는 경우 그에 응하기로 합니다.
  1. 보유 부동산 및 유가증권 매각
  2. 지배주주의 출자
  3. 유상증자 또는 기업공개
④ 제1항 내지 제3항의 규정은 본인과 저축은행간에 각 항별로 별도의 특약이 있는 경우에만 적용합니다.

제11조 (자료의 제출 등)
본인은 저축은행이 상호저축은행여신거래기본약관 제17조 및 제19조에 근거하여 매 시기별로 요청하는 다음 각 호의 자료 기타 여신의 사후관리를 위하여 필요한 자료를 저축은행의 요청이 있는 대로 제출하기로 합니다.
  1. 매분기 : 부가가치세 과세표준 증명원, 합계잔액시산표, 부채현황표, 판매처 및 제품별 매출예상표 등
  2. 매반기 : 반기결산보고서, 부가가치세 과세표준증명원, 합계잔액시산표, 부채현황표, 판매처 및 제품별 매출예상표 등
  3. 매 년 : 공인회계사 감사보고서(결산재무제표), 연결재무제표, 법인등기부등본, 사업자등록증, 주주명부, 정관, 근로소득세징수액집계표, 사업계획서, 추정재무제표3개년, 주요거래처현황, 각종 인허가 및 기술인증관련 서류사본(KS, ISO, 특허권 등), 노사분규확인서, 기타 제품설명서, 동업계 참고자료 등
  4. 수 시 : 합계잔액시산표, 부채현황표, 자금용도확인서류 등

제12조 (기타 특약사항)

＊ 지연배상금의 산정
  1) 여신거래약정서 제1조 제1항의 지연배상금율은 약정이자율에 연체기간별 연체가산이자율을 가산하여 적용하되, 연체기간별 지연배상금율은 연체기간이 3개월 미만인 경우(23)%, 3개월이상 6개월 미만인 경우(24)%, 6개월 이상인 경우(25)%를 적용 합니다.
  2) 위에 따라 추가하는 연체가산이자율은 연체기간에 따라 각각 구분하여 적용하지 않고 연체발생일부터 기산한 전체 연체기간에 대하여 적용하며, 연체대출금의 일부 정리에 의해 연체원리금이 낮아지는 경우에도 당초 연체발생일(구)부터 기산한 전체 연체기간에 대하여 적용합니다.
  3) 최초 약정이자율이 변동금리인 경우에는 약정이자율의 변동에 따라 연체가산이자율도 변동되어 적용 합니다.

＊ 지연배상금율(연체이자율) = 약정이자율 + 연체가산이자율

본 인	밍

| 인 지
금 액 | 금 이십만 ──── 원정 |

본인은 상호저축은행여신거래기본약관과 본 약정서 사본 및 핵심설명서를 확실히 수령하고, 주요내용에 대하여 충분한 설명을 듣고 이해하였음.

본 인	밍

수입인지 붙이는

- 3번 근저당권이 채권으로 매각되어 3-3번으로 대부업체에 넘어가서 3-4로 주**씨로 이전된 것을 필자의 소개로 박**씨가 매입했다.

순위번호	등 기 목 적	접 수	등 기 원 인	권 리 자 및 기 타 사 항
				서울특별시 중구 ██가 101-1 (분당 ██지점)
2	근저당권설정	2011년3월28일 제20150호	2011년3월28일 설정계약	채권최고액 금75,000,000원 채무자 박██ 경기도 성남시 수정구 태평동 ██ 근저당권자 권██ ██████ 경기도 김포시 고촌읍 ██라 ██마을
3	근저당권설정	2011년6월16일 제40881호	2011년6월16일 설정계약	채권최고액 금325,000,000원 채무자 박██ 경기도 성남시 수정구 ██동 ██ 근저당권자 주식회사 ██저축은행 ██0006331 인천광역시 남구 ██ (██지점)
3-1	3번등기명의인표시변경		2011년10월31일 도로명주소	주식회사 ██저축은행의 주소 인천광역시 남구 ██로 ██ 2013년8월26일 부기
3-2	3번등기명의인표시변경	2014년12월24일 제89347호	2014년12월24일 취급지점변경	주식회사 ██저축은행의 취급지점 변경
3-3	3번근저당권이전	2014년12월24일 제89348호	2014년12월24일 확정채권양도	근저당권자 ██대부주식회사 110111-██ 서울특별시 서초구 ██로 ██ (서초동,해운빌딩)
3-4	3번근저당권이전	2014년12월24일	2014년12월24일	근저당권자 주██ ███████

발행번호 1352011350620501601009091S█B0034131D0G52533051112   5/6   발급확인번호 ANLL-JZQR-4254   발행일 2015/01/09

- 저축은행에서 대부업체로 또 주** 명의로 넘어간 채권을 세 번째로 매입하여 3-6번 등기로 2014.1.6. 근저당권을 이전하였다.

순위번호	등 기 목 적	접 수	등 기 원 인	권 리 자 및 기 타 사 항
		제89349호	확정채권양도	경기도 김포시 사우중로██번길 11, ██동 ██호 (북변동,██████)
3-5	3번근저당권부질권	2014년12월24일 제89350호	2014년12월24일 설정계약	채권액 금325,000,000원 채무자 ██ 경기도 김포시 사우중로73번길 ██, ██동 ██호 채권자 ██금고 ██0002195 경기도 구리시 ██로 83-1 (수택동)
3-6	3번근저당권이전	2015년1월6일 제807호	2014년12월23일 확정채권양도	근저당권자 박██ ███████ 경기도 화성시 ██로, ██동 ██호(██동,██아파트)
4	2번근저당권설정등기말소	2011년6월16일 제40882호	2011년6월16일 해지	
5	3-5번질권등기말소	2015년1월6일 제806호	2015년1월6일 해지	

— 이 하 여 백 —
관할등기소 수원지방법원 성남지원 분당등기소 / 발행등기소 수원지방법원 성남지원 분당등기소

수수료 1,200원 영수함

이 증명서는 등기기록의 내용과 틀림없음을 증명합니다.

서기 2015년 1월 9일

법원행정처 등기정보중앙관리소   전산운영책임관

* 실선으로 그어진 부분은 말소사항을 표시함.   * 등기기록에 기록된 사항이 없는 갑구 또는 을구는 생략함.
문서 하단의 바코드를 스캐너로 확인하거나, 인터넷등기소(http://www.iros.go.kr)의 발급확인 메뉴에서 발급확인번호를 입력하여 위·변조 여부를 확인할 수 있습니다. 발급확인번호를 통한 확인은 발행일부터 3개월까지 5회에 한하여 가능합니다.
발행번호 1352011350620501601009091S█B0034131D0G62533051112   6/6   발급확인번호 ANLL-JZQR-4254   발행일 2015/01/09

– 채권을 매입하고 근저당권을 명의 변경한 후 해당 경매계에 채권자 변경 신고를 하였다.

채권자 변경신고서

사 건 번 호: 2014타경24060　　　부동산임의경매
채 권 자: 주　　
채 무 자: 박　　
소 유 자: 박　　
**채권양수인: 박　　**

위 사건은 채권자가 2014년12월23일 확정채권양도의 사유로 주　　에서 박　　으로 변경되었기에 신고하오니 이 후 경매절차의 모든 송달 등은 변경된 채권자(근저당권자)에게 하여 주시기 바랍니다.

첨부서류:-부동산등기부등본　-채권양도통지서

2015년 1월 12일

위 신고인
성명: 박　　　　　　　주민등록번호:　　　　　
주소: 경기도 화성시　　　로　　동　　호(　동.　　아파트)

수원지방법원 성남지원 ○○경매계 귀중

- 2014.1.6. 근저당권을 명의 변경하였는데 1월22일에 아파트가 매각되었다.
  부부 명의로 이전이 된 후 3월 2일 대위변제로 상환 받았다.

[집합건물] 경기도 성남시 분당구 삼평동 ▨▨ 봇들마을 제▨▨▨▨▨▨호   고유번호 1356-2009-003425

순위번호	등 기 목 적	접 수	등 기 원 인	권 리 자 및 기 타 사 항
6	압류	2013년4월10일 제22036호	2013년4월10일 압류(징수부-902022)	권리자 국민건강보험공단 111471-0006863 서울특별시 마포구 독막로 311(염리동 168-9) (성남남부지사)
7	압류	2013년6월5일 제35342호	2013년4월10일 압류(징수부-902022)	권리자 국민건강보험공단 111471-0006863 서울특별시 마포구 독막로 311(염리동 168-9) (성남남부지사)
8	6번압류등기말소	2013년6월10일 제37056호	2013년6월5일 해제	
9	7번압류등기말소	2013년6월11일 제37248호	2013년6월10일 해제	
10	임의경매개시결정	2014년11월4일 제73577호	2014년11월4일 수원지방법원 성남지원의 임의경매개시결정(2014 타경24060)	채권자 주식회사 ▨▨▨지축은행 ▨▨▨-0009331 인천 남구 정산로 ▨▨(▨▨동) (소관:▨▨▨▨지점)
11	1-2번금지사항등기말소	2015년1월22일 제5494호	2015년1월22일 기간만료	
12	소유권이전	2015년1월22일 제5495호	2015년1월22일 매매	공유자 지분 2분의 1 김▨▨ ▨▨▨-******* 경기도 성남시 분당구 동판교로 ▨▨, ▨▨동 ▨▨호 (삼평동,봇들마을) 지분 2분의 1

열람일시 : 2015년05월12일 11시08분10초   4/8

- 앞장의 등기부등본 상 부부 관계이다.

[집합건물] 경기도 성남시 분당구 삼평동 ▨▨ 봇들마을 제▨▨▨▨▨▨호   고유번호 1356-2009-003425

순위번호	등 기 목 적	접 수	등 기 원 인	권 리 자 및 기 타 사 항
				김▨▨ ▨▨▨-******* 경기도 성남시 분당구 동판교로 ▨▨, ▨▨동 ▨▨호 (삼평동,봇들마을) 거래가액 금675,000,000원
13	10번임의경매개시결정등기말소	2015년3월11일 제19127호	2015년3월3일 취하	

거래가액으로 볼 때 채권을 전부 상환하고도 소유자에게 잉여금이 들어감

【 을 구 】 (소유권 이외의 권리에 관한 사항)				
순위번호	등 기 목 적	접 수	등 기 원 인	권 리 자 및 기 타 사 항
1	근저당권설정	2009년5월15일 제38036호	2009년5월15일 설정계약	채권최고액 금374,400,000원 채무자 박▨▨ 경기도 성남시 수정구 태평동 ▨▨▨ 근저당권자 주식회사▨▨은행 ▨▨▨-0015671 서울특별시 중구 ▨▨로1가 ▨▨ (분당▨▨지점)
2	근저당권설정	2011년3월28일 제20150호	2011년3월28일 설정계약	채권최고액 금75,000,000원 채무자 박▨▨ 경기도 성남시 수정구 태평동 ▨▨▨ 근저당권자 김▨▨ ▨▨▨-******* 경기도 김포시 고촌읍 ▨라▨▨▨▨마을
3	근저당권설정	2011년6월16일 제40881호	2011년6월16일 설정계약	채권최고액 금325,000,000원 채무자 박▨▨

열람일시 : 2015년05월12일 11시08분10초   5/8

– 채권 명의 변경 56일 만에 대위변제로 상환 받았음

원금 및 이자 상환조회표

고객명: 박████

상환원금:250,000,000원
2014년10월13일 까지의 연체이자:8,364,382원
2014년10월14일부터 2015년1월13일까지의 이자(23%):17,250,000원
2015년 1월14일부터 2015년3월일까지의 이자(24%):9,400,000원

경매신청비용:4,001,530원

합계:289,015,912원

상기 금액은 성남시 분당구 삼평동 ████ 봇들마을 제███동 제███호
소유자겸 채무자 박███의 대출금상환 및 경매취하 상환금조로 영수하며
입금자는 ████████ 채권자 박█████협█████████-73
으로 입금하면 채권자는 지체 없이 성남지원 경매계에 취하서를 제출하기로
한다.(경매취하 반환금은 ██████계좌로 입금한다.)

　　　2015년3월2일　　　채권자: 박████

　　　　　　　　　　　　채무자: 박████ 1씨) ████████

2부를 작성하고 각1부씩 보관한다.　　　██ 9 -02 - ████

수원지방법원 성남지원 ○○경매계 귀중

– 대위변제로 입금된 통장 사본 및 투자내역서

```
계좌번호: 352-0003-****-**   거래일: 2015.05.12                    취급점: 103406   페이지수: 1 / 2
  년 월 일      찾으신 금액        맡기신 금액        남은 잔액     거래내용      적요        거래점포
 20150302      *300,000             *0           *528,052           현금              협000578
 20150302          *0          *700,000        *1,228,052   16-19424148  수표입금       협221110
 20150302          *0       *80,000,000        *81,228,052     김     폰   은행       은행081393
 20150302          *0       *50,000,000       *131,228,052     김     E-   은행       은행026329
 20150302          *0       *50,000,000       *181,228,052     김     E-   은행       은행026329
 20150302          *0       *50,000,000       *231,228,052     김     E-   은행       은행026329
 20150302          *0        *9,000,000       *240,228,052     김     E-   은행       은행026329
 20150302          *0       *50,000,000       *290,228,052     김     E-   은행       은행026329
 20150302    *23,452,000          *0          *266,776,052    사장님  E-   은행       협179630
 20150302       *700,000          *0          *266,076,052    사장님  E-   은행       협179630

 수수료:      0원                                         원장잔액:    471,130원
```

2014타경24060 투자 내역서

양수도금액 : 225,000,000원
가지급금   : 4,001,530원
수수료   : 6,187,500원
이전비용   : 2,864,550원
계약금   : 30,000,000원
잔금   : 208,053,580원

합계   : 238,053,580원

-이 사건을 매입할 당시 매수인은 현금이 전혀 없었다. 계약금은 친구에게 빌려서 자신의 적금을 해약하여 상환하였으며, 잔금조로 친언니에게 2억원을 빌렸다.

-결론적으로 289,000,000원을 받음으로 투자합계 238,053,580원을제하면, 정확히 50,946,420원이 순이익으로 남았다.

-언니에게 빌린 2억원과 이자를 주더라도 본인의 자금 약3천만원으로 2개월만에 5천만원의 수입을 올린 셈이다.

경매를 이기는 NPL 투자

초판 **1쇄** · 2022년   3월 15일
　　　2쇄 · 2022년 11월 18일
　　　3쇄 · 2023년 12월 28일
　　　4쇄 · 2025년   1월   5일

지은이 · 어영화, 어은수
제 작 · ㈜봄봄미디어
펴낸곳 · 봄봄스토리
등 록 · 2015년 9월 17일(No. 2015-000297호)
전 화 · 070-7740-2001
이메일 · bombom6896@naver.com

ISBN 979-11-89090-54-8(03320)
값 30,000원